테이크아웃 경제학

APPLIED ECONOMICS : Thinking Beyond Stage One

테이크아웃 경제학

토머스 소웰 지음 | 이영환 옮김

율곡프레스

옮긴이의 글

이 책은 미국 스탠퍼드 대학의 후버 연구소에서 시니어 펠로우*Senior Fellow*로 연구활동을 하고 있는 토머스 소웰 박사가 일반인을 위해 쓴 "APPLIED ECONOMICS : Thinking Beyond Stage One"을 번역한 것이다. 소웰 박사는 우리나라에 잘 알려진 경제학자는 아니다. 그렇지만 방대한 저술을 통해 미국 내 지식인들 사이에서는 널리 알려진 경제학자이다. 그는 하버드 대학에서 경제학 학사학위를 받았고, 컬럼비아 대학에서 경제학으로 석사학위를 받았으며, 시카고 대학에서 경제학 박사학위를 취득했다. 역자는 그가 미국에서 가장 훌륭한 대학 세 곳에서 공부했으니 기초가 탄탄하리라 생각했다. 그의 업적으로 짐작컨대, 그는 경제학의 특정 분야에 국한되지 않고 경제논리가 적용되는 거의 모든 분야에 관심을 가지고 있는 것처럼 보인다. 또한 그는 미국 노동부, AT&T, 코넬 대학, 럿거스 대학, UCLA 등에서도 근무한 경험이 있다. 따라서 그를 실무, 교육, 그리고 연구라는 모든 분야를 두루 섭렵한 경제학자라고 평가하는 데 전혀 무리가 없다고 생각한다.

역자는 일찍이 경제학을 일반 대중들에게 쉽게 소개하는 책이 있으면 소개해야겠다는 생각을 가지고 있었다. 그러다가 아마존 사이트를 서핑하다가 우연히 저자에 관해 알게 되었다. 그가 쓴 여러 권의 책 가운데 한

두 권은 이미 우리말로 번역되었는데, 이 책은 아직 번역되지 않았음을 알게 되었다. 아마존 사이트에 실린 독자들의 서평도 좋고, 역자가 대강 훑어보니 일반인들에게 경제논리를 알리는 데 나름대로 적절한 책으로 생각되었다. 그래서 연구년을 이용해 이 책의 번역에 몰두했으며, 드디어 세상에 내놓게 되었다. 역자로서는 두 번째 번역이었는데, 첫 번째 번역보다 훨씬 힘들었다. 그 이유는 저자인 소웰 박사의 문장이 쉽지 않았을 뿐만 아니라, 역자의 번역실력에도 문제가 있기 때문이다. 그렇지만 나름대로 최선을 다해 저자가 의도한 바를 정확하게 전달하려고 노력했다. 그리고 독자들의 이해를 돕기 위해 각 장 앞에 "역자 들어가기"라는 제목으로 각 장의 요지를 간략하게 소개했다. 또한 독자들에게 도움이 되리라고 생각되는 경우에는 역자 주를 달아 이해를 돕고자 했다.

이 책의 핵심적인 메시지는 "비용의 진정한 의미를 이해하고, 최종적으로 어떤 결과가 발생할지 진지하게 생각하자"는 것으로 요약할 수 있다. 현실에서는 크고 작은 의사결정과 선택이 끊임없이 이루어지고 있다. 이 가운데 정부의 정책결정은 국민 모두에게 영향을 미치는 중대사이다. 그런데 대부분의 정책이 경제논리가 아니라 정치논리에 의해 좌우되는 경향이 있다. 정치논리는 기대되는 바람직한 결과에만 초점을 맞추며, 선거 이후의 장기적인 결과에는 관심이 없다. 따라서 정책이 결정되고 집행되는 과정에 어떤 제약들이 등장하고, 어떤 인센티브가 사람들에게 영향을 미치는지에 대해서는 별다른 관심이 없다. 그래서 대부분의 정책이 처음 의도한 것과는 달리 부정적인 결과를 초래하는 경우가 비일비재하다. 저자는 이런 입장을 일 단계 사고라고 비판한다. 많은 사람들—특히 정치인과 관료—이 일 단계 사고에 함몰되어 있는 것이 문제이다. 최근 우리나라에서 실시되고 있는 일련의 부동산정책은 그 대표적인 예이다. 이런 현실을 이해하고 자신의 권리를 지키기 위해서는 일반인들도 경제논리로 무장해야 한다는 것이 저자의 입장이다. 왜냐하면 경제논리는 정책이 집행되는 과정에서 등장하는 인센티브와 제약이라는 요소가 어떻게 작용해, 궁극적으로 어떤 결과를 가져올 것인가에 초점을 맞추기 때문이다. 저자는 이런 입장을 견지하는 것이 일 단계 사고를 극복할 수 있는 길이라고 강조한다. 역자도 전적으로 그와 입장을 같이 한다.

저자인 소웰 박사는 일 단계 사고의 문제를 쉽게 설명하기 위해 의료보장, 주택, 차별과 같이 우리에게 익숙한 주제들을 선정했다. 저자는 현실에서 자주 접할 수 있는 상황을 통해 비용을 지불하지 않는 사람들이 의사결정을 내리는 경우의 문제들을 조목조목 지적한다. 왜냐하면 이들이야말로 일 단계 사고에 함몰되어 있는 사람들이기 때문이다. 이들은 예상되는 바람직한 결과에 매료되어 자신들의 주장이나 정책이 옳다고 믿는다. 그러나 실제로는 자신들이 비용을 거의 부담하지 않기 때문에 그렇게 행동한다고 본다. 자신이 비용을 부담하는 사람들은 보다 더 신중하게, 최종적으로 어떤 결과가 발생할지에 관심을 갖는다. 따라서 이들은 일 단계 이상을 생각할 인센티브가 있다. 이 말은 어떤 경제문제가 발생했을 때 정부가 개입하지 말고 가급적 시장에 맡기는 것이 바람직하다는 것을 시사한다. 저자는 구체적인 사례를 통해 자신의 견해가 옳다는 것을 보여주고 있다. 이것은 새로운 쟁점은 아니다. 그렇지만 개혁이라는 좋은 의도를 가지고 각종 정책을 수립하고 집행하는 데 따른 문제가 무엇인지 이해하고자 하는 사람들에게는 좋은 교훈을 주리라 생각한다. 좋은 의도를 가지고 시작했다고 해서 모든 것이 정당화되지는 않는다. 더구나 국민들의 생활을 가지고 함부로 실험할 수는 없는 일이다. 자신이 모든 비용을 다 부담한다면 결코 그렇게 함부로 실험하지는 않을 것이다. 이것이 바로 저자가 강조한 점이다.

역자가 이 책을 번역하면서 한 가지 아쉬운 점이 있다면, 저자가 미국인인 관계로 자신의 경험세계에 바탕을 둔 부분이 적지 않게 등장한다는 사실이다. 따라서 이 책에는 미국에 국한된 내용이 일부 포함되어 있다. 그렇지만 역자는 세계 공통의 언어인 경제학이라는 언어의 관점에서는 이 책의 내용이 큰 무리 없이 수용될 수 있다고 생각한다. 왜냐하면 비용에는 미국과 한국의 구별이 없기 때문이다. 이 점 독자들이 이해하리라 믿는다. 그리고 저자 소웰 박사는 한국전쟁 중 미 해군의 사진사로 복무한 경험이 있다는 것을 알리고 싶다.

끝으로 역자로서 독자들에게 양해를 구하고 싶은 것이 두 가지 있다. 첫째는 역자가 원 책의 순서를 일부 바꾸었다는 점이다. 그 이유는, 독자들에게 더 관심이 있을 만한 주제들을 앞으로 모으고, 다소 관심이 덜 할 것으로 예상되는 주제들은 뒤로 보냈기 때문이다. 이 책의 순서는 특별한 의미가 없기 때문에 이런 작업이 가능했다는 점을 독자들에게 알리고 싶다. 둘째는 원래의 제목을 우리말로 옮기면 "응용경제학"이다. 그런데 이것은 너무 딱딱한 느낌을 준다. 그래서 역자는 제목을 "테이크아웃 경제학"으로 바꿨다. 그 의도는 대학에서 가르치는 경제학을 현실의 세상으로 "가지고 나온다"는 의미를 전달하기 위해서이다. 현실과 접목된 경제학이라는 의미를 강조하기 위해 이런 제목을 선택했다. 마지막으로 이 책의 제목에 대해 결정적인 아이디어를 제공한 같은 대학의 김종일 교수와 김낙년 교수에게 이 자리를 빌려 감사의 말을 전하고 싶다.

2006년 11월

남산 자락의 연구실에서

이 영 환

들어가는 글

경제학의 기본 원리를 아는 것과 그것을 현실세계에 응용하는 것은 전혀 다른 일이다. 그럼에도 이 사실이 궁극적으로 원리란 무엇이어야 하는지 설명해 준다. 필자는 『기본 경제학』*Basic Economics*에서 경제원리를 설명하는 데 주력했지만, 이 책에서는 경제원리를 이용해 사건들이 어째서, 그리고 어떻게 현재 있는 것과 같이 발생하는가를 분명히 함으로써 특정한 현실세계의 문제들을 심층적으로 다루는 데 초점을 맞출 것이다. 필자는 우리가 사는 시대의 여러 중요한 경제문제들, 예를 들어 의료보장, 주택, 차별, 국가의 경제발전 등에 대해 경제학에 대한 전문지식이 없는 일반 독자들의 이해를 돕기 위해 이 책을 썼다. 이 문제들은 경제적이면서 또한 정치적인 문제이기도 하므로, 몇몇 정치원리들도 고려할 필요가 있을 것이다. 다시 말해, 우리들은 어떤 인센티브와 제약이 경제적 의사결정에 적용되는지뿐만 아니라, 어떤 것들이 정치적 의사결정에 적용되는지를 고려해 볼 필요가 있다.

경제학과 정치학은 모두 단순한 견해의 문제가 아니며, 의사결정의 즉각적인 결과를 넘어 그 장기적 영향을 생각할 필요가 있다. 다음 선거 이후를 생각하는 정치인들은 거의 없으므로, 유권자들이 그 이후를 생각하는 것이 더욱 중요하다.

경제정책들을 생각할 때는 일종의 유머감각을 가지는 것이 좋다. 그렇지 않으면 정책연구와 그 정책들이 만들어 내곤 하는 뜻밖의 곤란한 결과들로 인해 우울해지거나 화가 날 수 있다. 선거일에 투표소에 들어가기 전까지는 여러분의 분노를 참아주기 바란다. 그동안 여러분의 일상과 국가의 장래에 영향을 미칠 수 있는 문제들과 제도들을 더 잘 이해할 수 있도록 해주는 과정을 즐기기 바란다.

이 책은 일반 독자들을 위한 책이므로, 통상적인 각주와 미주는 생략한다. 그러나 여기서 다룬 내용을 확인하거나 일부 주제들에 대해 더 상세히 알고 싶은 독자들을 위해 이 책에서 논의한 많은 사실들의 출처를 책의 뒷부분에 싣는다.

스탠포드 대학 후버 연구소에서

토머스 소웰

차 례

자유노동과 부자유노동

차별의 경제학

국가의 경제발전

Chapter 01

정치학 대 경제학

Politics versus Economics

역자 들어가기

현실에서 우리의 삶에 가장 많은 영향을 미치는 것은 정치와 경제이다. 정치와 경제는 나름대로의 원리를 가지고 있다. 그런데 이들 원리들이 현실에 반영되는 경우에는 현저한 차이를 드러낸다. 정치적 의사결정은 대부분 정치인들과 선출된 관리들에 의해 이루어진다. 그런데 이들은 즉각적인 결과 이상을 고려하지 않는 경향이 있다. 왜냐하면 대부분의 정치인들은 다음 선거 이상을 생각하기 어렵기 때문이다. 저자 토머스 소웰은 이것을 일 단계 사고라고 통렬하게 비판한다. 간단히 말해, 일 단계 사고란 즉각적인 결과에만 초점을 맞추는 사고를 말한다. 따라서 최종적인 결과에 대해서는 관심이 없다. 반면 경제적 의사결정은 궁극적으로 어떤 결과가 발생하게 되는지에 더 관심을 갖는다. 이것은 일 단계를 넘어서, 이 단계, 삼 단계에서는 어떤 결과가 발생할 것인가를 모두 고려한다는 것을 의미한다. 이런 점에서 정치적 의사결정과 경제적 의사결정의 원리 중 어느 것이 더 바람직한지에 대해서는 의심의 여지가 없다.

소웰은 이러한 극명한 차이를 강조하기 위해 여러 국가, 여러 도시의 예를 들고 있다. 그가 이용한 모든 경우는 일 단계 사고가 어떤 비효율적인 결과를 초래하는지 극명하게 보여준다. 그는 일 단계 사고에는 합리적 의사결정과 효율성을 달성하는 데 필수적인 두 가지 요소, 즉 적절한 인센티브 *incentive*와 제약*constraints*에 대한 인식이 결여되어 있음을 강조한다. 이 두 가지 요소의 의의를 확인하기 위해 소웰은 정치적 의사결정의 예로서 과거의 소련에서 실시되었던 중앙집권적 계획과 경제적 의사결정의 예로서 자유시장경제를 비교하고 있다. 자유시장경제가 수많은 경제문제와 사회문제들을 해결하는 데 효율적이라는 것은 이미 잘 알려져 있다. 소웰은 그 원인을 시장경제가 각자에게 최선을 다하도록 인센티브를 제공하고 자신에게 주어진 제약을 인식함으로써 일 단계 사고를 뛰어넘도록 유도했다는 점에서 찾고 있다. 역자도 그의 생각에 전적으로 동의한다. 우리나라가 선진국으로 도약하기 위해서는 당장 눈앞의 결과에 근시안적으로 집착하는 일 단계 사고를 넘어 궁극적으로 우리가 직면하게 될 결과들을 생각하는 사람들이 많아져야 할 것이다.

우리가 응용경제정책에 관해 논할 때는 순수한 경제원리가 아니라 정치학과 경제학 간의 상호작용에 대해 논하는 것이다. 경제학의 원리는 항상 일정하지만, 이것을 변형시키지 않고 적용하기는 쉽지 않다. 왜냐하면 정치학에도 나름의 원리와 규범이 있기 때문이다. 이것은 정치인들의 최우선 관심사가 선거에 당선되거나 재당선되는 것이라는 점, 또는 그들의 시야가 다음 선거 이후까지 확장되는 일이 거의 없다는 점과는 다른 문제이다. 일반 대중들 역시 경제적 결정이 아닌 정치적 결정을 할 때는 다르게 행동한다. 실제로 집이나 차를 구입할 때 다른 것과 비교해 어떤 것을 구입할지 결정하는 데 들이는 시간과 관심만큼 특정 후보자를 다른 후보자와 비교하는 데 충분한 시간과 관심을 쏟는 사람은 거의 없다.

유권자가 내리는 정치적 결정은 다른 많은 사람들에게 영향을 미치는 정책에 약간 영향력을 행사하는 셈이다. 반면에 경제적 결정은 개인의 행복에 큰 영향을 미친다. 그러므로 이렇게 다른 종류의 결정과 관련된 사고의 양과 질이 서로 다르다는 것은 놀랄 일이 아니다. 이런 결정들이 서로 다른 점 가운데 하나는 정치적 결정에서는 즉각적인 결과 이후를 생각하지 않는다는 것이다. 대부분의 유권자들이 일 단계 이상을 생각하지 않을 때, 선출된 관리들 대다수는 나중 단계에 있을 결과를 고려할 인센티브를 갖고 있지 않다. 그리고 그들은 경쟁관계에 있는 정치인들이 대중의 잘못된 생각에 영합해 대중과 자신들의 사이를 갈라놓을 것을 두려워한 나머지, 유권자들이 생각하고 이해하는 것 이상을 생각하지 않으려는 강력한 인센티브를 갖고 있다.

정치학과 경제학에서는 문제를 인식하는 방식 자체가 다른 경향이 있다. 정치적 사고는 "기대하는 결과의 관점"에서 정책, 제도, 또는 프로그램들, 예를 들어 "마약예방" 프로그램, "이익을 내는" 기업, "공익" 법률회사, "총기통제" 법 등을 추구하는 경향이 있다. 그러나 경제분석에서는 어떤 목표를 추구하는 것이 아니라, 그런 목표를 추구하는 과정에서 어떤 인센티브와 제약이 있는가가 중요하다. 예를 들면, 우리는 대부분은 아닐지라도 많은 "이익을 내는" 기업들이 실제로 이익을 내지 못한다는 사실을 알고 있다. 이것은 창업한 지 몇 년 내에 문을 닫는 신생 기업들의 비율이 높다는 점을 통해 알 수 있다. 이와 마찬가지로, 마약예방 프로그램이 실제로 마약의 사용을 줄였거나 방지하는지, 공익을 위한 법률회사가 실제로 공익을 위하는지, 총기통제법이 사실상 총기를 통제하는지에 대해서는 여전히 의문이 남는다. 임대료 통제법이 주택 부족 현상을 초래하고 임대료를 통제하는 데 실패함으로써, 그런 법이 없는 다른 도시들에 비해 그런 법을 가진 도시들에서의 임대료가 높아졌다 해도 경제학자들은 놀라지 않는다. 그렇지만 이런 결과들은 바람직한 목표에만 초점을 맞추는 정치적 수사의 관점에서 생각하는 사람들에게는 매우 놀라운 일이 될 수 있다.

여기서 요점은, 다양한 정책들이 목적을 달성하지 못할 수 있다는 데 있는 것이 아니다. 그보다 더 근본적인 핵심은, 우리들이 정책들의 목표에 의해 과정을 판단하지 말고, 작동하고 있는 과정의 "실제 특성" 및 그러한 특성에 내재한 인센티브와 제약을 알 필요가 있다는 데 있다. 만약 정책과 프로그램들이 선언했던 목적의 당위성이란 측면 대신에 이들이 만들어 내는 인센티브와 제약의 관점에서 이런 과정들을 분석했다면, 이들이 만들어 내는 "예기치 못한 많은 결과들"은 시작단계에서부터 예측될 수 있었을 것이다. 일단 우리가 특정한 정책에 의해 작동하게 된 일련의 사건들을 생각하기 시작하면, 그리고 일 단계 이후까지 이런 사건들을 추적하면 세상을 보는 눈이 많이 달라질 것이다.

정치와 시장은 어떤 사람들이 다른 사람들의 욕망에 반응하도록 하는 두 가지 방식이다. 어떤 재화를 구입하는 데 돈을 쓸지 결정하는 소비자들은 종종 어떤 후보자를 공직에 선출할 것인가를 결정하는 유권자들에 비유되어 왔다. 그렇지만 두 과정은 본질적으로 다르다. 개개인이 경제적 결정 대 정치적 결정을 내리는 데 투자하는 시간과 생각의 양은 크게 다를 뿐만 아니라, 그러한 결정들 자체가 본질적으로 다르다. 유권자들은 이 후보 혹은 저 후보에게 투표할 것인가를 결정한다. 그렇지만 그들은 어떤 종류의 음식, 의복, 거주지 등을 얼마만큼씩 구매할 것인지 결정한다. 요약컨대, 정치적 결정은 "단정적" 경향이 있는 반면, 경제적 결정은 "추가적" 경향이 있다.[1]

어떤 후보자의 원칙과 실천방안의 총체적 내용이 여러분의 욕구를 더 잘 충족시켜 줄 것인가를 결정하는 것에 비해, 추가적인 결정은 더 세세한 조정을 할 수 있게 한다. 또한 추가적 의사결정의 논리에 의하면, 특정한 재화나 서비스를 일정 규모 이상 획득하고 난 후에 돈을 지출할 수 있는 다른 것들이 남아 있을 때, 매우 바람직한 것들을 추가로 구입한다고 해서

반드시 바람직한 것은 아니다. 예를 들어 멋진 집에서 살기 위해 상당한 돈을 지불하는 것은 가치가 있는 일이겠지만, 시골에 또 하나의 집을 사는 것은 아이를 대학에 보내거나 휴양을 위해 해외여행을 하는 데 돈을 사용하는 것보다 가치가 있을 수도 있고 그렇지 않을 수도 있다. 추가적 의사결정의 한 가지 결과는 바람직한 많은 것들이 모두 추가적으로 구매되지는 않는다는 것이다. 그 이유는 그것들을 얻는 데는 적어도 그 이상의 희생이 요구되기 때문이다.[2]

정치적 관점에서 보면, 이것은 정부관리들이 무료, 또는 정부보조로 인해 인하된 가격으로 유권자들에게 제공할 수 있는 것들이 항상 많이 있다는 것을 의미한다. 그렇지만 유권자들은 이런 것들에 대해 자신의 돈을 지불하면서 추가로 구입하기를 원치는 않는다. 물론, 대중들은 결국 소비자의 입장이라면 선택하지 않았을 것들에 납세자의 자격으로서 돈을 내게 된다. 이 과정에서 진정한 승자는 정치인들로서, 그들이 보인 관대함과 연민으로 인해 정치적 지지를 얻게 된다.

경제학에 대한 정치학의 영향을 이해하는 데 있어, 우리는 다양한 곳으로부터 받는 압력에 대한 관리들의 반응뿐만 아니라, 미디어와 투표권을 가진 대중들이 경제적 문제를 바라보는 방식도 생각해야 한다. 미디어와 유권자들은 모두 소위 일 단계 사고에 그치고 마는 경향이 있다.

일 단계 사고

필자가 하버드 대학에서 아서 스미시즈Arthur Smithies 교수에게 경제학을 배우는 학생이었을 때, 하루는 교수님이 수업시간에 당시의 한 쟁점에 대해 내가 지지하는 정책이 무엇인지 질문한 적이 있었다. 그 문제에 대해서라면 자신이 있었기 때문에 나는 열의를 가지고 그의 질문에 답했고, 내가 지지하는 정책으로부터 기대할 수 있는 유리한 결과를 설명했다.

그는 "그리고 그 다음엔 어떤 일이 일어날까?" 하고 물었다.

그 질문은 내 허를 찔렀다. 하지만 생각해 보니 내가 설명하는 그 상황이 분명히 다른 경제적 결과를 초래할 것이 명백해졌다. 그래서 나는 그 점을 생각하면서 상세히 설명했다.

"그리고 그 다음엔 어떤 일이 일어날까?" 스미시즈 교수님이 다시 물었다.

내가 그 정책에 대한 경제적 반응이 그후 어떻게 전개될 것인지 분석했을 때, 나는 그 반응들이 일 단계에서 생각한 것들보다 훨씬 바람직하지 못한 결과들을 초래하게 될 것임을 깨닫기 시작했다. 나는 다소 혼란스러워지기 시작했다.

"그리고 '그 이후엔' 어떤 일이 일어나지?" 스미시즈 교수님은 집요하게 물었다.

그때쯤엔 내가 지지하는 정책의 경제적 결과가 정말로 재앙에 가깝다는 사실을 인식하기 시작했다. 실제로 그러한 정책이 개선하고자 했던 초기의 상황보다 더 나빠지게 된다고 생각되었다.

이 작은 연습이 간단하게 들릴지 모르지만, 다양한 쟁점들을 둘러싼 정책들에 대한 대부분의 경제적 논의들보다 더 깊이 있는 것이다. 대부분 사람들의 생각은 일 단계에서 끝난다. 최근 몇 년 동안 미국 대통령들의 경제자문을 맡았던 사람들은—민주당, 공화당을 막론하고—최고위급에서 내려지는 결정과정에 경제적 결과에 대해 사전 숙고가 거의 없었다는 점을 공공연하게 언급하고 있다.[3] 이 말은 “정치적” 결과에 대한 사전 숙고가 없다는 뜻이 아니다. 그들이 보좌했던 대통령들(닉슨과 클린턴)은 정치적으로 크게 성공해 첫 번째 당선될 때보다 더 여유 있게 득표하면서 재선되었다.

인센티브와 결과

몇 년 동안에 걸쳐 결과가 나타나는 정책들을 고려할 때 일 단계 이후를 생각하는 것은 특히 중요한 일이다. 만약 초기의 결과가 좋고, 나쁜 결과는 나중에 발생한다면—특히 그 나중의 시기가 다음 선거 이후라면—정치인들은 언제나 그런 정책들을 채택하고자 하는 유혹을 받는다.

예를 들어 어떤 도시나 주州에 사업이 번성하고 있는 여러 기업들이 있다고 했을 때, 지방정부가 이들에 대한 세율을 인상함으로써 지지자들의 표를 얻을 수 있는 사업에 필요한 재원을 조달하는 것보다 더 쉬운 일은 없다. 기업들은 어떻게 할까? 공장, 호텔, 철도, 사무실 건물을 철수하고 다른 곳으로 이주할까? 일 단계에서는 그런 일이 즉각적으로 일어나지는 않을 것이다. 그들이 그 지역의 시설을 팔고 다른 곳에서 대체할 장소를 구할 수 있다 해도 그 일은 시간이 걸리며, 다른 도시나 주로 느닷없이 이전해야 하는 상황에 경력사원들 모두가 자발적으로 따라주지는 않을 것이다. 이주를 어렵게 하는 상황이긴 해도, 높은 세금은 어느 정도 즉각적인 영향을 미치게 될 것이다.

기업은 파산하기도 하고, 떠오르는 새 기업으로 대치되기도 한다. 고율의 세금을 부과하는 도시와 주에서는 기업들이 파산하는 경우가 늘어날 수 있다. 어떤 회사가 아직은 유지할 능력을 가지고 있어 문제를 견디어

내며 고군분투하고 있는데, 고율의 세금이라는 부담까지 떠안으면 견디기 어렵다. 다른 한편, 새롭게 시작하는 회사들은 그들의 공장과 사무실을 어느 곳에 세울 것인가를 결정할 때, 고율의 세금을 부과하는 시와 주는 피하려 할 것이다. 그러므로 번창하고 있는 기업들이 단기적으로는 움직이지 않더라도, 고율의 세금을 피하기 위해 일 단계에서도 기업들이 다른 지역으로 이전하기 시작할 것이다. 그러나 그 손실은 눈치 챌 만큼 큰 규모는 아닐 수 있다.

이제 이 단계가 등장한다. 일반적으로 기업의 최고임원들이 일하는 본사 건물이 먼저 이전하고, 많은 직원들과 시설들을 보유하고 있는 영업조직은 나중에 움직인다. 게다가 그 기업이 다른 도시들이나 주 혹은 해외에 다른 영업조직을 보유하고 있다면, 그 지역에 있는 공장이나 사무실을 즉각 폐쇄하지는 않더라도 생산시설의 일부를 세율이 그다지 높지 않은 다른 지역으로 이동하기 시작할 것이다. 세금이 높은 지역에서는 기업의 수가 감소하고, 그 결과 그 지역의 기업과 노동자들이 지불하는 지방세 수입이 감소하기 시작할 것이다.

삼 단계에서는 시간이 경과해 기업들이 성장하면, 이들은 세율이 그다지 높지 않은 곳에 새로운 영업조직을 새롭게 구축할 수 있으며, 함께 갈 의향이 있는 직원들을 이전시키는 한편 전근을 갈 의향이 없는 직원들을 대신해 새로 직원을 고용할 수 있다.

사 단계에서는 기업들이 잇따라 고율의 세금을 부과하는 시나 주를 떠나게 된다. 결과적으로 높은 세율에 근거해 기업들로부터 징수한 총 조세수입이 과거 낮은 세율에 근거하지만, 더 많은 기업들로부터 징수한 총 조세수입보다 적어지는 지경에 이르게 된다. 그렇지만 이때쯤이면 시간이 많이 흘러 이런 과정이 벌어지도록 한 책임이 있는 정치인들은 주정부나 연방정부의 더 높은 직위로 승진해 있을 것이다.

더 중요한 점은, 지방정부에서 직위를 유지하고 있는 관리들조차도 조세수입 감소, 실직, 그리고 부족한 과표課標에 따라 불가피해진 정부 서비스의 감소와 방치된 사회간접자본으로 인해 비난받을 것 같지는 않다는 것이다. 간단히 말해, 이런 경제적 침체에 대한 책임은 아마도 정치적 책임으로 이어지지 않을 것이다. 유권자들이나 미디어가 일 단계 이후를 생각해 몇 년 동안 일어난 일들을 추적했다면 그에 따른 정치적 책임을 물을 수 있겠지만, 그런 일은 거의 일어나지 않았다.[4]

뉴욕 시는 이러한 과정을 보여주는 대표적인 경우이다. 한때 미국에서 가장 큰 기업들의 본사가 다수 있었던 뉴욕은 21세기 초에 와서는 미국에서 가장 빠르게 성장하는 100대 기업들 가운데 단지 한 개의 본사만 있는 도시로 전락했다. 미국의 어느 도시보다 높은 세율과 사무실 공간에 대한 고율의 부동산세로 인해 뉴욕은 수많은 기업들과 일자리를 다른 주에 빼앗겨 왔다. 그 와중에 뉴욕은 시에서 운영하는 다양한 프로그램에 로스엔젤레스에 비해 일인당 두 배, 시카고에 비해 일인당 세 배에 달하는 지출을 했다. 지출과 세금정책은 경제적 결과의 관점에서는 부정적이었지만, 정치적으로는 대체로 성공적이었다.

간단히 말해, 황금알을 낳는 거위를 죽이는 것은 실현 가능한 정치적 전략이다. 단, 거위가 다음 선거 전까지 죽지 않고, 살인무기에 묻은 정치인들의 지문을 아무도 추적하지 않는다면 말이다. 다른 관점에서 보면, 당신이 자신의 이익—삶의 여러 가지 측면에서의 이익—을 추구하려 할 때 이를 도와줄 대리인들이나 심부름꾼들이 당신의 이익과 반드시 일치하지 않는 그들만의 이득을 추구할 위험은 항상 존재한다.[5] 기업의 경영진이 언제나 주주들의 이익을 우선순위에 두는 것은 아니며, 매니저가 항상 배우들과 운동선수들을 우선시하는 것은 아니다. 또한 저자들이 자신의 이익을 위해 독자의 이익을 희생시킬 수도 있다. 선거로 뽑힌 관리들도 이들과 근본적으로 다르지 않다. 하지만 그들의 인센티브가 무엇인지, 그리고 그들이 정치적 목적을 추구하는 동안 간과할지도 모르는 경제적 현실이 무엇인지 알아야 할 이유는 있다.

일 단계만 생각하는 것이 특별히 미국이나 세금문제에만 국한된 것은 아니다. 지구의 반대편에 있는 한 인도 작가는 교육개혁에서 이와 유사한 현상을 관찰했다.

> 아무도 교육문제로 골머리를 앓지 않는다. 그 이유는 오랜 시간이 걸려야 결과가 드러나기 때문이다. 한 정치인이 쌀 가격을 5루피(1파운드당 31센트)에서 2루피(1파운드당 12센트)로 내리겠다고 약속하면 선거에서 당선된다. 라마라오N.T. Rama Rao는 1994년 주 선거에서 바로 그렇게 했었다. 그는 선거에서 이겼고, 주 총리가 되었으며, 주의 재정을 거의 파탄냈다. 그는 또한 델리에 있는 라오Narasimha Rao 수상에게 진지한 메시지를 보냈는데, 일부 관측자들에 의하면 그 수상은 대중의 인기에 영합하는 방식에 빠져 있고 장기적으로 무엇이 옳은 것인가는 중요하지 않다고 인식했기 때문에 인도의 개혁을 지연시켰다고 한다. 1980년대 이래 정치인들은 유권자들에게 재화와 서비스를 무료로 제공하며 경쟁해 왔다. 정치인이 그렇게 행동한다면, 학교를 새로 짓거나 낡은 학교를 보수하는 데 필요한 돈을 어디서 마련할 것인가?
>
> 1997년 2월에 펀잡 지방의 총리인 바달Prakash Singh Badal이 농부들에게 전기와 물을 무료로 제공했던 날 나는 완전히 낙담했다. 그는 선거공약은 충실히 지켰는지 몰라도, 열두 달 후에 빈약한 주의 재정은 바닥이 났고, 공무원에게 급료를 지급할

돈이 없었다.

세금처럼 보조금 또한 국가 전체의 형편을 나쁘게 만들 수 있다. 심지어 보조금이 정부의 재원에서 지불되는 것이 아니라 어떤 재화나 서비스로 다른 것을 보조하는 경우에도 그러하다. 예를 들어 인도에서 철도요금에 대한 보조는 화물운송요금을 인상해 이루어진다. 승객들의 수가 훨씬 많을 것이기 때문에 이 정책으로 화주貨主들로부터 잃는 표보다 철도 승객들로부터 얻는 표가 더 많으리라는 것은 의심할 여지가 없다. 하지만 이렇게 인위적으로 인상한 화물운송요금으로 인한 경제적 결과는, 영국의 저명한 『이코노미스트』지에 의하면, "인도 남부에 있는 발전소에 사용할 석탄을 비하르*Bihar* 지방에서 사오는 것보다 호주에서 사오는 것이 훨씬 싸다"는 것으로 요약된다. 비하르는 인도에서 가장 가난한 주 가운데 하나로, 그곳의 석탄산업을 통해 추가로 많은 일자리를 만들어 낼 수 있었을 것이다.

긴급상황에 대처할 때에도 공무원들은 피해자들과 그들이 처한 곤경보다 공무원들 자신과 자신들의 정치적 필요를 먼저 생각할지 모른다. 인도의 경제학자 바룬 미트라Barun Mitra는 다음과 같이 말했다.

> 1999년 11월 인도 동부의 오리사 주 해안을 강타한 초대형 사이클론은 공식적으로 만여 명이 넘는 사망자를 남겼다. 그러나 비공식적으로는 사망자들이 그 수치의 두 배 이상이 넘는 것으로 집계되고 있다. 델리의 중앙정부는 국제원조를 요청하는 데 소극적이었다는 보도가 있었다. 그 이유는 원조요청이 어떤 의미에서는 한 국가의 정부가 갖는 능력을 반영하는 것일 수 있기 때문이었다. 그 비극이 있은 지 2주가 지난 후에도 많은 마을 사람들은 도움을 주러 온다거나 생존자를 구조한다는 소식을 듣지

못한 채 고립되어 있었음에도 불구하고 말이다.

그런 재난에 대한 시장경제의 반응은 어떠할까? 어떤 보험회사도 위의 경우처럼 주춤거리고 있지는 않을 것이다. 만약 그렇다면 사람들은 경쟁관계에 있는 회사로 보험을 변경할 것이고, 따라서 경쟁이 치열한 시장에서 살아남기를 기대할 수 없기 때문이다. 그러나 대부분의 정부기관은 독점이다. 정부 산하 긴급구조기관의 느린 대응이 당신의 마음에 들지 않아도 그것 대신 당신이 의존할 수 있는 경쟁적인 정부기관이 없다. 독점은, 사적 독점이든 공적 독점이든, 자기 탐닉적인 비효율을 초래하는 경향이 있다. 사기업의 경우에는 새롭게 등장하는 경쟁기업을 막을 수 없지만, 정부기관의 경우 독점이 표준이라는 점이 다르다.

일 단계 이상을 생각하지 않는 사람들은 종종 가격을 통제하는 정부의 권한이 다양한 재화와 서비스의 비용을 줄여 이것들을 더 많이 사용할 수 있도록 해준다고 생각한다. 일 단계 이상을 생각하지 않으면 "처방약의 비용을 낮추는 것", 또는 주택 공급을 "원활하게" 만드는 것과 같은 정책들은 매우 매력적으로 보인다. 그러나 일 단계에서조차도 특정 재화와 서비스의 비용을 실질적으로 낮추는 것과 그런 비용을 가격에 반영하지 못하도록 단순히 금지하는 것과는 근본적으로 다르다.

2001년과 2002년 캘리포니아에서 있었던 전력 위기는 비용을 통제하지 않고 가격을 통제했던 고전적인 사례에 해당한다. 캘리포니아 주민들이 사용하는 전기를 생산하는 비용은 여러 가지 이유로 상당히 증가했다. 서부 해안의 강수량이 감소해 수력발전용 댐으로 흘러갈 물이 부족하게 되었고, 그 결과 전기 생산이 감소했다. 그렇지만 이에 상응해 그곳의 댐을 운영하는 비용이 줄어들지 않았기 때문에 일정한 양의 전기를 생산하는 비용은 증가했다. 동시에 석유나 천연가스와 같은 연료비도 상승했으므로, 이것들을 이용해 전기를 생산하는 비용도 증가했다. 일반적으로 보면, 이런 비용 상승은 캘리포니아의 전기 소비자들이 받는 청구서에 더 높은 가격으로 반영되었을 것이다. 그리고 그 청구서는 소비자들이 전기의 사용을 줄이는 인센티브를 제공했을 것이다. 그러나 캘리포니아의 정치인들은 전기금 인상을 제한하는 법적 장치를 마련해 자신들의 돌파구로 삼았다. 그것이 일 단계였다.

전기를 생산하는 업자는 전기를 도매로 팔면서 공익회사*public utility company*에 비용부담을 떠넘겼다.[6] 반면에 대중들에게 직접 전기를 공급하는 공익회사는 법적으로 제한한 가격 이상을 청구할 수 없었다. 그래서 1Kw의 도매가가 15센트일 때, 소매가격은 여전히 7센트에 머물렀다. 이 산업에 대한 경제연구보고서는 다음과 같이 지적했다.

> 도매가격은 전기가 점점 희소해진다는 것을 알려주었지만, 소매가격은 소비자들에게 변한 것이 없다고 말했다. 따라서 소비자들은 이용 가능한 것보다 더 많은 전기를 수요했다.

정전은 피할 수 없는 결과였다. 이것이 이 단계였다.

삼 단계에서는 정치인들이 정전을 막을 수 있는 방법을 찾아 허둥대는 모습을 볼 수 있었다. 정전은 단기적으로는 개인주택과 기업을 혼란에 빠뜨렸을 뿐만 아니라, 캘리포니아에 일자리와 세금을 제공했던 몇몇 기업들이 다른 곳으로 이전하겠다고 위협하게 만들었다. 정치인의 관점에서 볼 때 이보다 더 좋지 않은 것은, 그 상황이 자신들의 재선 전망을 어둡게 했다는 점이었다. 사 단계에서 캘리포니아의 공익회사가 파산하게 되었다. 고객들에게 청구할 수 있는 것보다 더 높은 가격으로 도매업자로부터 전기를 구입했기 때문이었다. 공익회사의 부족한 재정과 신용등급의 하락 때문에 도매업자들은 전기 공급을 거부했다. 이제 상황은 정말 절망적이었다. 도매업자들이 재정적으로 곤경에 처한 공익회사에 외상으로 전기를 팔려 하지 않자 주지사가 개입해 주정부의 자금으로 전기를 구입했다.

결국, 캘리포니아 사람들은 전기에 더 많은 돈을 지불했다. 부분적으로는 전기요금으로 지불했고, 나머지는 세금으로 내거나 정부의 서비스가 축소되는 것을 감내하는 것으로 지불했다. 왜냐하면 기록적이던 주의 흑자예산이 적자예산으로 전환되었기 때문이다. 정치인들이 대중을 의식해 가격을 통제한 결과로 인해, 주민이 낸 금액이 주정부가 관여하지 않고 수요와 공급에 따라 가격이 결정되도록 했을 때 냈을 금액보다 한푼이라도 적었을지 의심스럽다. 모든 비용을 계산해 보면, 주민들은 비용 상승이 시장을 통해 가격에 반영되었을 경우 지불했을 금액보다 더 많은 돈을 지불했을 것이다. 그렇지만 주지사는 재선에 성공했다.

일반적으로 말해, 이런 일은 캘리포니아에서만, 또는 전기의 경우에만 발생하는 것은 아니다. 가격통제는 세계 곳곳의 여러 국가에서, 그리고 말 그대로 유사 이래 수천 년 동안 부족 현상을 초래했는데, 음식, 주택, 연료, 건강관리, 그리고 셀 수 없이 많은 재화와 서비스들이 그 대상이었다. 이러한 가격통제는 대부분 처음 제도화되었을 때는 인기를 얻었다. 그 이유는, 사람들이 대체로 일 단계 이상을 생각하지 않았기 때문이다. 미국 역사상 최초로 평화 시 임금제도와 가격통제를 실시했던 리차드 닉슨Richard Nixon 대통령은 첫 선거에서는 근소한 차이로 당선되었지만, 재선에서는 압도적인 승리를 거두었다.

민간기관과 공공기관의 또 다른 큰 차이점은 사기업이 아무리 크고 번창하고 있어도 고객을 더 이상 만족시킬 수 없을 때에는 언제나 망할 수밖에 없다는 것이다. 그 이유는 회사 자체의 역량이 부족했거나 경쟁회사로 인해, 또는 대안 기술이 고객들을 더 만족시켰기 때문일 것이다. 하지만 공공기관은 공공연히 실패를 해도 유지될 수 있으며, 정부의 권력은 경쟁기관이 생겨나지 못하게 할 수 있다.

지난 몇 년 동안 미국 우편국*U.S. Postal Service*은 수많은 불평에도 불구하고 굳건히 독점을 지켜오고 있다. 따라서 우편함은 정부가 아니라 시민들이 돈을 지불하고 구입한 것이지만, 어느 누구라도 시민의 우편함에 무엇이든 넣으면 불법이다. 우편당국은, 만약 시민들이 그들의 집으로 우편을 배달해 주는 사기업을 선택할 수 있다면, 그것이 자신에게 얼마나 큰 경쟁의 위협이 되는지 잘 알고 있다. UPS나 Federal Express와 같은 사기업들은 이미 오래 전에 소포배달 분량 면에서 미국 우편국을 앞지르고 있다. 실제로, 연방정부기관 자체도 종종 사기업의 소포 서비스를 더 선호한다.

재활용

가격은 재화와 서비스뿐만 아니라 시간과 노력을 배분하는 데 많은 역할을 한다. 예를 들어 재활용은 시간과 노력이 필요한 일이지만, 재활용된 물건들의 추가적 가치는 그것들을 수집하는 데 들인 시간과 노력의 가치만큼 있을 수도 있고, 없을 수도 있다. 수집된 물건들의 추가적 가치가 시간과 노력을 다른 용도에 사용할 때의 가치보다 더 크다면, 재활용은 법이나 권유가 아닌 자유시장의 일반적 작용의 결과로 자연스럽게 발생할 수 있다. 수집된 것들 중에는 그것의 추가적 가치로 인해 정부의 개입이 없어도 재활용되는 것들이 있고, 폐기처분되어질 것들이 있다. 재활용은 단정적으로 정당화되거나 정당화되지 않는 문제가 아니라, 추가적으로 비용을 지불할 가치가 있는지 없는지의 문제이다.

제3세계의 일부 국가들, 또는 미국과 같은 선진국에 있는 만성적인 실직자와 가정이 없는 사람들은 버려진 깡통이나 병을 팔기 위해 수집하는 것을 괜찮은 일로 생각한다. 어떤 사람들은 강요받거나 권유받은 것이 아니라 자발적으로 그 일을 한다. 20세기 중반 서부 아프리카에서, 피터 바우어Peter Bauer라는 이름의 저명한 영국 경제학자는 "등유, 담배와 스프 캔, 밀가루, 소금 및 시멘트 부대, 맥주병과 같은 빈 용기들의 광범위한 거래"를 목격했다. 당시 유럽의 제3자적 관찰자들은 아프리카에서의 그와 같은 재활용 활동이 노동력의 낭비라 생각했다. 유럽 사람들은 그런 일에 시간을 허비하지 않았기 때문이었다. 하지만 바우어 교수는 그것이 시간낭비가 아닌 이유를 다음과 같이 설명했다.

> 어떤 용기容器는 다양한 가정용품 혹은 다른 상품으로 변모한다. 담배와 스프 캔은 작은 기름전등이 되고, 소금부대는 셔츠 혹은 가운으로 이용된다. 하지만 용기들은 일반적으로 상품의 보관이나 이동에 가장 많이 재활용된다. 중고품 용기를 찾아내고, 구매하며, 운반하고, 유통하는 사람들은 자본스톡을 유지한다. 그들은 용기의 파괴를 막고, 대개의 경우 상태를 더 좋게 개선하며, 용기들이 가장 잘 활용될 수 있는 곳으로 유통시켜 활용도를 넓혀 주고, 효율적으로 사용하게 만든다. 교역인들의 활동은 자본

을 노동으로 대체한 경우를 보여준다.

아프리카에서 재활용에 참여하는 사람들은 대부분 여성이나 아이들이다. 다른 곳에 취업이 어렵기 때문에 이들에게는 재활용 용기로부터 작은 이익이나마 얻는 것이 효율적이다. 그 이유는, 이런 이익이 다른 곳에서 얻을 수 있는 것보다 많기 때문이다. 이것은 사회 전체적으로도 효율적이다. 그 체제는 낭비적이기는커녕 부족한 자원을 남아돌아가는 것으로 대체함으로써 매우 경제적이다. 여기서 남아돌아가는 자원이란 유휴노동력을 말한다.

20세기 중반 아프리카의 재활용이 비판받던 때나 20세기 후반 미국에서 재활용이 권유받던 때나 제3자의 입장에서 보는 사람들은 직접적으로 관련된 일을 하는 사람들보다 그들이 우수한 이해력을 가졌다고 생각한다. 그들이 말하고 있는 것들을 경제학적으로 생각하려고 애써 본 적도 없으면서 말이다. 어떤 관점에서 보면 재활용은 모든 이들에게 실질적인 이익을 준다. 또 다른 관점으로 보면 재활용은 아무에게도 이익을 가져다주지 않는다. 중요한 것은 재활용되는 것들의 가치와 재활용을 하려는 사람들의 시간을 포함해서 자원을 다른 용도에 사용할 때의 가치이다.

미국과 같은 선진국에서조차 카메라는 오랫동안 재활용되고 있다. 애틀랜타의 KEH나 오하이오 주 콜롬버스의 MidWest Photo 같은 상점은 전국적 규모로 중고 카메라를 판매하는 데 특화하고 있다. 이들의 가격은 대부분 수백 달러인데, 어떤 상품은 수천 달러에 이르는 것도 있다. 중고차 판매 역시 오래 전부터 모든 지역에서 일반적으로 이루어지고 있다. 판매되는 주택들은 거의 중고 주택들인데, 그 용어를 거의 사용하지 않는 것은 일반적으로 호화주택의 경우에도 살던 주택이기 때문이다. 새로 지은 주택의 경우만 호칭을 따로 붙인다.

정치적 압력이나 권유로 인해 재활용을 하는 곳에서는 추가적 비용을 지불할 만큼 추가적 가치가 있는지에 대한 테스트를 충족시킬 필요가 없다. 그러므로 미국에서 정부가 주도하는 재활용 프로그램에 대한 연구들에 의하면, 수집한 것들의 가치가 일반적으로 수집하는 비용보다 낮다고 한다. 이러한 상황은 사람들에게 추가적인 혜택을 주고 세금을 납부하라고 요구하는 것과 마찬가지이다. 그런데 그 사람들이 소비자로서는 결코 세금을 납부하지 않았을 것이다.

중앙집권적 계획 대 시장

정치적 의사결정과 경제적 의사결정 사이의 차이는, 어떤 물건이 누구에 의해 만들어지고 가격은 얼마인가와 같은 문제들이 사기업들 간의 시장경쟁을 통해 결정되는 경제체제와 정부가 포괄적으로 계획을 수립하는 경제체제를 비교할 때 두드러진다. 두 경우 모두—사회주의[7]와 자본주의를 망라해서—체제의 원리는 실제 결과와 비교되어야 하며, 수사적 표현은 현실과 비교되어야 한다. 따라서 적절한 질문은 어떤 체제가 더 그럴듯하게 들리는가가 아니라, 어떤 체제가 어떤 결과물을 만들어 내는가이다.

또한 두 체제 모두—봉건주의와 파시즘, 그리고 자발적 공동체를 포함한 사실상의 모든 경제체제—사람들이 원하는 것을 모두 더하면 그들이 얻을 수 있는 것보다 더 많다는 내재적인 제약을 받으며 작용한다는 사실을 이해해야 한다. 이것이 의미하는 바는, 모든 경제체제는 이런저런 메커니즘을 통해 자원과 최종 생산물의 사용을 제한하고 거부하는 방법을 찾아야 한다는 것이다. 어떤 체제에서 이 일은 할당*rationing* 혹은 중앙집권적 배분을 통해 이루어지기도 하고, 다른 체제에서는 사람들이 여러 가지 물건에 지출할 수 있는 돈을 얼마나 가지고 있는가에 따라 스스로 할당하기도 한다.

모든 경제체제는 사람들에게 재화와 서비스를 공급할 뿐만 아니라, 원하는 만큼 재화와 서비스를 갖지 못하도록 규제하고 금지하기도 한다. 왜냐하면 사람들이 원하는 모든 것들을 원하는 만큼 공급할 수 있는 경제체제는 어디에도 없기 때문이다. 경제체제들의 차이는 소비를 규제하는 방식이나 높거나 낮은 생활수준을 창출해 내도록 자원을 배분하는 효율성에서 나타난다.

중앙집권적 계획

"계획" 이란 용어는 종종 정치관료들에 의해 중요한 결정이 이루어지는 경제체제를 설명할 때 사용된다. 이런 정치관료들이 민주적으로 뽑힌 사람이든, 공산주의 혹은 다른 전체주의 정부의 대의원이든 별 차이는 없다. 그러나 자본주의에서도 사기업의 소유자와 경영인들이 참여하는 계획이 존재한다. 차이가 있다면 누구를 위해 누가 계획하는가이다. 자유시장경제에서는 수백만의 소비자, 기업 소유자, 경영자, 투자자, 그리고 여러 사람들이 자신의 행복을 위해 계획을 세운다. 그리고 경제 전반에서 이런 계획들 간의 조정은 변화하는 가격과 이런 가격이 제공하는 경제적 인센티브를 통해 이루어진다. 일반적으로 "계획" 이라 불리는 것은 중앙집권적 계획으로서, 소수의 관리들이 경제 전반을 계획하는 것을 말한다.

집단적인 의사결정의 일반적 원칙은 좀더 작은 정착단위에도 똑같이 적용된다. 이스라엘의 키부츠[8]나 자본주의 시장경제의 틀을 벗어나 집단적으로 생산하고 소비하고자 하는 사람들끼리 모인 작은 공동체들의 경우가 그러한 예이다.

국민경제 전반에 대한 가장 철저한 통제는 소련 시대 동안 발생했으며, 나중에 중국과 그 외의 다른 공산주의 국가들도 이것을 따랐다.[9] 하지만 인도와 프랑스 정부도 한때는 자국 경제의 상당 부분을 국유로 하거나 통제한 적이 있었다. 더욱이 정치계, 지식인들, 나아가 기업사회의 광범위한 영역에서 정부의 이와 같은 팽창적인 역할을 선호하곤 했다. 스웨덴 경제학자 군나르 미르달[10]Gunnar Myrdal은 중앙집권적 경제계획을 다음과 같이 정의했다.

> 경제계획의 기본 개념은 국가가 경제활동에 적극적일 뿐만 아니라, 사실상 결정적인 역할을 해야 한다는 것이다. 즉, 국가 스스로 기업 경영과 투자를 하고, 민간부문에 대한 다양한 통제—장려와 규제—를 함으로써 국가는 경제발전을 선도하고, 격려하며, 조종해야 한다. 이러한 공공 정책수단들은 서로 잘 조정되어야 하며, 그런 조정은 향후 일정 기간 동안을 위한 전반적인 계획안에 명시적으로 반영되어야 한다.

어떤 사람들은 정부의 계획을 시장의 통제되지 않는 혼란과 비교하지만, 실제로 정부의 중앙집권적 계획은 사람들이 세우는 계획들을 유린하는 것이다. 왜냐하면 민간부문의 개인들과 조직들은 가격변동을 통해 서로 조정되는 자신들의 계획을 가지고 있기 때문이다. 일련의 계획들이 얼마나 잘 작동하는가가 중요한 문제가 된다. 20세기 대부분의 기간 동안

시장에서의 통제되지 않은 경쟁보다 중앙집권적 계획이 더 바람직한 결과를 창출할 것이라고 널리 예상되었다. 그런데 세계 곳곳의 여러 국가에서 그런 중앙집권적 계획이 작동한 후 얼마 지나지 않아 어느 누구의 예상보다도 결과가 참담하다는 것이 드러났다. 왜냐하면, 사람들이 가장 많이 원하는 곳으로 자원과 생산물이 집중되도록 하는 시장경쟁과 가격변동에 의해 경제의 조정이 이루어진 국가들이, 중앙집권적 계획을 실시한 국가보다 훨씬 눈부신 경제발전을 이룩했기 때문이다. 20세기의 마지막 10년을 남겨놨을 무렵 사회주의 정부와 공산주의 정부조차도 중앙집권적 계획을 포기하고 정부 소유의 기업들을 개인 기업가들에게 매각하기 시작했다.

가격은 재화와 그것을 만드는 데 필요한 자원들을 수요가 가장 많은 곳에 투입되도록 유도한다. 가격은 또한 소비자들 스스로 소비를 제한하도록 압력을 행사하기도 한다. 가뭄이 들었을 때 물의 중요성을 더 잘 인식할 수 있듯이, 가격의 일반적인 역할이 허용되지 않는 곳을 살펴보면 가격의 역할을 더 잘 이해할 수 있다. 예를 들어 이스라엘의 키부츠 공동생활은 화폐나 가격에 의존하지 않고 구성원들이 필요로 하는 것을 집단으로 생산하고 공급하는 데 근거했다. 하지만 가격을 부과하지 않고 전기와 음식을 공급했더니, 낮에도 전등을 켜놓는 상황이 벌어지고 키부츠 외부에 사는 친구들을 초대해 식사를 대접하려는 구성원들이 생겨났다. 이후에 키부츠가 전기와 음식에 가격을 부과하기 시작하자 두 가지의 소비는 급격하게 줄었다.

가격의 존재 혹은 부재는 재화의 소비뿐만 아니라 재화를 생산하는 데 투입되는 자원의 이용에도 영향을 미친다. 구 소련의 기업들은 미국의 기업들보다 전기를 더 많이 사용했지만, 미국 기업들이 더 많은 재화를 생산했다. 미국의 기업들은 시장에서 결정된 전기료를 지불해야 했고, 시장에서의 공급과 수요가 그들에게 허용하는 범위 내에서 책정한 가격보다 생산비용을 낮게 유지해야 했다. 그렇게 하지 않았다면 그들은 손해를 보거나 파산에 직면했을 것이다. 소련의 기업들은 그런 인센티브나 제약에 직면하지 않았다. 전기의 경우만 특별히 그런 것은 아니다. 소련에서 일정 규모의 생산에 투입된 원재료와 에너지의 양은 일반적으로 미국이나 독일 혹은 일본에서 똑같은 규모의 생산을 위해 투입된 것보다 훨씬 많았다.

소련은 지구상에서 천연자원을 가장 풍부하게 보유하고 있는 나라 중 하나였다. 중동을 제외한 다른 어떤 나라들보다 석유 매장량이 많았으며, 유럽 대륙에서 가장 비옥한 농지의 일부를 보유하고 있었다. 게다가 소련은 과학자, 기술자, 공학자를 포함해 잘 교육된 사람들을 많이 보유하고 있었다. 그러나 국가 번영을 위한 모든 요소들을 가지고 있는 것처럼 보였음에도, 소련은 실제로 미국이나 서유럽 국가들보다 훨씬 더 빈곤했다. 소련 경제에 부족했던 것은, 가격에 의해 자원배분이 조정되는 시장을 가진 미국이나 다른 국가들에 비교될 수 있는 속도로 풍부한 자원을 생산물로 전환시킬 수 있는 인센티브와 메커니즘이었다.

소련에도 가격이 있었지만, 그것은 중앙집권적 계획당국에 의해 책정된 가격이기 때문에 경쟁시장에서 수요와 공급에 의해 결정된 가격과 같이 특정 자원의 상대적 희소성을 반영하지 못했다. 또한 중앙집권적 계획당국이 책정해야 하는 가격들이 2천만 개에 달했기 때문에, 수많은 자원들과 완제품들과 관련해 끊임없이 변하는 상대적 희소성과 같이 복잡하고 변동성이 심한 요소들이 어떻게 가격에 반영되었을지 의문이다.

이것은 사실상 중앙집권적 계획당국에게는 불가능한 과제지만, 시장경제에서는 특별히 문제가 되지 않는다. 왜냐하면 수백만 명의 소비자들과 생산자들은 직접적으로 그들에게 영향을 미치는 몇 가지 가격들에 대해 정확하게 알면 충분하기 때문이다.[11] 결론은 이러하다. 소련에서는 사람들이 원하지도 않고 팔리지도 않는 상품으로 가득 찬 상점이 있는가 하면, 길게 줄을 서서 물건이 다 팔리기 전에 얻으려는 사람들을 일상적으로 볼 수 있었다. 1987년 소련을 방문한 사람들에 의하면, "길게 줄을 선 사람들은 물건을 사려고 4시간을 참을성 있게 기다리고 있었다. 길거리 모퉁이에서 사람들은 종이상자에 담긴 토마토를 사려고 기다리고 있었다. 한 사람에게 한 개씩 팔았으며, 상점 밖으로부터 우리가 묵고 있는 호텔까지 이어진 행렬은 3일 동안이나 계속되었다. 알아본 바에 의하면 우리가 도착한 날 그 상점에는 새 남성 속옷이 출하되었다고 한다."

자본주의 경제에서 상품이 과잉생산되어 창고에 쌓이면 수요와 공급의 작용으로 인해 가격이 하락한다. 그러면 기업들은 계속되는 손실을 피하기 위해 생산을 줄이게 될 것이다. 이런 과정으로 인해 노동을 포함한 다양한 자원들은 수요가 많은 다른 부문으로 투입될 것이다. 그런 부문에서는 부족 현상과 가격 상승으로 인해 더 많은 이윤을 얻을 수 있으므로, 공급을 늘리기 위해 노동과 원재료에 대한 수요가 증가할 것이다. 하지만 사회주의 경제에서는 이와 같은 과정이 일어나지 않는다. 사회주의 경제에서는 과도한 부담을 짊어진 중앙집권적 계획자들이 각각의 문제를 해결하려 할 때까지 여러 해 동안 부족과 과잉이 동시에 지속될 수 있다.

더 많은 수의 중앙집권적 계획자들을 고용한다고 문제가 해결되지는 않을 것이다. 왜냐하면 수백만 개에 달하는 가격들이 "상대적으로" 조정되어야 하기 때문이다. 예를 들어 모피 가격을 책정하기 위해 일단의 중앙집권적 계획자들을 투입하는 동시에 내의 가격을 책정하기 위해 다른 일단의 계획자들을 투입할 수는 없다. 이런 경우 창고에서 썩고 있는 동물 가죽을 생산하는 데 지나치게 많은 자원이 투입되는 반면, 사람들은 내의가 부족해 고생하게 될 수도 있기 때문이다.

이것이 소련에만 해당되는 특이한 현상은 아니다. 인도와 같은 민주주의 사회에서든, 중국과 같은 전체주의 국가에서든, 중앙집권적 계획을 세우는 사회에서는 이와 유사한 문제들이 발생한다. 특히 소련이 중앙집권적 계획의 가장 충격적인 사례로서 꼽히는 것은, 다양한 천연자원을 풍부하게 보유하고 있던 국가임에도 불구하고 국민들은 가난했기 때문이다. 일본이나 스위스는 빈약한 자원을 가졌지만 최고의 생활수준을 누리는 자본주의 국가로서, 정반대의 경우를 보여준다. 소련의 국민들은 중앙집권적 계획으로 인해 혹독한 대가를 치뤘다. 두 명의 소련 경제학자들이 쓴 책에서 지적했듯이, "1950년대가 되어서야 우리들은 1913년의 일인당 농업생산량을 넘어설 수 있었다." 그리고 1980년대에 쓴 저서에서는 일인당 고기 소비량이 "1927년의 상황보다 더 낮은 수치에 머물렀다" 고 지적했다.

마오쩌둥의 사망 후 중국은 처음에는 제한된 지역에서 중앙집권적 계획을 자유시장으로 전환하려고 시도했다. 그후 그 지역이 다른 지역에 비해 경제적으로 크게 번창하자 중국은 자유시장이 작동하는 지역을 확대했다. 시장이 정치적으로 관리되던 경제적 의사결정을 대신하게 되자 중국은 세계에서 가장 높은 경제성장률을 경험하게 되었다.

1970년에는 인도의 일인당 국민소득이 중국의 두 배 이상이었는데, 1991년에는 중국이 인도에 근접하는 상황까지 따라왔으며, 2000년경에는 중국의 일인당 국민소득이 인도의 두 배에 이르게 되었다. 뒤늦게나마

인도 역시 정부의 지시와 통제를 많은 부분에서 제거하기 시작했다. 영국의 경제시사지인 『이코노미스트』의 표현을 빌리면, 1947년 "독립한 이후 처음으로 기업가들을 국가로부터 해방시켰다." 그후 인도는 연간 6%씩 성장하기 시작했고, "세계에서 가장 빠르게 성장하는 거대경제 가운데 하나"가 되었다.

중앙집권적 계획경제와 시장경제 간에는 원리상 분명한 차이가 있지만, 현실에서는 둘 사이에 공통 요소가 있다. 요제프 스탈린Josef Stalin의 철권통치 하의 소련 시절에도 사람들은 집 주변의 조그마한 땅에서 재배한 생산물을 팔 수 있는 등 자유시장 활동 가운데 사소한 것들은 허용되어졌다. 그런데 이런 땅들이 전체 토지에서 차지하는 비중은 무시할 만한 것이었지만, 여기서 생산된 것들이 소련의 농업생산량의 3분의 1가량을 차지하는 것으로 드러났다. 한편 어떠한 자본주의 국가들도 정부의 통제와 지시로부터 100% 자유로웠던 적은 없었다. 소련의 농업이 100% 정부의 통제를 받지는 않았던 것처럼, 미국의 농업 역시 정부의 통제로부터 100% 자유롭지는 않다. 미국의 산업도 마찬가지이다.

가격에 의해 조정되는 경제

수요와 공급에 반응해 가격이 변동함으로써 다양한 개인들의 계획과 행동이 조정되는 경제를 칭하는 이름에는 여러 가지가 있다. 그런 가격변동은 여러 사람들로 하여금 이용 가능한 총자원에 맞춰 자신들의 계획을 조절하도록 하는 인센티브를 제공한다. 그런 용어에는 자본주의와 자유시장이 포함된다. 그렇지만 어떤 이름으로 불리는 것과는 상관없이 그런 경제가 실제로 하는 일은 가격변동에 의존한다. 왜냐하면 전체 과정을 통제하려고 하는 어떤 중앙집권적 계획기관 없이 가격변동에 따라 자원, 완제품, 그리고 사람들이 수요가 가장 많은 곳으로 이동하기 때문이다. 그런 경제에서 살아본 경험이 없는 사람들, 또는 살아본 적이 있는 일부 사람들에게조차 이런 과정이 믿기 어렵게 느껴질 것이다. 소련 수상이었던 미하일 고르바초프Mikhail Gorbachev가 영국 수상이었던 마가릿 대처Margaret Thatcher에게 했던 질문과 관련된 에피소드는 이것을 잘 드러내 주는 사례이다 : 고르바초프가 "사람들이 어떻게 식품을 얻도록 합니까?" 하고 묻자 대처 수상은 "나는 모르고 가격이 알아서 합니다" 라고 대답했다.

영국민들은 1세기 이상 자신들을 부양하기에 충분한 식품을 생산하지는 않았지만, 그들의 식품사정은 소련 사람들보다 더 좋았다. 가격이 다른 나라들로부터 그들에게 식품을 가져다주었다.

런던이나 뉴욕과 같은 대도시에 매일 몇 톤에 달하는 식품이 공급되는 일이 얼마나 대단한 것인지 생각해 보면, 그런 일이 잘 이루어지는지 책임지고 감독하는 사람도 없이 수행되어지고 있다는 사실을 당연시 한다는 것이 놀라울 뿐이다. 런던 시민이나 뉴욕 시민들이 단지 기본적인 먹거리인 빵과 우유만을 공급받는 상황이라 해도 놀라운 일이다. 실제로는 믿을 수 없을 만큼 다양한 식품들, 예를 들어 신선식품, 냉동식품, 통조림식품, 건조식품, 유기농식품, 중국 식품, 이탈리아 식품, 멕시코 식품, 프랑스 식품, 베트남 식품, 그리고 다른 식품들이 매일 공급되고 있다. 이 모든 것들이 전체적인 계획이나 통제에 의해서가 아니라 끊임없이 변하는 수요와 공급에 따라 반응하는 가격에 의해 조달되는 것이다. 이러한 일이 일어나는 동안 어떤 개인도—그가 정부에 속한 사람이든 정부의 밖에 속한 사람이든—도시로 배달되는 이 모든 것들의 양이 얼마나 되는지 알지 못하며, 단지 추정할 뿐이다.

자유시장의 작동이 그럴듯하게 들리지 않을지는 모르지만, 실제로 효과적으로 작동한다. 반면에 "계획경제"라는 아이디어는 세계적으로 많은 최고의 지성인들에게 그럴듯하게도 들리고 매력적이기도 했지만, 수많은 나라에서 고통스러운 대가를 치른 후에야 그것이 작동하지 않는다는 것이 입증되었다.

실패는 자유시장의 성공에 있어 커다란 부분을 차지한다. 사람들은 여러 종류의 경제체제와 정치체제에서 자신의 잠재력을 살리지 못할 수도 있고, 훌륭한 의도를 실행하지 못하기도 한다. 자본주의는 그들에게 실패의 대가를 지불하도록 하지만, 사회주의, 봉건주의, 파시즘, 그 외의 다른 체제에서는 개인적인 실패, 특히 고위층의 실패는 무시되며, 어쩔 수 없이 지불해야 하는 대가는 많은 사람들이 현재의 자원과 기술을 가지고 누릴 수 있는 것보다 낮은 수준의 생활을 하도록 함으로써 지불된다.

장기집권한 소련의 독재자 스탈린이 억압적 통치를 통해 소련인들의 여행을 금지하고, 서양 서적이나 방송을 국내로 들이지 못하게 함으로써 국민들이 서양에 대해 알지 못하도록 막은 데는 이유가 있었다.

하지만 한때 소련 당국은 미국의 흑인들이 겪는 곤경에 관한 미국 텔레비전 프로그램을 국민들에게 보여주면 선전효과가 클 것이라 생각했다. 그러나 그 계획은 예상을 빗나가고 말았다. 대부분의 소련 시청자들이 본 것은 그들의 생활수준과 비교해 미국 흑인들의 높은 생활수준이었다.[12]

시장경제의 경제적 이익은 정치적 불이익을 수반한다. 시장경제의 전반적 작동을 이해하기란 거의 불가능해, 심지어는 성공적으로 자신의 기업을 경영하고 있는 사람들조차 이해하기 어렵다. 그리고 이들의 명확한 표현도 사업경험이 없으며, 경제학에 문외한인 지식인들의 표현과는 거의 일치하지 않는다. 보다 근본적으로는, 자본주의의 주요한 인센티브는 이기심의 추구에 있다. 그런데 이것은 자신만이 아니라 다른 사람들을 위해 경제적 성과를 창출하는 데 효과적이라 하더라도 결코 매력적인 덕목이라 할 수 없다.

"시장" 이라는 표현 자체가 무엇인가 비인격적인 것을 시사한다. 그런데 "시장" 이라 요약되는 경쟁과정을 거쳐 서로 조정되는 대상은 사실상 매우 사적인 개인들의 선택이다. 신문 머리기사에서 "인터넷을 시장에 맡길 것인가?" 라고 묻는다면, 사실상 이 질문이 의미하는 것은 다음과 같다.

> 개인들이 원하는 대로 자유롭게 인터넷을 사용해야 하는가, 아니면 어떤 집단이 그들이 하는 것을 제약하고 지시해야 하는가? 인터넷 사용을 제약하는 것을 찬성하거나 반대하는 모든 경우가 가능하지만, 이것이 진짜 쟁점이다.

시장경제에 대한 대안들이 더 숭고한 감정을 표현할지도 모른다. 그러나 문제의 핵심은 다른 인간들에게 더 잘 봉사한다는 관점에서 이 대안들이 더 나은 행동을 유도하는지 여부에 있다. 예를 들어 빵을 싣는 일을 하는 어느 양심적인 소련의 노동자를 생각해 보자. 그녀는 빵 위에 새똥이 떨어져 있는 것을 발견하고 그것을 빵공장으로 되돌려 보냈다. 하지만 나중에 운전사에게 들으니 그 빵은 폐기되지 않았다. 대신 가루가 되어 밀가루 반죽과 함께 새로운 빵을 굽는 데 사용되었고, 완제품은 다시 상점으로 배달되었다. 새똥은 빵의 바깥에 있지 않고 안쪽에 있는 셈이었다. 자본주의적인 기업이 그런 일을 했다면 고소될 뿐만 아니라, 그 일이 알려지면 경쟁사들에게 고객들을 잃게 될 위험에 처할 것이다. 그리고 법적인 절차가 진행되기도 전에 경제적으로 파산할 수 있다. 하지만 정부 독점인 경우에는 그런 염려를 거의 할 필요가 없다.

환경파괴는 자본주의 국가들에서보다 동유럽의 공산주의 블록에서 더욱 심각했다. 최악의 환경파괴는 소련의 체르노빌 핵발전소에서 일어난 사고였다. 그리고 전체주의 정부가 정보를 기밀사항으로 유지하는 능력이란 곧 지방의 소련 관리들이 자신들의 가족들을 먼저 대피시킬 수 있다는 것을 의미했다. 그동안 지역주민들은 전혀 소식을 듣지 못한 채 지냈으며, 정상수치보다 수천 배가 넘는 방사능에 노출되었다. 외국에서 대기중에 증가하는 방사능을 추적하고 외국의 라디오 방송국이 소련과 접촉하기 시작하자 오염된 지역에 살던 평범한 주민들은 그때서야 자신들이 위험에 처했음을 알게 되었다.

시사점

정치와 시장이라는 관점을 통해 경제적 결정과 사회적 결정이 내려지는 것을 대비한다고 해서 다른 사회적 과정이 그러한 활동과 쟁점들을 다룰 수 없는 것은 아니다. 분명히 가족, 자선단체, 협동조합, 자원봉사조직, 그리고 수많은 다른 기관들과 제도들은 시장과 정부가 다루는 일들에 영향력을 행사할 수 있다.

심지어 자유시장을 가장 철저하게 신봉하는 경제학자조차 집안에서는 "각자가 가진 능력에 따라 일하고, 각자의 필요에 따라 소비한다"라는 낡은 사회주의의 교리와 아주 유사한 원칙들을 따를 수 있다. 그러므로 가족의 재산 형성에 공헌하지 않거나 거의 하지 않는 자녀라도 여러 해에 걸쳐 점점 더 많은 가족의 재산을 소비할 수 있으며, 특히 대학 4년, 또는 그 이상을 지원받을 때 그러하다. 비공식적 조직들은 시장과 정부에 비해 여러 가지 이점을 가지고 있지만, 여러 가지 일들이 다양한 사회적 과정을 통해 더 잘 처리될 수 있다.[13] 여러 세기 동안 정부와 시장경제가 굳건히 지속되어 왔다는 사실이 시사하는 바는 각자가 결정적인 역할을 하고 있다는 것이다. 그들 사이의 경계가 어디인가에 대한 질문은 20세기 내내 관심의 대상이 되어야 한다.

최소한 20세기 전반부에는 전 세계 대부분의 국가에서 경제에 대한 정부의 역할이 확대되고 있었다. 하지만 결과가 부정적으로 나타나자 자유시장으로의 극적인 전환이 이루어졌는데, 20세기 말에 이르러 민주주의 국가뿐만 아니라 공산주의 국가에서도 이러한 현상이 일어나고 있다. 21세기가 되어도 모든 사람이 자유시장이 최상의 효율성을 보여준다고 확신하지는 않을 것이다. 예를 들어 미국 하원의원인 데니스 쿠치닉 Dennis Kucinich은 2003년 다음과 같이 선언했다.

> 모든 인류는 깨끗한 물을 마실 권리가 있다. …… 나는 대중에 대한 물의 공급에 대한 공적 통제와 공적 관리만이 깨끗한 물을 마실 수 있는 보편적인 인간의 권리를 보장해 주는 유일한 방법이라 확신한다.

이러한 진술은 정치적 선언과 경제적 분석 사이의 차이점이 첨예하게 드러나도록 만든다. 정치인이나 경제학자나 모든 사람들이 마실 물을 가져야 하고, 그 물이 더럽지 않다면 더 좋다는 데 대해 동의한다는 것은 의심할 여지가 없다. 하지만 물을 두고 "권리"라고 부르는 것은 경제적 관점에서는 의미 없는 것이고, 법적인 관점에서도 문제가 있다. 미국의 권리장전*Bill of Rights*은 본질적으로 정부가 민간인들에게 해서는 안 되는 일들의 목록이다. 정부의 권력으로부터 면제라는 의미에서의 권리는 비용을 지불해야만 제공받을 수 있는 것들에 대한 권리와는 아주 다른 것이다. 자유롭게 말할 수 있는 당신의 권리로 인해 당신이 말하는 것을 방송하기 위해, 또는 그것을 신문이나 잡지에 출판하기 위해 다른 사람이 비용을 지불해야 하는 것은 아니다. 그렇지만 당신이 물에 대한 권리를 갖는다면, 누군가 다른 사람들이 당신에게 물을 제공하기 위해 비용을 지불하는 것을 피할 길이 없다.

이 문제는, 만약 세금을 통해 집단적으로 지불되거나 개인적인 구매를 통해 지불되는 것을 비교한다면, 어느 쪽이 물이나 식품, 그리고 의복과 다른 것들을 더 많은 사람들에게 더 잘 공급할 것인가 하는 질문과 같다. 식품은 물만큼이나 인간 생존에 중요하다. 그런데 각종 식품들이 정부에 의해 집단적으로 재배되고 분배되는 나라는 시장에 그 일이 맡겨진 나라의 경우보다 자급률이 좋지 않았다. 실제로 소련의 경제학자 두 명은 "1950년대까지 우리는 일인당 농업생산량이 짜르*czar* 통치하에 있던 1913년의 수준을 넘지 못했다"고 지적했으며, 그들이 글을 썼던 1980년대까지도 일인당 "고기 소비량은 여전히 1927년, 즉 스탈린이 농업을 집단화하기 전보다 낮게 머물러 있다"고 지적했다. 소련은 정부가 농업을 통제하기 전에는 잉여 농산물을 수출한 적이 있었으나, 나중에는 식량부족으로 굶주림과 기근이 발생해 국내에 방대하고 비옥한 토양을 가지고 있음에도 불구하고 식량을 수입해야 했던 국가들 중의 하나이다. 이 국가들의 국민들은 식품에 대한 권리를 갖고 있었고, 어떤 경우엔 구체적으로 명시된 권리이기도 했으나, 그들에게 부족했던 것은 그 권리를 실행할 수 있도록 하는 실제 식품이었다. 거꾸로 말하면, 사람들이 갖는 식품에 대한 권리를 부정하는 것은, 그들이 실제로 식품을 갖는 것을 부정하는 것이 아니다. 자유시장을 통해 식품이 공급되는 국가에서는 영양실조보다 비만이 더 커다란 문제인 경우가 많다.

자동차 공학이 대안적 운송수단들의 효과를 배제하거나 예단하지 않는 것과 마찬가지로, 시장을 분석하는 것 역시 비시장적 활동들을 배제하거나 그 효과를 예단하지 않는다. 시장의 경제적 분석이 하는 것은 수백 년 동안 축적되고 발달해 온 경험, 분석, 그리고 지식체계를 활용해 다양한 경제적 행위와 정책들의 결과를 체계적으로 검토하는 것이다. 이런 결과들이 수백만, 그리고 전 세계 수억 인구의 빈곤과 번영을 결정할 수 있으리라는 사실 때문에 경제학을 이해하는 것이 중요하다.

진정한 질문은 어떤 체제가 이상적으로 최선인가가 아니라, 어떤 체제가 결코 이상적이지 않은 인간들에게 더 나은 결과를 가져다주는가이다. 주어진 체제 안에서 여러 가지 다른 정책들을 평가하는 가장 단순한 작업을 할 때에도 진정한 질문은 어떤 정책이 그럴듯하게 들리는지, 또는 사람들이 이상적으로 행동하면 가장 효과가 클 것인가가 아니다. 진정한 질문은 실제로 활동하는 사람들을 고려하는 가운데 그 정책이 사람들에게 현실적으로 더 나은 결과를 가져다주었는지의 여부이다. 나중 질문은 앞으로 다른 맥락에서 다시 거론될 것이다.

Chapter 02

의료보장의 경제학

The Economics of Medical Care

역자 들어가기

인간은 누구나 건강하게 살 권리가 있다. 그러나 권리를 인정하는 것과 이것을 현실에서 실현하는 것은 별개의 문제이다. 너무나 당연한 것이라고 해서 경제적 고려의 대상에서 제외될 수는 없다. 인간의 건강한 삶을 위한 의료보장 또한 마찬가지이다. 왜냐하면 의료보장도 경제적으로 공급이 제한된 서비스 가운데 하나이기 때문이다. 저자인 토머스 소웰은 일 단계 사고가 지배하는 곳에서는 이 문제가 정부에 의한 의료보장제도라는 형태로 나타난다고 지적한다. 그런데 정부가 제공하는 의료보장은 전형적인 가격통제의 유형에 해당한다. 통상적으로 가격통제는 1) 수요의 증가, 2) 공급의 감소, 3) 품질 저하, 4) 암시장 형성이라는 결과를 초래한다. 따라서 모든 가격통제가 그러하듯이 표면적으로는 의료비용을 줄이는 것처럼 보이지만, 실제로는 엄청나게 비용을 늘리는 부작용을 초래한다. 여기에는 의료 서비스의 질적 하락에 따른 손실이 포함된다. 그런데 의료분야는 다른 재화나 서비스보다도 훨씬 더 중요하다. 저자는 정부가 의료보장제도를 주관하는 모든 국가(한국을 포함해서)에서 엄청난 비효율이 발생하고 있고, 이것은 곧 엄청난 비용부담을 초래하고 있음을 강조한다. 역자는 그의 관점에 한 가지를 추가하고 싶다. 현재 우리나라에서 실시되는 의료보험제도는 선량한 사람이 모든 손실을 감수하는 제도이다. 선량한 사람에는 피보험자만이 아니라 의사들도 포함된다. 이것은 주로 의료보험 가입자들의 타입을 알 수 없다는 비대칭 정보 때문에 발생한다. 이에 대한 보완대책이 없는 가운데 실시되는 현행 의료보험제도는 비효율의 원천일 뿐이다. 저자는 의료 서비스의 한 축을 담당하는 의약품의 경우에도 예외 없이 가격통제가 적용되고 있음을 지적한다. 그리고 이로 인해 의약산업에서 비효율이 발생할 수밖에 없음을 강조한다. 그리고 이것은 곧 일 단계만을 생각하는 사람들로 인한 결과임을 강조한다. 우리는 의료보장과 관련된 문제들을 통해 최종적으로 어떤 결과가 발생할 것인지에 대해 경제학적으로 사고하는 훈련이 필요한 이유를 확인할 수 있다.

의료보장*medical care*은 다양한 방식으로 공급되는 수많은 재화와 서비스 가운데 하나이다. 과거에는 환자들이 직접 치료비용을 의사들에게 지불하고 약을 구입하는 일이 낯설지 않았다. 오늘날에는 흔히 보험회사나 정부기관과 같은 제3자가 약과 의료보장 비용을 지불한다. 이 중에는 환자 개인이 일정액을 부담하는 경우도 있고, 그렇지 않은 경우도 있다. 캐나다와 몇몇 국가에서는 일정한 경우에 정부가 아무런 비용을 받지 않고 환자들에게 약과 의료보장을 제공해 왔다. 중국은 마오쩌둥毛澤東 통치 시절에, 소련은 스탈린 통치 시절에 정부가 비용을 부담했다. 다른 국가에서는 환자와 의사들이 자발적으로 선택할 수 있는 여러 가지 요소들이 존재하는 가운데 정부지불과 개인지불을 다양한 방식으로 결합했으며, 지금도 일부 국가에서는 이 방식이 사용되고 있다.

정부는 의료보장을 제공하는 데 필요한 재원을 조세를 통해 조달하기 때문에, 비록 환자가 직접 의사에게 돈을 지불하지 않고 정치적 기구나 정부기관에 의해 이런 돈이 지불된다고 해서 건강을 유지하고 질병을 고치는 데 소요되는 비용이 실질적으로 줄어드는 것은 아니다. 그렇지만 정부가 재정적 부담을 떠안는 의료보장이 광범위한 인기를 얻고 있다는 것은 분명히 많은 사람들이 이런 방법을 통해 어느 정도 실질적인 혜택을 기대하고 있음을 의미한다.

수요와 공급에 의해 의료비용이 얼마로 결정되든 정부가 단순히 비용을 모두 지불하지 않는다는 것이 한 가지 이유이다. 정부는 의료보장 비용이 정부예산의 대부분을 차지해 정부의 기능을 심각하게 제약하는 것을 막기 위해 가격통제를 실시한다. 그래서 정부가 비용을 부담하는 의료보장은 종종 가격통제 연습과 다름없다. 그래서 과거 몇 세기에 걸쳐 다른 많은 재화와 용역에 대한 가격통제의 경우에 발생했던 것과 다름없는 상황이 발생한다.

의료보장에 대한 가격통제

일반적으로 가격통제를 정치적으로 선호하는 이유는 비용의 일부가 감춰지거나 적어도 그런 법이 통과된 초기에는 비용이 드러나지 않는다는 것이다. 그래서 가격통제는 일 단계 이상을 생각하지 않는 대부분의 유권자들에게 특히 호소력이 있다. 수요와 공급 대신 정부 명령으로 이루어진 인위적인 가격인하는 재화와 서비스를 더 많이 사용하도록 부추기는 반면 생산의욕을 저하시킨다. 소비 증가와 생산 감소는 곧 부족*shortage*을 의미한다.

그러나 눈에 보이는 부족 현상이 얘기의 전부가 아니다. 정부의 결정에 따라 가격이 인위적으로 낮게 유지되면, 식품이나 주택, 또는 여러 가지 재화와 서비스 어떤 것이든 관계없이 생산의 감소와 함께 품질의 저하가 발생한다. 가격통제로 인해 품질을 유지하려는 인센티브가 작아지기 때문이다. 일반적으로 판매자들은 고객을 잃게 될 두려움 때문에 생산물이나 서비스의 품질을 유지한다. 그러나 가격통제로 인해 수요량이 공급량보다 많아지는 부족한 상황, 즉 초과수요가 발생하면, 고객 상실에 대한 두려움은 더 이상 강력한 인센티브로서의 효력을 상실한다. 예를 들어 집주인들은 임대료가 통제될 때 도색과 수리비용을 줄인다. 이용 가능한 아파트보다 아파트를 구하려는 임차인이 더 많을 때 집이 비어 있을까봐 걱정할 필요가 없기 때문이다.

의료보장에 대한 가격통제에서보다 품질저하가 더욱 뚜렷하고 위태롭게 나타나는 경우는 거의 없다. 의료보장의 품질을 저하시키는 한 가지 요소는 의사가 환자에게 사용하는 시간과 관계가 있다. 이런 사실은 정부가 완벽하게 통제하는 의료제도를 갖추고 있었던 소련에서 가장 분명하게 드러났다.

지역 내 환자의 80%가 치료를 받는 지방의 한 병원에서, 병원의 규정상 의사들은 한 시간을 기준으로 여덟 명의 환자를 진찰하도록 되어 있다고 한다. 그 시간은 환자 방문 기준으로 7.5분에 해당한다. 그리고 소련의 연구사례에 의하면 만성적으로 공급이 부족한 서류양식과 컴퓨터의 부재로 인해 의사들은 환자의 방문시간 가운데 5분을 서류작성에 소비한다고 한다.

"우리의 머리는 서둘러서 해야 하는 일 때문에 돌 지경"이라고 모스크바의 한 병원에서 외과 과장으로 있는 백발의 파벨Pavel은 말한다. 이 논문을 위해 인터뷰를 한 다른 러시아 사람들과 마찬가지로 그 또한 자신의 성을 밝히려 하지 않았다. 어두운 복도에는 부목을 대고 삼각건을 한 12명의 환자들이 완전히 구식이 된 1950년대의 엑스선 검사기 앞에서 차례를 기다리며 앉아 있었다. 파벨은 "만일 우리가 시간이 있었다면 한 번의 철저한 검사로 문제를 해결할 수 있음에도 불구하고 똑같은 환자를 몇

번씩 반복해서 진찰하는 일로 하루를 마감한다" 고 덧붙인다.

소련의 사례처럼 극단적인 경우는 아니지만, 다른 국가에서도 그와 유사한 정책이 유사한 결과를 만들어 내는 경향을 보였다. 정부가 재정적으로 지원하는 일본의 의료보장제도 하에서, 일본의 환자들은 미국의 환자들보다 훨씬 짧은 시간 동안만 의사를 만날 수 있으며, 더 자주 병원을 방문한다. 일본의 제도를 모방한 한국의 의료보장제도에 관한 한 연구에 따르면, "심지어 한 번 주사로 충분한 경우에도 두 번으로 나누어 주사하는데, 그 이유는 환자가 병원을 두 번 방문하게 해 두 번 주사한 비용을 청구하기 위해서이다." 1970년대 캐나다의 퀘벡 주정부가 자체 의료보장제도를 마련했을 때, 전화상담이 감소하고, 병원 방문이 증가했지만, 진찰시간은 오히려 줄어들었다. 다시 말해, 가격통제 이전에는 의사와 환자 모두가 병원에 갈 만큼 심각하지 않은 것으로 생각했던 의학적 상태가, 이제는 환자가 병원을 방문하는 데 시간을 더 많이 소비하고, 의사는 더 오랫동안 진료실에 남아 있도록 만들었다. 그 결과 훨씬 심각한 병에 걸린 환자들이 이용할 수 있는 시간이 줄어들었다.

일반적으로 의사들의 보수가 환자의 방문횟수에 의해 결정된다면, 다섯 번 병원을 방문해야 하는 일련의 치료과정이 이젠 열 번의 짧은 방문으로 늘어날 수 있다. 그래서 전체적인 치료비용이 감소하지 않고 도리어 증가한 것이 사실이더라도, 정치 지도자들은 자유시장경제에서보다 일회 방문의 비용이 더 낮아졌기 때문에 가격통제가 성공적이었다고 공표할 수 있다. 프랑스, 영국, 그리고 캐나다 및 다른 국가에서와 같이 정부가 의료보장제도를 통제하는 경우 처음 예상했던 것보다 비용이 크게 증가했다는 특징이 있다. 이렇듯 비용이 증가한다는 것은 의사 방문시간과 병원 체류시간이 짧아졌다는 것을 의미하기도 한다.

영국에서 정부가 운영하는 의료제도에 소요되는 비용은 국내총생산 *GDP*에서 차지하는 비율에서뿐만 아니라 절대적으로도 급격히 증가했다. 영국의 국립보건원은 1960년에는 국내총생산의 4% 정도를 사용했으나, 2000년에는 규모가 커져 국내총생산의 7% 이상을 사용할 정도로 증가했다. 정부가 재정적으로 지원하는 중요한 역할을 수행함에도 불구하고, 환자 한 명당 영국의 의사 수는 병상의 절반이 민간에 의해 공급되는 독일의 절반 정도에 머물러 있다. 의료보장 비용의 상승에 대한 또 다른 반응은 품질의 저하이다. 영국에서 발행되는 시사경제지인 『이코노미스트』에 따르면, "다른 선진국 환자들은 지저분한 병실이 아닌 깨끗한 병실에서 최첨단 의료기술로 신속하게 치료를 받는다." 영국에서는 그렇지 못한 것이 사실이다. 영국에서 통계상에 드러나지 않는 숨겨진 비용의 일부는 바로 품질의 저하이다.

자유시장에서 모든 비용을 지불해야만 했었다면 그렇게 하지 않았을 많은 사람들이 인위적으로 낮춘 주택가격 때문에 자신의 집을 소유하려고 한다. 마찬가지로 인위적으로 비용을 낮춘 의료보장으로 인해—어떤 나라에서는 무료임—별로 심각하지 않은 병에 걸린 사람들이 의사를 찾고, 값비싼 약과 진료를 받는 일에 전보다 더 많은 시간을 빼앗기고 있다. 만약 환자들 자신이 비용을 지불해야만 했다면 이런 일들은 일어나지 않았을 것이다. 프랑스는 좋은 예를 보여준다.

프랑스의 비꼬는 식의 속담에 의하면, 모든 건강한 프랑스인들에게는 죽어가는 환자로 진단받을 만한 것이 숨겨져 있다고 한다. 문제는 환자가 줄어 수입이 감소하는 것이 두려운 의사들이 단층촬영, 혈액검사, 항생제, 병가 등 환자들이 원하는 대로 처방한다는 사실이다. 만약 의사들이 있을 수 있는 모든 병균과 우울증 경향에 대처하도록 과잉처방을 해주지 않는다면, 환자들은 그렇게 하는 의사를 찾을 때까지 다른 병원을 찾아다닐 것이다.

이것은 프랑스인들이나 의료보장 하에서만 나타나는 특이한 현상이 아니다. 대부분의 사람들이 더 많은 것들을 저렴한 가격으로 구매하거나 심지어 공짜로 얻으려는 추세이다. 또한 캐나다의 한 신문이 사설에서 지적한 것처럼, "의료보장제도가 수요에 대해 어떠한 제한도 하지 않기 때문에, 환자들은 가능한 한 많은 진료를 받으려 하며, 이로 인해 비용이 상승한다." 영국의 경우 12살 난 소녀가 인공 유방 확대수술을 받았는데, 이 비용을 국립보건원이 지불했다. 중국 정부가 지원하는 의료보장 하에서 과도한 처방은 "일상적인 일"로 알려져 있기 때문에 환자들은 "알약이 가득 들어 있는 약병이 아니라 약 가방을 가지고 진료소를 나간다." 결국 중국은 정부가 제공하는 의료보장을 중단했다.

환자들뿐만 아니라 의사들 또한 정부가 비용을 지불한다면 치료행위를 더욱 자주 이용하려는 인센티브를 갖는다. 많은 질병들이 여러 가지 방법으로 치료될 수 있기 때문에 어떤 치료방법이 얼마나 광범위하게, 그리고 얼마나 비싼 치료방법이 사용될 것인가는 누가 비용을 지불하는가에 의해 영향을 받을 수 있다. 예를 들어 2002년 10월에 미 연방수사국은 샌프란시스코 심장병 전문의의 진료기록을 압수했다. 이 의사는 정부로부터 더 많은 비용을 받아내기 위한 수단으로 통상적인 의료기준에서 요구하는 것보다 훨씬 더 많은 심장개복수술을 한 죄로 기소되었다. 한 환자는 이 심장 전문의로부터 세 번의 바이패스 수술*by-pass surgery*이 필요하다는 소견을 들었으나, 그가 상담했던 다른 모든 심장 전문의들은 그런 수술이 필요치 않다고 했다.

가격이 희소한 자원을 할당해 주는 경우, 혜택에 대한 대가로 비용이 얼마나 드는지 정상적으로 비교된다면 덜 중요한 것보다는 더 긴요한 일부터 실행된다. 그렇지만 실제 의사결정자가 아닌 다른 누군가가 비용을 부담한다면 이 방법은 그다지 효과적이지 않다. 이 경우 긴급한 상황은 무시되는 반면, 덜 중요한 일에 의료진의 관심이 쏠릴 수 있다. 환자들이 자신의 진료비용을 직접 지불할 경우에는 우선순위에 따라 결정하는 성향이 있다. 그래서 다리가 골절된 사람은 사소한 두통이 있는 사람보다 진찰을 받으러 갈 가능성이 훨씬 높다. 그러나 두 경우 모두 환자가 아무런 비용을 부담하지 않고 치료를 받게 된다면, 대단치 않은 병으로 온 환자가 의사의 시간과 의료자원의 상당 부분을 차지할 수도 있기 때문에 그보다 더 심각한 병이 있는 환자는 어쩔 수 없이 기다려야만 한다.

가격이 할당을 해주지 못한다면 무엇인가 다른 것이 할당을 담당해야 한다. 왜냐하면 정부가 가격을 통제하거나 무료로 제공한다고 해서 희소성 자체가 사라지는 것은 아니기 때문이다. 할당을 하는 방법 가운데 한 가지는 기다리게 하는 것이다. 2001년에는 만 명 이상의 영국인들이 수술을 받기 위해 15개월 이상을 기다려야 했다. 이것은 가격통제 하에서 재화와 서비스의 질이 저하되는 이유 중 하나이다. 의료보장을 받기 위해 기다리는 것은 인간적으로 특별히 희생이 크다. 그 이유는 기다리는 동안에 받을 수 있는 불필요한 고통 때문만이 아니라, 기다리는 일이 단순히 병원 대기실에서 소비하는 몇 시간의 문제가 아니고 치료를 받기 전에 대기자 명단에 올려져 보내게 되는 몇 달, 또는 심지어 몇 년의 시간이 본래의 병을 더욱 악화시킬 가능성이 있기 때문이다. 처음에는 심각하지 않았으나 의료보장을 받기 위해 대기자 명단에 올려져 기다리는 기간 동안에 점차 병이 악화돼 사망하는 사람도 있을 수 있다. 영국에서 잘 알려진 예로는, 암에 걸린 어떤 여성의 수술이 계속 연기되 결국은 수술이 불가능할 정도로 암이 악화되어 수술이 취소된 사례가 있다. 이런 경우를 가리켜 질적 저하라 부르는 것은 오히려 절제된 표현이다.

의료보장에 특별히 해악을 미치는 가운데 적용되는 가격통제의 또 다른 특징으로 중국에서 정부가 제공하는 의료보장 하에서 번창한 암시장을 들 수 있다.

> 부유한 중국인들은 변변치 않은 치료를 받기 위해 긴 줄에서 기다리기보다 전통적으로 더 나은 서비스를 받기 위해 "뒷문을 이용한다." 이들은 친구들에게 의사 소개를 부탁하기도 하고, 의사와 간호사에게 선물이나 돈을 주기도 한다. 이런 관행이 불법이기는 하지만, 더욱 신속하고 친밀하며 더 나은 진료를 보장할 수 있다. 중간 규모 병원의 관리자들은 의사를 소개시켜 주는 수지맞는 일에 종사하게 되면서 대부분 이런 일을 통해 이득을 보려는 추세이다.

한 연구에 의하면 일본에서도 이와 유사한 불법적인 돈거래가 있었다. 도쿄 최고의 병원에서는 담당의사에게 천 달러에서 3천 달러의 선물을 제공하는 일이 흔하다. 공식적인 통계에는 이와 같은 불법적인 금융비용이 포함되지 않을 뿐만 아니라 훨씬 더 중요한 인간적 비용이 포함되지 않는다. 여기서 인간적 비용이란 성급한 진단과 짧은 시간 동안의 진료, 그리고 병원에 가기 전까지 대기자 명단에 올려져 있는 동안의 긴 기간 등이 포함된다. 따라서 공개적으로 밝혀진 비용과 혜택이라는 관점에서 보면, 가격이 통제되는 의료제도는 정치적으로 성공한 것일 수도 있다. 소련은 세계 어떤 국가와 견주어 봐도 가장 많은 수의 의사와 병실을 갖춘 것을 오랫동안 자랑해 왔다. 그런데 소련은 유아 사망률이 증가하고 있고, 전반적으로 평균수명이 줄어들고 있다는 사실을 계속 숨겼다. 이러한 사실은 개방정책*glasnost*을 실시했던 고르바초프의 임기 마지막 해에 와서야 겨우 알려졌다.

가격이 통제되는 의료보장으로 인해 발생하지만 기록되지 않는 인간적 비용은 의료보장제도를 탈퇴한 사람들에 의해 간접적으로 알려진다. 이런 비용에는 환자들과 의사들, 그리고 의료시설이 포함된다. 정부가 진료비를 통제하는 국가의 환자들은 붐비는 정부지정 병원을 떠나 국내외를 구분하지 않고 자신의 비용으로 개인적인 치료를 받고자 한다. 캐나다인들이 진료를 받기 위해 미국으로 가는 것은 일상적인 일이지만, 똑같은 진료를 받기 위해 미국인들이 캐나다로 가는 것은 드문 일이다. 또한 의사들은 다양한 방식으로 의료보장제도를 탈퇴해 왔다. 정부가 주관하는 의료보험에 가입한 환자들을 진료하고 있는 의사들이 개업해 이들을 치료하는 것이 불법임에도 불구하고 일부 의사들은 그렇게 했다. 미국의 일부 건강관리기관들은 정부의 보상금을 가지고는 비용을 감당할 수 없는 범주의 환자들을 수용하는 것을 중단했다. 의사의 보수가 줄어든 후 의대에 진학하는 사람들이 줄어들게 되면서 간혹 조기에 의료보장제도에서 탈퇴하는 경우가 발생했다. 예를 들어 영국에서는 의사들의 절반 이상이 영국의 의대에서 교육을 받은 사람들이 아니라, 교육 내용이 영국의 의대 기준에 못 미치는 제3세계 국가를 포함한 다른 여러 국가에서 들어 온 사람들이다. 적다는 것이 양적인 것을 의미하든 질적인 것을 의미하든 간에 적게 지불하고 적게 받는 것은 유리한 거래가 아니다. 특히 의료보장의 경우에는 말할 것도 없다.

제3자 지불

가격을 통제할 요인이 없는 경우조차 제3자가 약값, 또는 의료보장 비용을 지불한다면 사람들이 의료보장을 이용하는 방식에 변화가 온다. 의료보장을 어느 정도 고정된 "욕구"로 간주하려는 경향에도 불구하고, 수요량은 누가 비용을 지불하는가에 따라 크게 달라질 수 있다. 예를 들어 미국의 경우 비과세 의료비 계좌의 이용은 12월에 급격히 증가하는 추세를 나타냈다. 그 이유는 의료비 계좌에서 소비되지 않은 돈은 다음해로 이월되지 않기 때문이다. 안경 체인점 중의 한 곳에 따르면, "사람들이 유행하는 안경테를 두세 개씩 마구 구입하는" 12월의 매출액이 다른 달보다 25% 높게 나타난다고 한다. 이미 8~9개의 안경을 갖고 있는 고객의 말처럼, "갖고 있는 안경들은 얼마 지나지 않아 유행에 뒤진다."

의학적으로는 안경을 착용할 필요가 있겠지만, 유행에 뒤지지 않는 것이 과연 의학적으로 필요한가? 조금 더 명확하게 말하면, 동일한 사람이 자기 돈으로 8~9개의 안경을 구입하겠는가? 만일 그렇지 않다면, 의료비 계좌는 비용을 부담할 만한 가치가 없는 물건을 구입하도록 자원을 잘못 배분한 셈이다. 그렇지만 어쨌든 안경은 구입하게 된다. 왜냐하면 정부는 의료비 계좌로 들어오는 소득에 대해 세금을 면제해 줌으로써 안경값을 지불하는 것을 돕기 때문이다. 안경이 이 계좌로 청구될 수 있는 유일한 재화나 서비스는 아니다. 콘돔, 피임약, 그리고 마사지 비용 등도 의료비 계좌로부터 지급된다. 의사들이 비용을 승인해 주는 한 이것은 불법이 아니다. 게다가 의사들은 누군가 다른 사람의 돈을 지출하는 것을 억제해야겠다는 강한 인센티브가 없다.

고객들이 지불하는 자유시장 가격에는 단순히 어느 정도 불가피한 비용이 반영되는 것이 아니다. 이런 가격들은 개인들이 재화나 서비스를 소비할 때 그 추가적인 가치가 추가적인 비용보다 큰 범위 내에서만 소비하도록 인센티브를 제공함으로써 비용을 제한한다. 그렇지만 제3자가 이런 비용의 일부 혹은 전부를 부담할 경우에는 그런 수준을 넘어 계속해서 추가적으로 사용된다. 어떤 의료문제든 여러 가지 방법으로 처리될 수 있다. 예를 들어 무릎에 관절염이 생긴 경우 약을 복용하거나 물리치료를 받거나, 또는 수술을 할 수 있다. 시력에 문제가 있는 경우 여러 가지 디자인의 안경을 처방해 줄 수 있을 뿐만 아니라, 콘택트렌즈를 처방할 수도 있고 안구 운동을 권할 수도 있으며, 아니면 레이저 수술을 권할 수도 있다. 여러 가지 치료방법 가운데 한 가지를 선택하는 것은 질병의 심각성뿐만 아니라 각각의 치료방법에 어느 정도의 비용이 들 것인가, 그리고 그 비용은 누가 지불할 것인가에 달려 있다. 제3자가 비용을 지불할 경우, 사람들은 자신이 지불하는 경우보다 더 많은 비용이 드는 치료방법을 선호한다.

정치권과 미디어에서 의료보장에 대해 논의할 때, 이에 대해서는 어느 정도 고정된 "욕구"가 있으며, 유일한 문제는 이것을 어떻게 지불할 것인가인 것처럼 말하기 때문에 어떤 형태로든 의료보험에 가입하지 않은 사람들에게 관심이 집중되었다. 그러나 보험가입이라는 금융적인 준비 그 자체는 목적이 아니다. 진정한 질문은 다음과 같은 것이다 : 특정한 개인이 의료보험에 가입했든 안 했든 어느 정도의 의료보장을 이용할 수 있는가?

거리에서 노숙하고 있는 가장 가난한 사람들은 의료보험이 있든 없든 응급실에서 치료받을 것이다. 버려진 아이들 역시 지불능력과는 무관하게 치료받을 것이다. 보험에 가입한 사람들은 물론이고 더 나아가 자신의 재산을 가지고 있는 사람들은 한층 더 안락한 병실에서 더 여유 있게, 그리고 경우에 따라서는 성형적인 치료도 받을 수 있다. 그러나 의료보험이 없는 사람들이 의료보장을 받지 못하는 것처럼 말하는 것은 대단히 잘못된 것이다.

보험에 들지 않은 사람들 중 일부는 수입이 적지만, 의료보험에 가입할 정도로 충분한 소득이 있는 사람들 중 젊거나 질병에 대한 위험을 거의 느끼지 못하는 사람들은 다른 곳에 돈을 사용하기 위해 보험에 가입하지 않는다. 보험에 가입하지 않은 미국인 중 40%가 25세 이하이고, 60% 이상이 35세 이하이다. 식품과 의료보장 중 하나를 선택해야 하는 노인들의 이미지를 정치적으로 이용하려는 광범위한 시도에도 불구하고, 55세 이상의 사람들 가운데 보험에 가입하지 않은 비율은 10%도 채 되지 않는다.

의료과오

미국 의료보장의 주된 비용 중 하나는 의사들과 병원을 위한 의료과오 보험이다. 의사 한 명이 이 보험에 가입하는 경우 평균비용이 캘리포니아에서는 일 년에 대략 만 4천 달러이고, 웨스트버지니아에서는 4만 달러에 이른다. 산과의사와 같은 전문의들의 의료과오 보험비용은 일 년에 10만 달러를 초과한다. 물론 이런 비용들은 환자, 정부, 또는 진료비용을 지불하는 사람들에게 전가된다. 일 단계 사고는 이런 비용과 이에 수반되는 결과와 관련되어 있다.

산과의사들의 경우 소송의 위협으로 인해 의료과오 보험료가 크게 증가할 수 있다. 그 결과 많은 의사들이 아기 분만을 중단하거나 불명확한 증거에도 불구하고 배심원들이 불리한 배상 판정을 많이 내리기 때문에 산과 개업을 지속하는 것이 비경제적인 지역에서는 아기 분만을 중단할 것이다. 이런 현상의 최종 결과는, 그 지역에 사는 임신부들이 결국 전보다 더 위험한 상태에 놓일 수 있다는 것이다. 왜냐하면 출산이 가까워졌을 때 그 지역에 아기 분만을 도와줄 의사가 없을 가능성이 있기 때문이다.

이상적으로 보면, 배심원들은 의료과오가 일어날 개연성이 너무도 확실한 경우에만 의료과오로 인한 피해를 배상하라고 요구할 것이다. 그리고 그 배상금은 실제 피해를 보상하고, 앞으로 그와 같은 의료과오를 억제할 정도의 적절한 수준에서 결정될 것이다.

실제로 상처를 입거나 기형, 또는 뇌를 다친 아기와 사람을 감동시키는 능력이 있는 변호사는 그 아기의 분만을 도운 의사의 과실이 확실하지 않은 경우에도 수백만 달러의 배상금을 타낼 수 있다. 미국의 산부인과 대학과 소아과 협회가 공동으로 실시한 대규모 연구결과가 2003년에 발표되었다. 이 연구결과는 멀리 떨어진 호주와 뉴질랜드뿐만 아니라 정부 내에 있거나 밖에 있는 유명한 의료기관들이 검토해 승인했는데, "대부분의 뇌손상과 뇌성마비는 거의 대부분 분만실에 있는 사람들의 통제를 벗어난 요인들에서 비롯되었다" 고 결론지었다.

이런 결론이 의료과오에 대한 배심원들의 수백만 달러짜리 배상결정을 중단시킬 것인지는 또 다른 문제이다. 결국 배심원들은 의사들에게 더 조심하라고 경고하는 "메시지를 보내는 데" 아무런 비용을 부담하지 않는다. 그리고 당장 문제가 된 의사는 수십억 달러의 자산으로부터 쉽게 수백만 달러를 지불할 수 있는 보험회사가 제공하는 보험에 가입했을 것이다. 일 단계 이상을 생각하는 경우에만 배심원들은 인근지역에서 산과의사를 찾을 수 없어 임산부가 지불해야 하는 미래의 비용과 그로 인해 심각한 부상이나 장애를 초래할 가능성이 있는 아기들이 평생 부담할 비용을 고려할 것이다. 이런 사실은 특히 배심원들이 쉽게 수백만 달러의 배상금을 편들어 주는 네바다 주와 같은 곳에서 궁극적으로 현실화될 가능성이 있다.

> 라스베가스에 사는 킴벌리 모게티게Kimberly Maugaotega는 임신한 지 13주가 지났으나 아직까지 산과의사를 만나지 못했다. 임신한 사실을 알고 33세 된 두 아이의 엄마는 자신의 둘째 아이를 분만해 준 의사에게 전화를 걸었으나, 그녀가 듣게 된 것은 새로운 임산부는 받지 않는다는 것이었다. 의사인 쉘비 윌본Shelby Wilbourn 씨는 급상승하는 의료과오 보험료로 인해 네바다를 떠날 계획이다. 모게티게의 말에 의하면 28명의 산과의사에게 전화를 걸었지만, 자신을 돌봐 줄 의사를 한 명도 찾을 수 없었다고 한다.

엄청난 배상액과 그로 인해 야기된 엄청난 의료과오 보험료는 의료보장 비용을 증가시키는 원인 중 하나에 불과하다. 또 다른 비용은 "방어적 의료" 비용이다. 방어적 의료행위란 비록 실질적인 위험으로부터 환자들을 보호하지는 못할지라도, 의사를 소송으로부터 보호해 주는 의학적으로 불필요한 치료를 의미한다. 예를 들어 일부 소송에서는 의사가 제왕절개 수술을 했더라면 신생아의 뇌성마비는 피할 수 있었을지 모른다고 주장해 왔다. 그 결과 제왕절개로 태어난 아이들의 수는 모든 출생아의 1/4이 될 정도로 증가했다. 제왕절개 수술이 비록 신생아의 뇌성마비는 줄이지 못했지만, 의사들을 상대로 쉽게 소송을 제기할 가능성을 감소시켰다. 분만과정에서 발생하는 과실에 대한 배상금의 중간치는 200만 달러를 초과한다.

너무도 많은 사례를 통해 알 수 있는 것처럼, 의료과오 문제에 대한 정치적인 "해결"은 이제껏 없었던 새로운 문제를 만들어낼 가능성이 있다. 많은 사람들이 지지하는 정치적 해결방법 중 한 가지는 "고통과 수난"에 대한 배상금에 상한선을 설정하자는 것이다. 그러나 만일 일부 내과와 외과의사들의 부주의와 무능으로 인해 실제로 누군가 남은 생애 동안 고통을 받는다면, 캘리포니아처럼 최고 한도액을 25만 달러로 제한하는 것은 정말로 불충분한 배상이다. 근본적인 문제는 엄청난 배상금이 아니라 어떤 배상에 대해서도 적절한 근거가 없다는 사실이다. 많은 의사들과 병원들은 대부분의 의료과오 소송에서 승소한다. 그렇지만 수천만 달러에 달하는 피해 배상액의 위험 때문에 법정 밖에서 문제를 해결하려고 한다.

의약품

신약을 개발하는 과정은 과학과 관련이 있는 한편, 때로는 여러 해가 걸리는 시행착오와도 관련되어 있다. 제약산업에서, 특정 질병을 치료 할 신약을 개발하는 과정에서는 효력이 있고, 가격이 적당하며, 동시에 대부분의 사람들에게 부작용이 없는 약을 최종적으로 개발할 때까지 수없이 많은 실패를 경험할 수 있다. 제약회사인 파이자*Pfizer*의 한 임원은 2003년에 "지난 해 우리는 5천 개 이상의 화합물*compounds*을 만들었다. 그중에서 고작 여섯 개만 임상실험까지 갈 것이다"라고 말한 바 있다. 과연 여섯 개의 약 중에서 몇 가지 약이 임상실험에 성공해 식품의약청*FDA*의 승인과정을 통과할지는 미래만이 알 것이다.

제약회사가 수년간에 걸쳐 여러 가지 다른 화합물을 만든 후 마침내 모든 기준을 충족시키는 약을 개발해 식품의약청의 승인을 얻는다면, 개발에 성공한 약으로부터 얻는 이익으로 개발 실패에 따른 모든 비용을 감당해야 한다. 그렇지 않다면 신약 개발을 지원하기 위해 사용한 자금을 제공했던 많은 개인들, 연기금, 그리고 다른 투자자들을 보상해 주기에 충분한 수입을 확보할 수 없을 것이다.

일반적으로 하나의 신약 개발에 수억 달러가 소요되기 때문에,[1] 지속적으로 신약 개발을 진행하기 위해서는 투자자들이 그와 같이 엄청난 자금을 지속적으로 제공하도록 해야 한다.

일 단계 이상을 생각하지 않는 사람들은 완전히 다른 관점에서 상황을 바라본다. 신약이 개발되기 전후에 일어날 일을 검토하기보다, 그들은 기본적으로 기존의 약을 그럭저럭 만들어져 온 것으로 간주해, 가격이 어떻게 정해져 어느 정도의 수익을 창출하며, 어떤 방식으로 가격조정이 이루어지는지에 초점을 맞춘다. 종종 의약품의 제조비용은 전체 비용이나 소비자들이 지불하는 가격에 비해 극히 적은 부분을 차지한다. 그래서 정치가들과 언론인들, 그리고 많은 사람들이 약의 원료비가 고작 25센트에 불과한데 알약 하나에 2달러를 받아 얻는 "양심을 저버린", "파렴치한", 또는 "부도덕한" 수익이라고 비난한다.

그 사람들이 원료라고 할 때는 상당한 시행착오를 거치면서 수년간의 연구로 인해 천문학적인 비용이 소요되는 지식원료라기보다는 저렴한 물질로서의 원료를 의미한다. 정치가들과 언론인들이 의약품을 개발한 회사가 책정하는 높은 가격을 특허기간이 만료된 후 동일한 방법을 이용해 특허 사용료 없이 다른 회사가 생산하는 "일반적으로 동일한 약"의 저렴한 가격과 비교함으로써 비용에 대해 다른 오해가 생겨난다. 다른 회사가 부담하는 비용은 단지 그 약을 제조하는 데 소요되는 저렴한 비용에 불과하므로, 그 약을 개발한 회사가 책정한 가격의 일부만 받고 "일반적으로 동일한 약"을 팔아도 이익을 낼 수 있다. 원료비가 25센트인 알약의 경우 일반 제약회사는 같은 알약에 35센트의 가격을 책정해도 이익을 낼 수 있을 것이다. 이 때문에 약을 개발한 명성 있는 제약회사는 병들고 절망적인 사람들을 착취하는 비양심적인 회사라고 비난받는다.

신약을 개발하는 데는 엄청난 고정비용이 필요하고, 그 약을 한 알 더 생산하는 데 소요되는 추가적 비용은 엄청나게 적다는 이유 때문에 일 단계 이상을 생각하지 않는 사람들은 그 경제적 결과를 오해하기 쉽다. 예를 들어 캐나다인들은 미국인들에 비해 미국에서 생산된 의약품에 대해 훨씬 낮은 가격을 지불한다.

정부가 운영하는 포괄적인 의료보장제도로 인해 방대한 양의 약을 구매하는 캐나다 정부는, 미국의 제약회사에 특정한 약을 만드는 데 소요되는 추가적인 비용만을 감당할 정도의 가격을 제안할 뿐이지, 처음 그 약을 개발할 때 소요되는 방대한 비용에는 관심이 없다. 이 경우 제약회사의 대안은 (1) 그런 제안을 거절함으로써 수억 달러의 손해를 보거나, (2) 과거에 들어간 비용은 이미 지불된 것이고 현재의 의사결정과는 무관하므로 그 제안을 수용함으로써 얼마가 됐던 수익을 확보하는 것이다. 경제학자들이 말하듯이 "매몰비용*sunk costs*은 매몰된 것이다."[2]

과거에 발생한 비용은 현재의 의사결정과는 무관하지만—과거의 비용은 역사지만 경제학은 아니다—제약회사가 더 많은 신약을 개발하기 위해 어느 정도 투자할 것인지 여부를 결정할 때 그런 과거의 비용이 중요하다. 만일 과거의 비용이 회수되지 못한다면, 알츠하이머와 에이즈, 또는 암과 같은 재앙을 치료하거나 예방하기 위한 미래의 개발자금은 조성되지 못할 것이다.

신약 개발비용에 관한 수많은 논의에서 별 의미도 없이 주의를 산만하게 만드는 것은, 상당수 제약회사의 연구가 학술기관이나 국립보건원과 같은 정부기관에서 행해진 기초과학 연구의 연장이라는 사실이다. "이제까지 제약산업은 대부분의 연구개발 자금을 과학적인 발견이 아니라 납세자의 비용으로 이룩한 발견을 실용적으로 응용하는 일에 집중해왔다"고 말하는 비평가들은 현실을 제대로 평가하지 못하는 것이다. 삶의 모든 면에서 우리는 과거에는 존재하지 않았던 거대기업의 능력에 의존한다.

기체역학의 원리를 발견한 사람은 라이트 형제가 아니다. 그들은 비행기를 이륙하게 만든 최초의 사람들일 뿐이다. 만일 누구도 비행기를 이륙하게 만들지 못했다면, 기체역학의 원리는 그저 엉뚱한 호기심으로 그치고 말았을 것이다. 마찬가지로 토머스 에디슨이 이룩한 수많은 발명품의 과학적인 토대는 에디슨 자신에 의해 발견된 것이 아니었다. 그러나 우리는 삶을 더 낫게 만들기 위해 실제로 활용할 수 있도록 알려진 사실과 원리를 변모시킨 그들의 업적을 정말로 찬양한다. 마찬가지로 우리는 다른 사람들이 이룩한 한층 더 기초과학적인 업적을 생명을 더 오래 지속시킬 수 있고, 나이가 들어서도 더욱 건강하고 활력 있게 살 수 있도록 만드는 그 무엇으로 변모시킨 그들의 업적을 부정할 이유가 없다.

과학적 발견을 신약 개발로 전환시키는 데 소요되는 비용은, 다른 개인이나 조직이 일찍이 다른 비용을 부담했기 때문에, 결코 비현실적이거나 사소하지 않다. 또한 납세자들의 돈이 사용되었다는 사실로 인해 의약품에 관한 의사결정이 시장과 무관하게 정치가들에 의해 이루어지는 것은 최선이 아니다. 그럼에도 과학적 발견에 소요됐던 비용이 신약 생산을 위한 경제적 요건을 변경시킨다고 생각하는 사람들은 이런 잘못된 결론을 지지하는 것 같다.

일 단계 이상을 생각하지 않는 정치가와 언론인들은 정부 통제가 신약 발견비율을 끌어내릴 것이라는 점을 고려하지 않은 채 기존의 약 가격을 인하하는 수단이라고 간주할지 모른다. 그렇지만 집단행동을 통해 가격을 인하시키려는 시도들은 보통 단기에서는 성공적이다. 그 이유는 기존의 약이 기존의 질병을 치료할 수 있는 유일한 약인 경우는 거의 없기 때문이다. 그래서 만일 특정한 제약회사로부터 원하는 가격에 구입할 수 없다면 다른 제약회사의 약을 구입할 수 있기 때문에, 캐나다 정부나 다른 정부에 맞서 저항할 수 있는 제약회사의 능력은 제한적이다. 게다가 정부가 통제하는 포괄적인 의료보장제도를 갖춘 나라에서는 기존의 약에 대한 민간부문의 시장이 거의 없거나 존재하지 않는다.

심지어 미국에도 건강관리기관들과 연방정부와 같은 의약품의 거물

구매자들이 존재한다. 이들도 마찬가지로 생산비용을 약간 초과하지만 신약 개발에 들어간 많은 고정비용을 회수하기에는 턱없이 부족한 가격으로 제약회사에게 "양자 택일의 제안"을 한다.

이런 과정의 경제학을 고려하지 않는 사람들—여기에는 대부분의 국민들뿐만 아니라 정치가와 언론인 등이 포함된다—에게 문제는 단순히 가격을 낮게 유지하는 것이고, 정부가 부과하는 가격통제의 사례는 명백할 뿐만 아니라 불가피하게 보일 것이다. 실제로 의약품에 대한 가격통제는, 미국은 예외지만, 전 세계의 여러 국가들에서 쉽게 찾아 볼 수 있다. 또한 세계에서 인명을 구조하는 모든 신약들은 대부분 미국에서 개발된다는 점에서 미국은 아주 예외적이다. 그러나 다른 여러 것들에 대한 가격통제가 공급량을 축소시켰음에도 불구하고, 정치인들이나 언론인들 가운데 이 두 가지 사실들 간의 관련성을 이해하는 사람은 거의 없다. 그럼에도 미국에서조차 제약회사에 대해 가격통제를 실시하자는 요구가 항상 있어 왔다.

일 단계 이상을 생각하지 않는 사람들은 캐나다인들이 미국인들보다 저렴한 가격으로 구매한 약을 미국으로 다시 역수출하는 것을 허용함으로써 "절약"할 수 있는 돈에만 관심을 집중한다. 그들은 이렇게 함으로써 미국 정부와 국민들, 그리고 의료기관들이 지불하는 의료보장 비용을 줄일 수 있다고 생각한다. 캐나다로부터 미국 약품을 수입함으로써 국민들과 기관들은 직접적인 비용을 절감할 뿐만 아니라, 제약회사들은 캐나다로부터 수입되는 자사 약품과의 경쟁으로 인한 매출 감소 이외에 미국에서 책정한 가격을 인하해야 하는 압력을 받게 될 것이다. 그러나 이 가운데 어떤 것도 일 단계 이상을 생각하는 사람들이 중요하게 생각하는 다음과 같은 문제를 다루지 않고 있다 : 신약 개발이 계속되어야 한다면, 누군가는 고정비용을 부담해야 하기 때문에, 그와 같은 고정비용 지불 회피로 인해 신약 개발을 위한 투자율과 신약 발견율이 감소하는 것을 어떻게 막을 수 있을까?

이것은 단순히 이론적인 문제가 아니다. 여러 가지 사실들이 동일한 얘기를 들려준다. 특허가 만료되기 전에 제약회사들이 엄청난 고정비용을 회수하도록 일정 기간의 독점권을 주고 있는 미국처럼 모든 국가들이 강력한 특허보호제도를 갖추고 있는 것은 아니다. 강력한 특허법이 없는 나라에서는 다른 제약회사가 개발한 약의 일반적인 복제약을 만드는 것이 훨씬 용이하다. 결과적으로 일반적인 복제약의 가격은 미국에서보다 그런 국가에서 훨씬 더 저렴하다. 그러나 일반적인 유사약품은 가격을 낮게 유지시키기 때문에 고정비용을 회수할 가능성이 낮은 국가에서는 신약 개발 또한 적거나 개발 자체가 이루어지지 않는다.

유사하거나 동일한 유명 상표의 약을 일반적인 약으로 대체할 수 있도록 규정한 정책이나 법률이 종종 병원이나 의료보험제도가 부담하는 비용을 감소시킬 수 있다. 일부에선 모든 약들을 일반적인 복제약으로 대체함으로써 비싼 가격과 이로 인한 유명 제약회사들의 비양심적인 이익을 종식시킬 것을 요구한다. 그러나 여기서 우리는 구성의 오류[3]*fallacy of composition*를 경계해야 한다. 일부에게 사실인 것이 반드시 모두에게 사실이 될 수는 없다. 여기서 일반적인 약의 생산자들은 본질적으로 유명 상표의 약의 생산자들이 큰 대가를 치루고 얻은 경험들과 그들이 부담한 비용에 무임승차하고 있다는 점을 간과하고 있다. 이런 비용들은, 이미 개발된 약의 가격을 인하하도록 강제하는 요인으로 작용할 수는 있다 하더라도, 정부 명령이나 병원과 건강보험회사들의 조직적인 압력을 통해 사라지게 할 수는 없다. 유명한 제약회사들이 비용을 회수할 수 있는 능력을 감소시키는 것은 다른 질환을 치료하는 신약 개발을 지속할 인센티브를 감소시키는 것을 의미한다.

때때로 제약회사의 비용은 연구 때문이 아니라 주로 광고 때문에 발생한다는 주장이 제기된다. 그러나 외부의 관찰자가 광고에 대해 사회에 어떤 도움도 되지 않고, 단지 광고주의 이익만 증대시켜 주는 손실이라고 쉽게 비난하더라도 이것은 사실이 아니다. 지금까지 개발된 가장 놀라운 약이라도 알려지지 않았다면 누구의 병도 고치지 못했을 것이다. 광고가 바로 그런 일을 한다. 약을 알리는 것은 한 번에 가능한 일이 아니며 그후 광고가 중단된다면 아무런 결과도 없게 된다.

세클로*Ceclor*라는 약의 특허기간이 만료되어 다른 회사가 일반적인 대체약의 마케팅을 시작한 후, 제조회사인 엘리 릴리사가 약의 판촉비를 줄이자 이 약에 대한 처방이 종전에 비해 1/5 수준으로 떨어졌다. 왜냐하면 일반적인 대체약의 생산자들 어느 누구도 광고비를 회수할 정도로 충분한 시장점유율을 가지고 있지 않아 광고할 인센티브가 없었기 때문이었다. 약 광고는 환자에 대한 실질적인 효과라는 관점에서 약의 성분 자체만큼이나 약이 제공하는 혜택을 중요하게 부각시킨다.

광고와 관련되어 거의 이해되지 않는 또 다른 측면이 있다. 어떤 약품이 한 가지 효능으로 미국 식품의약청의 승인을 받을 때, 그리고 후에 다른 효능이 발견되었을 때, 식품의약청은 새로운 효능이 자신들의 요구사항을 충족시키기 위해 오랜 기간에 걸쳐 많은 비용이 드는 과정을 통과하지 않는 한, 그리고 통과할 때까지 제약회사가 새로운 효능에 대해 광고하는 것을 금지시킬 수 있다.

예상되는 추가판매를 통해 광고에 따른 추가비용—수백만 달러에 달할 수 있다—을 충당할 수 있는지 여부에 따라 그 회사는 의학적으로는 효과가 있다고 알려진 효능을 광고하는 데 필요한 허가를 받을 수도 있고 그렇지 않을 수도 있다. 아스피린은 고전적인 예에 해당한다. 아스피린은 오랫동안 두통약으로 승인받아 왔지만, 그 밖의 다른 효능 때문에 훨씬 더 귀중한 약이 될 수 있다. 그렇지만 아스피린의 경우 최근까지 그런 효능을 알리는 광고가 금지되었다.

> 소량의 아스피린 복용이 중년 남성의 심장병 위험을 줄일 수 있다는 상당한 의학적인 증거가 있다. ……거의 50%까지. 실제로 그 결과는 너무도 잘 알려져 있어서 "놀라운 아스피린" 이라는 소책자가 식료품점의 판매대에서 89센트에 팔리고 있는데, 아스피린의 이점을 상세히 설명해 주고 있다. 놀라운 사실은 아스피린의 포장 자체나 아스피린에 관한 어떤 광고에서도 그런 귀중한 효능을 알려주지 않는다는 점이다. 왜 제약회사인 바이엘은 소비자들에게 이런 정보를 제공함으로써 판매를 늘릴 수 있는 가능성을 포기한 것일까?
>
> 1988년 3월 2일, 미국 식품의약청의 커미셔너인 프랭크 영Frank Young의 사무실에서 가진 회의에서 아스피린을 만드는 회사들은 초기 심장병 위험을 감소시켜주는 약품의 효능에 대해 광고할 수 없다는 말을 듣게 되었다. 만일 이 회사들이 광고를 했다면, 미국 식품의약청은 법적 조치를 취했을 것이다.

결과적으로 "아스피린에 대한 광고 금지로 인해 의심할 여지없이 일 년에 만 명에 달하는 불필요한 죽음이 발생한다." 미국 식품의약청이 승인하지 않은 효능에 대해 약품 광고를 금지한 것은 분명히 안전을 증진하려는 의도일 것이다. 그러나 이런 금지의 목적이 결과를 바꾸지는 못한다. 이 경우에는 다행히 미국 식품의약청의 융통성 있는 일처리로 결국 아스피린 회사들은 심장병으로 인한 사망을 감소시키는 약품의 효능에 대해 광고를 하게 되었다. 그렇지만 그런 효능을 알았다면 아스피린을 복용함으로써 생명을 구할 수 있었던 사람들의 죽음은 광고의 지연으로 인한 대가로는 너무 값비싼 것이었다.

더 근본적으로는, 광고를 통해 수천 명의 목숨을 구할 수 있다면, 이들의 생명이 완전한 신약 개발 덕택에 구하게 된 비슷한 수의 생명보다 덜 중요하다고 할 수 있을까? 그럼에도 많은 사람들은 지나치게 많은 광고비용을 제약회사에 대한 비난의 근거로 삼는다. 학술 연구가 과학 공동체를 위해 하는 일—그렇지 않다면 알지 못할 정보를 제공하는 일—은 광고가 의사와 환자들을 위해 하는 일과 같다. 더욱이 의사들은 약을 처방하는 사람들이기 때문에 수없이 많은 다른 종류의 광고 고객들보다 더 식견이 있는 고객들이라 할 수 있다. 그래서 단순한 과장광고로 그들을 속이거나 깊은 인상을 주는 일은 더욱 어렵다. 다양한 약들을 처방함으로써 수십억 달러의 지출을 경쟁회사로 전환시킬 수 있는 의사들을 상대로 특정한 약에 대해 속이려 하는 제약회사는 신뢰의 상실이라는 엄청난 대가를 치러야 할 것이다.

약의 승인과정은 일반 대중이 사용하기 전에 시험을 거치지 않은 신약의 위험을 줄이려는 시도라 할 수 있다. 의약품들은 대부분의 사람들에게 상당히 안전해야 할 뿐만 아니라, 치료 대상이 되는 질병에 상당한 효능이 있음이 입증되어야 한다. 안전은 입증되었으나 효능이 떨어지는 약은 사기와 다름없을 뿐만 아니라 위험물질이라 할 것이다. 왜냐하면 실제로 치료효과가 있는 다른 약이 있음에도 불구하고 이 약이 사용됨으로써,

이미 효능이 입증된 약을 환자에게서 빼앗는 결과를 초래할 수 있기 때문이다. 그럼에도 "얼마나 안전하고, 얼마나 효과가 있으며, 얼마의 비용을 지불할 것인가"라는 질문은 미국 식품의약청의 약품 승인과정이 규정한 몇 년간의 임상실험과 관련해 고려되어야 한다.

실험기간이 길어질수록 실험에 참여해 약을 복용한 사람들의 수는 늘어날 것이고, 안전과 효과에 관한 최종 결과는 그 신뢰성이 더욱 커질 것이다. 반면 더 많은 환자들이 고통을 받게 될 것이며, 아마도 이런 과정이 진행되는 동안 사망할 것이다. 신약은 위약효과*placebo effect*나 일부 다른 약의 효과와 비교해 그 효과를 검사받게 될지 모른다. 최종 결과의 타당성이란 측면에서 보면 이 검사방법이 더 나은 과정이 될 수 있으나, 3만 명 이상의 사람들을 실험하기 위해서는 실험과정에 8년의 기간이 추가되어야 한다. 8년 내에 아주 많은 사람이 사망할 수도 있으며, 아무리 많은 실험을 하더라도 우리는 절대적인 확신을 얻을 수가 없다. 더욱이 실험기간 동안의 사망자들로 인한 손실을 특정한 약이나 치료법의 생존기간 동안에 보상받을 수 있는 것도 아니다. 그 이유는 여러 사례가 입증하는 것처럼, 몇 년 내에 동일한 질병에 대한 신약과 치료법이 등장해 그 약을 대신할 수 있기 때문이다.

의약품의 임상실험을 감독하는 정부관리들이 직면하는 인센티브와 제약은 비대칭적이다. 이상적으로 보면 이 관리들은 비용과 혜택에 똑같은 비중을 둘 수 있다. 예를 들어 관리들은 더 많은 약품실험이 끝나길 기다리는 동안에 사망하는 사람들의 수가 약품의 안전에 대한 자료를 더 많이 확보함으로써 생명을 구하게 되는 수보다 많을 때 실험과정을 중단시킬 수 있다. 그러나 보건과 관련된 관리들이 궁극적으로 책임을 져야 하는 대상들인 국민들과 언론, 그리고 정치 지도자들조차도 이 기준을 활용할 것 같지 않다.

실험이 부족한 상태에서 시장에 유통시킨 신약으로 인해 천 명의 어린이가 사망하고, 더 많은 실험을 진행하는 동안에 만 명이 죽는다면, 어린이들의 죽음에 대한 대중의 울분은 "불충분한" 실험에도 불구하고 승인을 해준 책임자에서 시작해 모든 정치제도에 대한 분노로 이어질 것이다. 그러나 실험이 연장되어 진행되는 동안에 열 명 또는 그 수백 배의 사람들이 죽는다면, 설령 언론이 그 사실을 보도하더라도 사건 자체는 거의 주목받지 못할 것이다.

한 가지 예로 미국 식품의약청의 승인을 받은 약으로 인해 사망한 천 명의 죽음이 신원 확인이 가능한 사람들로 구성되어 있다면, 신원 확인이 불가능한 만 명의 죽음보다 훨씬 더 언론의 표지를 장식할 가능성이 있다. 신원 확인이 불가능한 사람들이 생명을 구할 수 있는 약을 복용하지 못한 경우, 그들은 약이 있는 곳과 없는 곳의 사망률을 비교하는 통계에만 나타난다. 그러나 이런 통계는 약의 부작용으로 인해 사망한 사람들의 절규하는 미망인들이나 어머니들과의 텔레비전 인터뷰만큼 극적이지 못하다.

이와 같은 비대칭적인 인센티브와 제약으로 인해 미국의 보건 관련 관리들은 십년까지는 아니더라도 적어도 수년간 유럽에서 부작용이 거의 없이 사용된 생명을 구하는 약의 판매를 금지했다. 그 이유는 이 약들이 미국 법과 정책에 따라 승인을 받는 데 필요한 비용이 많이 드는 오랜 실험과정을 통과하지 못했기 때문이다. 비록 이런 약의 효과와 상대적인 안전이 저명한 의학 학술지에 게재된 연구논문을 통해 보고되었더라도, 이것은 규정된 미국 식품의약청의 승인과정을 대체하는 것으로 간주되지 않는다. 절망적 상태에 있는 환자들은 몰래 그 약을 미국으로 들여오거나, 여유가 있는 경우에는 약을 구하기 위해 외국으로 떠나는 것으로 알려져 왔다. 때로는 안전 대비책이 사람들의 생사가 걸려 있는 치명적인 영역까지 영향을 미칠 수 있다.

시사점

의료보장에 대한 가격통제로 인해 야기된 문제와 의약품 가격을 낮추려는 시도의 핵심에는 가격이란 단지 피해 가야 하는 장애물에 불과하다는 믿음이 깔려 있다. 가격은 실제로 가격만큼 쉽게 변하지 않는 근본적인 현실을 반영한다.

가격통제 때문에 불필요한 제왕절개 출산비용이 사라지는 것은 아니다. 게다가 이런 비용은 단순히 화폐비용이 아니다. 의료보장에서 발생하는 대부분의 비용은 돈보다는 고통과 죽음을 통해 지불된다. 엄청난 의약품 개발비용을 지불하지 않으려는 시도로 인해 그러한 약 개발이 줄어들 때, 이런 비용은 적어지는 것이 아니라 더욱 증가한다. 우리는 미국에서 이런 과정이 전개되는 것을 보기 위해 기다릴 필요가 없다. 왜냐하면 우리는 이미 정부 명령이나 효력 없는 특허 보호를 통해 약 가격을 낮게 유지하려는, 정치적으로 매력적인 정책에 굴복한 국가들에서는 주요 신약의 개발비율이 미국보다 훨씬 더 낮다는 사실을 알기 때문이다. 임산부와 그녀의 아기가 산과의사를 찾지 못했거나, 제때에 의사를 찾지 못해 치러야 할 대가는 일생 동안 불필요한 출생장애에 대처하는 것이다.

보다 저렴한 의료비와 약값을 위해 협상할 수 있는 지위를 가진 다양한 조직적 집단들—예컨대, 정부기관들과 건강보험회사들 또는 대규모 건강관리기관들—은 특혜를 받을 수는 있겠으나, 총비용이 사라지는 것은 아니기 때문에 누군가가 이 비용을 지불해야만 한다. 한 가지 결과는 동일한 치료와 의약품에 대해 다양한 가격대가 존재한다는 사실이다. 이 가운데 건강보험에 가입하지 않았고, 건강관리기관에도 속하지 않았으며, 정부의 어떠한 프로그램에도 포함되지 않은 환자들은 가장 비싼 가격을 지불해야 한다. 그래서 UCLA 병원에서의 일정한 의료절차에 대해 메디케이드[4]*Medicaid*가 127달러를 지불하는 반면, 메디케어[5]*Medicare*에 가입한 경우에는 90달러, 건강관리기관이 부담하는 경우에는 242달러이며, 보험도 없고 이러한 계획 가운데 어디에도 속하지 않은 사람들은 460달러를 지불해야 한다.

간략하게 말해, 가격의 경제적인 기능에 대한 오해로 인해 여러 가지 반생산적인 결과와 함께 가격통제가 발생하고, 다른 누군가가 그런 가격을 지불하도록 다양한 기관과 법률, 그리고 정책에 의해 조직적인 시도가 이루어지게 된다. 사회 전체적으로는 여기서 말하는 누군가 다른 사람이란 존재하지 않는다. 그럼에도 정치인들 중에는 그런 사실을 직시할 준비가 된 사람들이 거의 없어 보인다. 경제학자들은 공짜 점심과 같은 것은 없다고 말하지만, 정치인들은 공짜 점심을 공약으로 내세워 당선된다.

"의료보장 비용을 낮추기 위한" 시도로 간주되는 대부분은 전혀 그렇지 않다. 대부분은 의사, 병원, 그리고 제약회사가 부과하는 가격을 낮추려고 하는 시도들이다. 그런데 가격을 낮추려고 가장 열심히 노력하는 사람들이 의사와 병원을 상대로 한 경솔한 소송에서 변호사들이 승소하기 더 어렵게 만들고, 신약에 대한 미국 식품의약청의 승인기간을 보다

단축시키며, 다양한 제3자 지불계획을 관리하는 관료조직을 축소시킴으로써 의료보장의 실질비용을 줄이려는 시도에 가장 저항한다. 이런 것들은 그렇지 않았다면 질병을 치료하거나 예방하는 데 사용될 수 있는 자원을 고갈시킬 뿐이다.

전 세계 여러 국가에서 목격되는 의료보장에 대한 가격통제로 인한 부정적 결과는 그저 건강보장제도의 일부를 바꿔서 바로잡을 수 있는 우발적인 실수가 아니다. 그것은 몇 세기 동안 여러 재화와 서비스에 대한 가격통제에 대한 반응으로 나타난 패턴이 의학적으로 변모한 모습이라 할 수 있다. 자유시장에서 수요와 공급에 따라 결정되는 수준 이하로 가격을 유지하려는 통제가 강요되는 경우, 다음과 같은 네 가지 현상이 발생한다 : (1) 가격이 통제되는 재화와 서비스의 이용 증가, (2) 동일한 재화와 서비스의 공급 감소, (3) 품질의 저하, 그리고 (4) 암시장. 이 모든 것들은 의료보장의 가격이 통제될 때 발견되었고, 고통, 불구, 그리고 죽음과 관련된 일에서는 특히 해로웠다.

누군가 의료제도를 많이 이용하면 다른 사람들에게 돌아가는 시간과 자원이 감소한다. 자기 돈으로 진료를 받을 경우 간단히 의사와 전화로 얘기하거나 약사와 몇 마디 주고받음으로써 해결되었을 사소한 병 때문에 의사의 시간을 뺏는다면, 더 심각한 병에 걸린 사람이 의사와 면담할 시간이 줄어들 것이다. 의사들이 의학적으로는 필요하지 않지만, 자신들을 파멸시킬 소송에 맞서 자신을 지키기 위해 법률적으로 필요한 수술을 하면서 보내는 시간 때문에 다른 사람들에게 꼭 필요한 수술을 하는 데 필요한 시간이 부족하게 된다. 이들에게 수술이 지체되는 것은 단지 불편함이 아니라, 쓸데없이 고통이 길어지고 시간이 지나면서 병이 악화될 위험이 증가한다는 것을 의미한다.

가격에 초점을 맞춘 근시안적인 법과 정책에 따른 공급 감소에는 새로운 치료제와 예방백신의 발견 비율의 감소뿐만 아니라 의사들의 공급 감소도 포함된다. 관료들의 간섭이 심해지고, 근거 없는 의료과오 소송의 위험이 증가하면서 일부 의사들은 스트레스가 적은 상황에 있을 때보다도 더 빨리 은퇴하려고 한다. 또한 다른 분야로 진출함으로써 강제적인 필수 과정과 여러 가지 제한적인 요소들, 그리고 위선적인 일들을 전부 피할 수 있다는 것을 알게 된 젊은 사람들이 의사라는 직업에 대한 관심이 적어지게 된 것도 의사들의 공급 감소의 한 원인이다. 그러나 의사와 환자 모두가 부담해야 하는 이런저런 드러나지 않은 비용이, 일 단계 이상을 생각하지 않는 사람들이 법과 정책을 고려할 때 영향을 미칠 것 같지 않다.

의료보장에 대한 정치적인 통제력을 증진시키고, 의료과오 소송을 통해 수백만 달러의 손해배상액을 받아내려는 시도로 인한 가장 심각한 부작용은 아마도 우리의 삶을 연장시키고, 우리의 삶을 이전의 사람들보다 더 건강하고 활력 있게 만들어 주었던 바로 그 사람들을 악마처럼 변하게 했다는 사실일 것이다. 정치와 법정에서 그들 자신을 우리들의 구원자라고 내세웠던 사람들로 인해 의사들과 신약을 생산하는 사람들이 수사적으로는 악당으로 변모되었다. 의사든 제약회사든 비판을 받아야 할 때 이것을 면하게 해줄 필요는 없다. 그렇지만 자칭 우리들의 정치적, 법률적 구세주들이라 해서 비판으로부터 자유로울 수는 없다. 의료와 관련된 여러 문제의 해결을 위해서는—정책적으로 어떠한 해결책이 강구되더라도—화려한 말이나 이미지 또는 표면적으로 드러난 가격이 아니라 근본적인 현실에 초점을 맞추어야 한다.

Chapter 03

위험한 사업

Risky Business

역자 들어가기

위험이란 언제 어디서나 존재하는 현상이다. 어떤 국가나 개인도 위험으로부터 자유로울 수는 없다. 위험에 관해서는 이미 많은 사람들이 많은 연구결과를 내놓았다. 이들 연구의 핵심은 효율적인 위험관리*efficient risk management*와 효율적인 위험분담*efficient risk-sharing*으로 요약될 수 있다. 위험이 지배하는 현실에서는 개인이 효율적으로 위험을 관리해야만 생존할 수 있다. 수많은 사람들이 거래하는 시장에서는, 이들이 이런 목적을 추구하면서 경제활동을 한 결과 각종 위험이 적절하게 공유되어야만 사회적으로 바람직한 결과를 달성할 수 있다. 이것이 바로 효율적인 위험분담이다.

저자 토머스 소웰은 이 장에서 이런 관점에서 위험을 다루지는 않는다. 그의 관심사는 항상 일 단계 사고가 가져오는 비효율적인 결과를 경고하고, 대안을 제시하는 것이다. 이런 원칙은 위험에 관한 논의에서도 예외가 아니다. 그는 먼저 위험을 줄이는 데 기여할 수 있는 기관들에 관해 언급한다. 그리고 이들로 인해 야기되는 문제들을 지적한다. 예를 들어 정부기관의 역할 가운데 하나가 위험을 줄여주는 일이다. 그러나 정부기관은 위험을 비용과 혜택이라는 관점에서 파악하고 의사결정을 하는 주체가 아니다. 대부분의 정부기관들은 일 단계 사고에 입각해 위험을 평가하고 대책을 세운다는 것이 소웰의 주장이다. 어느 정도 위험의 소지가 있는 놀이터에 대해 해당 기관이 보일 수 있는 반응은 놀이터를 폐쇄하는 것이다. 소웰은 이것이야말로 일 단계 사고의 전형이라 비판한다. 그리고 정부기관은 대부분 이와 유사하게 행동한다고 본다. 그 이유는 정부기관이 위험의 증가나 감소에 따른 비용을 부담하지 않기 때문이다. 직접 위험에 따른 비용을 부담하고 그 혜택을 누릴 수 있는 사람의 결정과 정부기관의 결정 간에는 현저한 차이가 있다.

소웰은 제3자적 관점에서 위험을 다루는 경우 발생하는 문제의 또 다른 유형으로 미국의 랠프 네이더Ralph Nader에 의해 점화된 소비자운동을 들고 있다. 그는 이런 사회운동을 하는 사람들을 다소 냉소적으로 사회개혁운동가*social crusader*라 부른다. 네이더에 의해 주도된 대표적인 운동이 바로 자동차의 안전도를 높이는 운동이었다. 소웰은 이들이 아무런 비용을 부담하지 않기 때문에 자동차의 위험과 관련된 문제를 왜곡시켰다고 주장한다. 소웰에 의하면, 이들은 자동차의 안전과 관련해 소비자들에게는 부정확한 정보를 제공했으며, 생산자들에게는 생산자원을 비효율적으로 투입하게 만들었다는 것이다. 그의 주장은 분명 설득력이 있다. 왜냐하면 이런 운동가들은 자신들이 아무런 비용을 부담하지 않기에 문제를 최대한 부각시키는 것이 가장 유리했기 때문이다. 오늘날 수많은 비정부기관*NGO*들의 활동과 관련해 당사자들이 반드시 음미해야 할 대목이 아닐 수 없다.

소웰은 또한 위험에 대비하는 가장 고전적인 수단인 보험과 관련해 정부의 규제가 어떤 역할을 했으며, 정부기관이 보험기능을 담당하는 경우에는 어떤 문제가 발생하는지 지적한다. 간단히 말해 정부기관은 정보적으로 우월한 입장에 있지 않다. 이것은 곧 정보가 비대칭인 경우 보험시장의 대표적인 현상인 역선택*adverse selection*과 도덕적 해이*moral hazard*가 발생하게 된다는 것을 의미한다. 물론 보험시장에 대한 정부의 규제는 이 두 가지 나쁜 영향을 어느 정도 줄이는 역할을 할 수 있다. 예를 들면, 운전자 모두에게 자동차보험에 가입하도록 강제함으로써 역선택의 문제를 완화시킬 수 있다. 가정에 가연성 물질을 보관하지 못하도록 함으로써 화재 충동에 따른 방화라는 도덕적 해이를 어느 정도 줄일 수 있다. 그러나 근본적으로 정보가 부족한 상태에서 실시되는 규제는 궁극적으로 역선택과 도덕적 해이를 더욱 악화시킬 수 있다. 이 점에 대해 역자도 그의 견해에 전적으로 동의한다.

미국 통계학회는 연차총회에서 "불확실성, 당신이 항상 의존해야 할 한 가지"라는 문구가 적힌 티셔츠를 나눠주었다.

위험보다 확실한 것은 없다. 보험업은 위험을 다루는 여러 방법 중 하나이다. 정부기관이 재난 피해자들을 지원하는 것도 다른 한 가지 방법이다. 상조회相助會는 정부기관이 이러한 과제를 담당하기 오래전부터 사회적, 자연적 재해의 피해자들을 돕고 있다. 개인들은 여러 방식으로 자신들의 위험을 분산시켜 왔으며, 가족은 오랫동안 그 구성원들을 보호하려고 노력해 왔다. 즉, 가족은 어떤 다른 기구보다도 오랫동안 인생에서 피할 수 없는 위험으로부터 사람들을 보호하는 역할을 수행해 왔다.

위험을 다루기 위해 사용된 사회적 메커니즘은 어떤 것이든 두 가지 중요한 것을 목표로 한다. 하나는 위험의 규모를 줄이는 것이며, 다른 하나는 최소한의 비용으로 감당해 낼 수 있는 누군가에게 위험을 이전시키는 것이다. 위험의 이전이 위험의 감소를 동반한다면, 처음 위험에 처한 사람이 위험을 분담하거나 또는 위험을 모두 감수하려는 다른 사람에게 대가를 지불하는 것이 상호 이익이다. 또한 이것은 위험을 최소화함으로써, 그리고 위험을 다루는 데 소요되는 자원을 줄여 다른 용도에 사용하도록 함으로써 사회가 전반적으로 혜택을 받게 된다는 것을 의미한다.

위험에 대한 정보나 평가를 제공하는 것만으로도 가치 있는 서비스이다. 그래서 기업들에게 개별 소비자의 신용내역에 대한 정보를 제공하는 TRW와 같은 회사들이나, 투자자들이 참고할 수 있도록 기업체, 지자체 혹은 국가가 발행하는 채권들의 상대적 위험을 평가해 주는 무디스*Moody's*, S&P*Standard & Poor's*와 같은 회사들이 제공하는 신용평가 서비스에 대해 보수가 지불된다.

보험협회가 충돌 테스트를 통해 자동차의 안전을 테스트하는 것은 협회에 가입한 보험회사가 차종에 따라 보험료를 얼마로 책정할 것인지 결정하는 데 도움을 준다. 또한 소비자들이 어떤 차종, 제조회사, 그리고 어떤 모델의 자동차를 구입해야 할지 선택하는 데 도움을 준다. 한편 소비자들의 선택은 자동차 제조업체들이 경쟁에 뒤지지 않기 위해 자신들의 차에 어떤 안전규정이 추가되어야 하는지를 결정하는 데 영향을 미친다. 그 결과 자동차들은 보편적으로 점점 더 안전하게 되었다.

어느 정도까지는 보험을 통해 위험을 줄이는 것이 사람들로 하여금 오히려 더 많은 위험을 감수하게 할지도 모른다. 가격이 낮아지면 보통 수요가 더 많아지는 것처럼, 주어진 위험의 비용이 줄어들면 사람들은 다른 위험을 감수하려 한다. 저명한 경제학자인 조지프 슘페터Joseph Schumpeter는, 자동차는 브레이크가 있기 때문에 더 빨리 달릴 수 있다고 지적했다.

만약 당신이 브레이크가 없거나, 아니면 브레이크가 완전히 망가졌다는 사실을 알고 운전한다면 시속 15～25km 이상의 속도로 달린다는 것은 무모한 일이다. 이런 경우 매우 한산한 도로에서 충분히 느린 속도로 달린다면, 당신은 가속페달에서 발을 떼고 자동차가 정지하도록 할 수 있을 것이다. 하지만 위험 감소 장치로서 완벽하게 작동하는 브레이크가 있다면, 당신은 복잡한 고속도로를 시속 100km로 달릴 수 있다. 이처럼 브레이크는 주어진 상황에서 위험을 감소시켜 주지만, 한편으로는 사람들에게 더 위험한 상황에서도 운전하도록 자극한다. 그렇다고 이것이 안전장치가 쓸모없다는 것을 의미하지는 않는다. 이것은 그런 장치의 혜택이 위험의 순감소로 인한 혜택 그 이상의 것을 포함하고 있음을 의미한다. 예를 들어 자동차가 더 빠른 속도로 달릴 수 있게 되었기 때문에 사업상 혹은 즐거움을 찾아 장거리 여행이 가능하게 되었다.

이와 비슷하게, 당신이 자동차보험에 가입했다면, 범죄율이 높은 지역에 살고 있는 오랜 친구나 가족을 방문하기 위해 운전할 수 있을 것이다. 만약 당신이 보험에 가입하지 않았다면, 도난이나 손상이 두려워 그런 지역을 방문해 주차하는 위험을 감수하지는 않을 것이다. 당신은 차를 도난당하거나 손상받기를 원치는 않지만, 자동차보험이 그런 일이 발생하는 경우 보상해 준다면 그런 가능성은 감당할 만한 위험이 된다. 그렇지만 보험으로 인해 우리가 궁극적으로 덜 위험한 삶을 살고 있는지 아닌지가 항상 확실한 것은 아니다. 하지만 위험의 순감소는 없을지라도 보험으로부터 생겨나는 다른 이점들이 있다. 위험이 너무 큰 지역을 방문할 수 있는 것 이외에, 나무로 둘러싸여 화재의 위험이 높고, 좁고 꾸불꾸불한 도로로 인해 긴급상황 시 신속한 소방차의 접근이 어렵지만 멋진 경관을 지닌 언덕 위의 집에서 살 수도 있다.

다른 사람들의 위험을 대신 감당하는 서비스에 대해 요금을 부과하는 보험회사 이외에도 다른 상품이나 서비스에 부과하는 가격에 위험에 대한 대가를 포함시키는 회사도 있다. 실제로 모든 기업들은 그들이 책정하는 가격에 어느 정도 위험에 대한 대가를 포함시키지 않을 수 없다. 이것은 다른 지역보다 지역적인 위험이 더 크기 때문에 다른 곳에서는 값싸게 구매할 수 있는 상품에 대해 더 비싼 가격을 책정하는 기업의 경우에 두드러진다. 나아가 어떤 위험에 대한 대가는 돈으로 지불하지 않는다. 이것은 상대적으로 매력적이지 못한 지역에 위치해 있기 때문에, 또는 부채를 회수하기 힘들거나 범죄, 공공 시설물의 파괴 및 테러활동으로 인해 개인의 안전이 위협받는 국가에 위치해 있기 때문에 기업체의 수가 감소하는 형태로 나타난다.

폭동, 공공 시설물 파괴, 그리고 가게 좀도둑의 이력이 있는 일부 저소득층 거주지역에 사는 주민들은 대부분 정직하고 점잖은 사람들이지만, 그렇지 않은 사람들로 인해 그 지역에 공급되는 낮은 품질과 적은 양의 상품을 비싼 가격에 구입해야 하는 대가를 지불하고 있다. 많은 지역주민들은 쇼핑을 하러 다른 곳으로 가야만 하거나 급료를 현금화해야 할지 모른다. 예를 들어 캘리포니아 주 오클랜드에 관한 연구는 다음과 같은 결과를 보여준다.

> 조사에 응한 오클랜드 저소득층 소비자의 46%가량이 인근지역에서 은행업무를 보고 있다고 말했다. 하지만 중산층 지역 응답자의 71%는 "자신들의" 인근지역에서 은행업무를 보고 있다고 했다.

동일한 연구에 의하면 오클랜드의 저소득층 주민들은 중산층 주민들보다 여섯 배나 많이 은행 대신 현금 환전소를 이용하고 있다고 한다. 쇼핑의 경우에도 저소득층 소비자들은 근처에서는 상품이 없어 구입할 수 없거나 높은 소득수준의 인근지역에서 만큼 낮은 가격이나 좋은 품질의 상품을 구입할 수 없기 때문에 다른 곳으로 가야 하는 처지에 놓여 있다. 예를 들어 이 조사에 의하면 저소득층 소비자들은 자신들의 지역에서 전체 쇼핑금액 가운데 1/3을, 그리고 다른 지역에서 2/3를 사용하고 있다.

이러한 모든 것들은 경제적 관점에서는 이해하기 쉽지만, 정치적 관점에서는 왜곡되기 쉽다. 좀더 안정적인 중산층 지역의 가격과 비교해 그런 지역의 가격이 더 높다는 이유로 지역 상점주나 현금 환전소를 비난하는 것이, 이러한 점포나 기관들이 소비자들에게 비용을 전가하도록 원인을 제공한 지역주민들—특히나 사업주가 지역민들과 인종적 배경이 다른 경우라면—을 비난하는 것보다 정치적으로 더 효과적이다. 정치적 인센티브는 없을지라도 일 단계 이상을 생각하지 않는 많은 사람들이 높은 가격에 반영된 추가적인 위험이나 비용을 유발한 사람들보다는 그런 가격을 책정한 사람들을 비난한다. 이 점에서 지역별로 높은 가격과 높은 현금 환전비용, 또는 높은 이자율을 제한하는 정책과 법을 옹호하는 것은 불충분한 조치이다.

일 단계 이상을 생각하지 않는 사람들에게 그러한 법과 정책은 그럴듯하게 보이겠지만, 지역 기업체가 그들이 책정한 가격을 통해 더 높은 지역적 비용을 충당하지 못하면, 결과적으로 다른 지역만큼 수입을 올릴 수 있거나 생존할 수 있을 만큼 충분한 수입을 올리는 기업체의 수가 감소하게 될 것이다. 저소득층 지역에서는 사업을 영위하기 어렵다는 사실을 감안할 때, 이런 지역에서 사업을 그만두게 하는 것은 이곳 주민들의 문제를 악화시킨다.

저소득 히스패닉 지역에서 현금 환전업무를 하고 있는 Banco Popular는 현금으로 환전하는 경우 수표당 20센트 이외에 수표 금액의 1.1%를 수수료로 받아왔다. 이것은 일주일에 3백 달러를 버는 사람이 급료수표를 현금화하기 위해 매주 3.5달러를 지불해야 함을 의미한다. 반면에 이들 소득의 열 배의 수입을 올리는 사람들은 지불할 것이 없다. 왜냐하면 은행은 고소득층 사람을 선호하고, 그런 사람들이 일반적으로 보유하고 있는 채무불이행 위험이 덜한 많은 보통예금과 당좌예금 계좌에서 수익을 올리기 때문이다. 한편 저소득 노동자의 경우, 급료를 현금화하기 위해 버스를 타든, 아니면 택시를 타든 월급날 직장까지 현금수송용 무장자동차를 운행하는 Banco Popular에게 지불하는 3.5달러보다 더 많은 비용이 드는지 여부가 문제이다.

Banco Popular는 많은 은행들이 무료로 제공하는 현금 환전 서비스에 요금을 부과하는 반면, 더 큰 손실의 위험을 감수하고 있다. 자신의 급료수표를 현금화하는 노동자들은 정직할지 모르지만, 그들이 일하는 회사의 고용주들은 어느 날 갑자기 자신의 은행계좌를 폐쇄하고, 모든 돈을 가지고 마을을 떠나 종업원의 급료수표를 아무 쓸모없는 종이로 만들 수 있는 믿을 수 없는 사업자들이다. 단지 한 명의 그런 부정직한 고용주가 발행한 수표를 현금화해 줌으로써 Banco Popular는 6만 6천 달러의 손실을 볼 수 있다. 왜냐하면 고용주가 도시를 빠져나가기 전 계좌를 폐쇄시킨 은행에서는 그 수표가 상환될 수 없기 때문이다. 그런 사건은 일주일에 300달러를 버는 사람에게서보다 일주일에 3천 달러를 버는 사람의 급료수표에서 훨씬 적게 일어날 것이다. 믿을 수 없는 경영자들은 자신들의 종업원에게 매년 15만 6천 달러를 지불하기가 쉽지 않을 것이다. 그런 고소득을 올리는 사람들은 좀더 튼튼하고 믿을 만한 사업체나 조직에서 근무할 것이다.

저소득층 사람들을 위해 수표를 현금화해 주거나 돈을 빌려주는 데 따른 위험과 비용은 이런 위험을 다루는 특정 기관보다는 주변 여건에 내재되어 있다. 주로 중산층이나 부유층을 상대로 하는 명성 있는 은행이 저소득층 지역에 지점을 개설할 경우, 은행은 저소득층을 대상으로 영업해 본 경험이 없다는 것 말고도 위에 언급한 위험과 동일한 위험에 직면하게 될 것이다. 이러한 은행들은 차입자들이 최우대시장*prime market*에서보다 낮은 신용등급을 가지고 있는 소위 "차우대시장" *subprime market*이라 불리는 곳에서 영업하면서, 『월스트리트 저널』이 표현한 것처럼, "그들이 예상했던 것보다 시장이 훨씬 어렵다는 것" 을 깨닫기 시작했다. 저소득 채무자에게 위험이 큰 대출을 하는 데 대해 12～24%(다른 대출은 7～8%)의 이자율을 부과하더라도 더 높은 비율의 채무불이행으로 인해 이런 대출로는 이익을 낼 수 없다.

예를 들어 아메리카 은행은 그러한 대출로 수억 달러의 손해를 보았다. 2001년 『월스트리트 저널』은 아메리카 은행이 "미 전역에 있는 96개 "균등신용대출 사무소들" 의 즉각적인 차우대대출*subprime loan* 중단을 발표했다" 고 보도했다. 다른 은행들은 그러한 손실을 보는 영업활동을 중단하는 데 있어 아메리카 은행만큼 신속하지 못했다. 예를 들면, 시카고의 한 대형 은행은 차우대대출로 인한 손실이 주요한 원인이 되어 파산했다. 연방예금보험공사는 실패한 19개 은행 가운데 7개 은행이 이 같은 대출손실로 폐쇄되었다고 지적했다. 주로 저소득층 주택 구매자들에게 대출을 해주는 연방주택기금은 다른 주택 구매자들에게 대출해 주는 기관에 비해 세 배 이상 되는 상환 체납률을 기록했다.

위험을 감소시키는 기관들

가족, 폭력단, 봉건 군벌, 보험회사, 합명회사, 상품 투기꾼, 그리고 주식과 채권 발행인은 모두 위험을 줄이고 이전시키는 일에 종사하고 있다.

기존의 위험이 줄어들면 보호받는 개인들은 더 많은 위험을 감수하려는 경향이 있다. 거친 폭력집단에 속해 있는 개인은 그가 만나게 되는 다른 사람들에게 폭력집단의 명성의 보호가 없었을 때보다 더 호전적이게 된다. 중세시대 농부들은 자신들의 서비스에 대한 대가로 생산물의 일부를 가져가는 무장한 귀족의 보호가 없었다면, 주위에 강도와 맹수들이 득실대는 곳에서 농사를 짓기 싫어했을 것이다. 공물이라 할지라도 현물로 지급되는 이러한 대가는 보험료와 매한가지이다.

보험 판매에 종사하는 사람들은 기존의 위험뿐만 아니라, 보험에 가입한 결과 보험계약자가 할 수 있는 위험한 행동들의 종류가 늘어난다는 점을 고려해야 한다. 이와 유사한 이유로, 가장 오래 된 보험업자인 가족은 구성원들에게 그들이 성장할 때, 그리고 그후의 특별한 경우에 예상되는 다양한 종류의 위험한 행동을 조심하라고 주의를 준다. 가족이 미혼모 딸의 아이를 보호해야 할 부담을 지게 되는 경우, 보호자로서 더 많이 신경써야 하고, 그녀의 주변 사람들을 심사해야 하며, 나아가 미혼모에게 따라다니는 도덕적 치욕을 감수해야 한다. 이런 대가들이 정부기관으로 옮겨지고 난 후 이 모든 것들은 감소하거나 사라지고 있다.

정부기관

정부기관의 인센티브는 가족이나 보험회사의 그것과는 많이 다르다. 재정적인 자구노력의 일환으로 가족과 보험회사 모두는 어떡해서든 위험한 행동을 단념시키려고 노력해야 한다. 하지만 납세자의 돈으로 재원을 조달하는 정부기관의 경우 위험을 대신 감수해야 하므로, 사람들이 더 많은 위험을 감수하려는 것을 단념시켜야 하는 절박함이 없다. 게다가 정부기관은 비판이 아니라 구조활동을 통해 강력한 정치적 지지를 얻는다. 따라서 홍수, 허리케인, 그리고 다른 자연재해로 피해를 입은 사람들을 돕는 정부의 긴급 프로그램은 집이 파괴된 사람들이 그런 재난이 몇 년에 걸쳐 주기적으로 일어나는 같은 장소에 재건축하는 것을 더 쉽게 해준다. 이와 유사하게, 납세자들의 세금의 지원을 받아 에이즈를 치료하는 의약품과 치료절차를 개발하는 정부 프로그램은 에이즈에 걸리기 쉬운 위험한 행동을 부활시켰다.

유사한 인센티브가 국제적인 차원에서 유사한 결과를 낳는다. 국내기관들과 국제기관들이 다른 국가의 투자자들과 은행들에게 피해를 주는 채무불이행의 가능성이 높고 파산에 직면한 정부를 구제할 준비가 되어 있는 경우, 이런 긴급구제의 가능성으로 인해 사私금융기관들은 투자 위험이 너무 큰 국가들에도 투자하게 된다. 제3세계 국가의 채무에 대한 "구조조정"[1]이나 "관용"을 베풀라는 요구가 간헐적으로 수용됨으로써, 채무국 정부는 부채를 상환해야 하거나 공개적으로 파산을 선언하면 여러 해 동안 돈을 빌리기 더 어려워진다는 것을 알았을 경우보다 더 많은 돈을 빌리려고 한다. 특히 빈곤한 국가와 관련된 국제적 금융위기가 발생하는 경우, 운이 나쁜 사람들을 돕길 바라는 사람들은 장기적인 결과를 간과한 채 일 단계 생각에 그치고 만다.

위험은 피할 수 없는 것이기 때문에 얼마나 많은 위험을 용인할 것인가는 여러 가지 비용들 간에 가중치를 결정하는 문제이다. 그런데 그런 결정을 하는 사람들이 이런 결정에 따른 비용을 지불하지 않거나 일 단계 이상 생각하지 않을 때 이런 일이 이루어지지 않는다. 예를 들어 일정 수의 아이들이 어떤 놀이터에서 놀다가 부상을 당한다면, 놀이터에 있는 그네, 시소 혹은 다른 시설들이 비난의 대상의 되어 철거되거나, 아니면 놀이터를 관리하는 사람들이 고소를 당하게 될 것이다. 그렇지만 사고를 낸 시설들을 철거하거나, 아니면 소송 또는 소송의 두려움 때문에 놀이터가 폐쇄된다면 과연 아이들은 더 안전해질까?

예를 들어 특정한 놀이터에서 놀게 되면 x%의 아이들이 심각한 부상을 입고, 집에 있으면 2x%의 아이들이 같은 정도의 심각한 부상을 입는다고 가정해 보자. 100% 안전한 장소도 없고, 어느 장소도 100% 안전하게 만들 수 없기 때문에 유일하게 의미 있는 질문은, 다른 장소에 비해 한 장소가 상대적으로 더 안전한가와 일정한 비용을 가지고 어느 장소를 더 안전하게 만들 것인가이다. 우리들의 자연스러운 성향은 가능한 한 모든 장소를 안전하게 만들고자 하지만, 실제로 자신이 비용을 지불해야 한다면 그렇게 할 사람은 아무도 없다. 우리는 기꺼이 자신의 자동차 브레이크에 돈을 지불할 용의가 있다. 하지만 첫 번째 브레이크 장치가 우리를 안전하게 하지 못할 경우를 대비해 두 번째 브레이크 장치를 설치하면 더 안전해 질 것이고, 그다지 효과적이지는 않지만 세 번째 브레이크 장치도 여전히 위험을 줄일 수 있다. 하지만 보완적인 브레이크 장치를 추가할 때 부담해야 하는 비용과 이에 따른 위험의 감소를 고려할 때, 대부분의 사람들은 어느 단계가 되면 추가적인 사소한 위험을 줄이기 위해 더 이상 지출을 하지 않는다.

그렇지만 누군가가 위험 감소에 따른 비용을 지불한다면 위험 감소를 중단하는 수준은 많이 달라질 것이다. 예를 들어 소송 때문에 집을 포함해서 아이들이 있을 만한 다른 어떤 장소보다도 안전한 놀이터를 폐쇄하는 대가를 지불해야 할지 모른다. 요약컨대, 누군가가 비용을 지불한다면 미래에 다른 사람들에게 더 큰 위험을 초래하는 것을 대가로 사소한 위험이 보상받게 될지도 모른다. 특정한 위험에 대한 비난을 평가하는 기준으로 제로 위험을 수용해야 한다고 가정하는 것은, 제로 위험이나 "받아들일 수 있는" 위험 대 "받아들일 수 없는" 위험이라는 자의적 기준과 비교되지 않고, 처음부터 한 가지 위험은 다른 위험에 대비해 비교되어야 한다고 이해하는 것보다 더 큰 위험을 초래한다.

소유권 공유

소유권을 공유하는 것은 위험을 줄이는 오래된 또 다른 방법이다. 목선을 타던 시대에 이런 배 한 척을 바다에서 소실할 위험은 오늘날보다 훨씬 높았다. 일부 선주들은 혼자서 특정한 배 한 척의 소유권을 갖는 대신 열 척의 다른 배들의 소유권을 1/10씩 소유하는 방법으로 자신을 보호했다. 배의 수가 늘어난다는 것이 이들 가운데 한 척이 침몰할 위험이 커진다는 것을 의미했던 반면, 배 한 척을 소유하는 경우에 비해 치명적인 손실의 가능성을 줄여주었다. 전체 선단을 완전히 소유할 정도로 부자인 선주들은 그런 방법으로 위험을 분산시켰다.

이와 유사하게 현대 기업들은 개인들이 어떤 특정한 기업을 소유하지 않고, 많은 다른 기업들의 주식을 소유함으로써 위험을 분산시키도록 해준다. 그렇지만 자신이 근무하는 기업의 주식을 소유하는 종업원들은 위험 분산의 완벽한 혜택을 받지 못한다. 왜냐하면 자신의 직장뿐만 아니라 실직이든 퇴직이든 자신이 더 이상 일자리가 없을 때 의지할 수 있는 돈, 이 모두가 동일한 기업의 운명에 달려 있기 때문이다. 2002년 미국 기업들 가운데 잘 알려진 여러 가지 스캔들로 파산한 기업들의 종업원들은 위험을 분산시키는 대신 집중시킨 결과 커다란 재앙을 경험했다.

기업뿐만 아니라 종업원들 또한 개개인에게 덜 부담되는 방식으로 자신들의 위험을 공유해 왔다. 상조회는 특정 직종이나 산업에 있는 종업원들, 특정 인종집단, 혹은 특정 지역의 주민들 사이에서 생겨났다. 상조회 구성원들은 작은 금액을 공동 기금에 출자함으로써 질병이나 부상으로 인한 장애로 고통받는 사람들이 기금으로부터 지급된 보상금으로 재정적 부담을 덜 수 있도록 해주었다. 여기서는 고의로 좀더 위험한 행동에 참여하는 데 따른 위험이 최소화될 수 있었다. 그 이유는 무엇보다 고통과 사망 가능성 때문이었으며, 또한 더 규모가 크고 비개인적인 기관들보다 꾀병이나 사기성 부당청구를 더 잘 감시할 수 있는 상조회의 다른 구성원에게 알려진다는 점 때문이었다.

안전 운동

최근에 위험을 다루는 매우 다른 종류의 기관이 생겨나고 있다. 이것은 홍보, 소송 혹은 규제를 통해 안전요건들을 강요하는 데 헌신하고 있는 사설조직이나 운동을 말한다. 여기에는 "공익" 법률회사, 그리고 소위 "공공이익의 과학센터"와 같은 이념적 조직과 운동 및 "국립고속도로 안전관리공단"과 같은 정부기관들이 포함된다. 이러한 조직들은 상조회나 보험회사처럼 자신들이 제공하는 서비스에 대해 직접적으로 비용을 청구하지 않기 때문에 소송, 기부금 혹은 세금을 이용해 자신들을 지원하는 자금을 모아야 한다. 달리 말하면, 돈벌이가 되는 유일한 상품이나 서비스는 두려움이다. 그리고 그들의 인센티브는 배심원, 국회의원, 그리고 일반 대중들에게서 가능한 한 많은 두려움을 유발시키는 것이다.

스스로 위험을 평가하는 개인들이 얼마만큼의 위험 감소를 추구할 것인가는 비용에 의해 제약을 받는 반면, 다른 사람의 돈으로 위험 감소에 소요되는 비용을 지불하는 사람들의 경우 위험 감소의 규모에는 아무런 제약이 없다. 그리고 사실이 무엇이든지 간에 그런 사람들이 특정한 위험으로부터 얼마나 많은 두려움을 만들어 내는가, 또는 얼마만큼 위험 감소가 일어나든지 간에 그들이 이에 대해 얼마나 많은 공로를 주장할 것인가에 대해서도 아무런 제약이 없다.

자동차 안전은 두려움을 만들어냄으로써 자신의 돈과 힘을 얻고 있는 단체와 운동에 의해 이루어지는 제3자 안전결정의 전형적인 예이다. 제3자 안전을 추구하는 개혁운동가들은 위험에 처한 사람들이 스스로 대안을 선택하고 비용을 지불하는 위험 감소 과정과는 반대의 방식으로 활동한다. 제3자 안전조직이나 안전운동은 얼마만큼의 비용으로 얼마만큼의 위험을 줄여야 하는가 하는 핵심문제를 전혀 거론하지 않는다. 또한 위험들이 서로 비교 · 평가되지도 않는다. 대신에, 주제는 어떤 것이 "불안전"하므로 안전하게 만들 필요가 있다는 것이다. 이런 주장의 핵심은, 현존하는 위험들은 현재의 보호수단이 부적합하거나 관리하는 사람들이 충분히 양심적이지 못하다는 것, 혹은 이 두 가지 사실 모두를 보여주고 있다는 것이다. 따라서 이러한 주장에 따르면, 대중을 보호하기 위해 권력과 돈이 새로운 사람과 새로운 기관에 귀속될 필요가 있다.

이러한 주장은 말 그대로 100% 안전한 것은 없기 때문에 거의 모든 것에 적용될 수 있다. 이것은 의약, 살충제, 원자력, 자동차, 그리고 많은 다른 대상에 이용되었다. 예를 들어 원자력 발전소의 안전이 쟁점인 경우 원자력 발전이 안전한가에 대한 대답은 분명히 "아니오" 이다. 만약 원자력 발전이 안전하다면, 그것은 지구상에서 유일하게 안전한 것이리라. 여러분이 읽고 있는 이 페이지는 안전하지 않다. 종이에 불이 붙는다면 다른 것에 번져 여러분과 집을 함께 태워버릴 수 있다. 자신의 위험을 다루는 데 자신의 돈을 사용하는 사람들에게 의미 있는 유일한 질문은 모든 책, 잡지 혹은 신문의 모든 페이지를 내화성으로 만드는 데 드는 비용이 그만한 가치가 있는가 하는 것이다.

원자력의 경우 비용문제 이외에 안전의 문제는 무엇과 비교해서인가이다. 수력발전용 댐을 이용해 전기를 만들거나 화석연료를 이용해 전기를 만드는 경우와 비교할 것인가, 아니면 좀더 어두운 조명을 함으로써 전기 사용을 줄이거나 전기로 작동되는 여러 가지 기구들의 사용을 포기하고 대체 동력원을 발굴할 가능성과 비교할 것인가? 일단 논의가 소요되는 비용과 위험의 감소 간의 상충관계에 관한 것으로 바뀐다면, 원자력은 가장 안전한 선택 가운데 하나이다. 하지만 원자력이든 다른 어떤 것이든 결코 안전하다고 단정할 수는 없다.

비용을 지불하는 사람들이 내려야 하는 안전 결정에서 핵심적인 위치를 차지하는 이런 질문은 제3자 안전을 추진하는 개혁운동가들에게서는 찾아볼 수 없다. 20세기 후반 등장한 제3자 안전을 옹호하는 집단들은 비용과 위험 간의 한계적 분석 대신에 단정적인 수사법을 동원했으며, 부상과 사망의 순손실을 최소화하기보다는 두려움을 극대화하는 인센티브를 선택했다.

이러한 경향에 하나의 이정표가 된 것이, 일반적으로는 미국 자동차, 그리고 특별하게는 코베어*Corvair*라는 자동차의 안전을 공격했던 랠프 네이더의 1965년 저서, 『어떤 속도에서도 불안전한 것』*Unsafe at Any Speed* 이었다. 이 책은 하나의 중요한 정치적 경향의 시작이란 점에서 역사적으로 중요할 뿐만 아니라, 위험과 안전의 문제를 다루는 많은 다른 출판물들, 정치인들, 그리고 조직들이 따라야 했던 설득방법의 한 가지 패턴을 확립했다는 점에서도 중요하다. 그러므로 이 패턴은 수십 년이 지난 지금에도 면밀히 살펴볼 가치가 있다.

『어떤 속도에서도 불안전한 것』의 주제는, 자동차 제조회사들이 제조비용을 절감하고, 안전장치들로 인해 스타일이 방해받지 않도록 하기 위해 안전을 무시했기 때문에 미국 자동차들이 안전하지 않다는 것이다. 소비자들은 안전과 관련된 어떤 행동을 하는 데 있어 무기력하고, 따라서 그들을 보호하기 위해 정부의 개입이 필요한 것으로 묘사되었다.

네이더에 따르면, "자동차 이용자"들은 보다 더 안전한 자동차의 디자인을 지시할 수 있는 위치에 있지 않다. 달리 말하면, "미국 자동차는 오직 제조업자가 설정한 표준에 따라 생산된다"는 것이다. 좀더 일반적으로 말해 "현대의 삶에서 커다란 문제 가운데 하나는 응용과학과 기술의 해로운 영향을 무시하는 경제적 이해관계 집단의 힘을 어떻게 통제해야 하는가이다."

『어떤 속도에서도 불안전한 것』은 어떤 구체적인 증거를 제시하지 않은 채 자동차업계 전반, 특히 코베어 차종에 관한 여러 결정적인 믿음을 성공적으로 확립시킨 설득기술의 걸작이었다. 이러한 믿음의 첫 번째는 미국 자동차는 위험하고 점점 더 그렇게 될 것이라는 것이다. 네이더는 자신의 책 서문의 첫째 문장에서 다음과 같이 말했다.

> 반세기에 걸쳐 자동차는 수백만 명의 사람들에게 죽음, 부상, 그리고 헤아릴 수 없는 슬픔과 상실을 초래했다. 이러한 대규모 외상外傷은, 메데아[2] *Medea*와 같은 강도強度로, 자동차로 인한 생소하고 예상치 못한 참혹한 피해를 반영하면서 4년 전부터 급격하게 증가하기 시작했다.

그의 책에는 그가 내린 결론을 넌지시 암시하는 많은 비화와 선택적인 인용들이 풍부하다. 그렇지만 네이더는 미국 대 다른 국가들, 코베어 대 다른 자동차들, 또는 자본주의적 인센티브 하에서 자동차를 생산하는 국가들과 사회주의체제 국가를 비교하는 어떤 관점에서도 미국에서 발생한 자동차 사고 사망률을 제시하지 않았다. 그런 자료는 네이더가 내린 결론 가운데 어떤 것도 지지하지 않았을 것이다. 이 걸작의 우수성은 다양한 수사적 장치를 통해 그런 경험적 증거를 불필요한 것으로 만들었다는 데 있다. 예를 들어 그는 코베어를 "아마도 미국인들이 이용할 수 있는 모든 면에서 최악의 승용차"로 간주했던 한 비평가를 인용했다. 그리고 네이더는 이것을 "그처럼 안전이 떨어지는 자동차를 생산한 GM 내의 공학기술과 경영활동" 탓으로 돌렸다. 물론 코베어와 그 차의 핸들링 성능을 좀더 우호적으로 평가한 전문가들은 인용되지 않았다.

"반세기" 동안 일어났었던 일에 관해 네이더 자신이 맹렬히 주장했음에도 불구하고, 그는 그 기간을 포괄하는 어떤 통계자료도 제시하지 않았다. 오히려 이용할 수 있는 자료들에 의하면 『어떤 속도에서도 불안전한 것』에서 시사했던 것과 정반대되는 장기적인 경향을 보여주었다. 네이더의 주장대로 자동차 사고가 증가하고 있었던 것이 사실인 반면, 미국 인구도 증가하고 있었고, 도로상의 자동차 수, 그리고 운행거리가 늘어나고 있었던 것 또한 사실이다. 인구에 비례해 볼 때 1965년 『어떤 속도에서도 불안전한 것』이 출판되었을 당시 자동차 사망률은 1920년의 절반도 되지 않았다. 운행된 수백만 마일의 자동차 운행거리에 비례해서 볼 때 사망률은 1920년의 1/3이 채 되지 않았다.

오랜 기간에 걸친 대부분의 통계들처럼, 이러한 비율에는 변동이 있다. 『어떤 속도에서도 불안전한 것』이 출판되기 직전 이러한 비율은 다소 상승하는 추세였다. 그렇지만 무기력한 소비자, 기업의 탐욕, 그리고 부적절한 정부규제로 점철되었던 앞선 수십 년간, 도로는 더 혼잡해지고 자동차의 속도는 증가했음에도 불구하고, 이전에 비해 낮아진 사망률에서 드러난 것처럼 미국 자동차의 안전은 극적으로 증가했다. 그렇지만 안전 옹호론자들과 대부분의 미디어는 수십 년간에 걸친 자동차 사고 사망률의 지속적인 감소 추세는 네이더의 책에 영향을 받아 자동차 안전을 규제하는 연방기구가 창설된 덕분이라고 평가했다. 이러한 결론은 이전의 역사를 간과하고 "구조된 사람들"을 지속적인 사망률 감소의 장기적인 추세라고 간주하는 편의주의적인 방법에 의해 도출되었다.

코베어에게는 무슨 일이 일어났는가? 이 점에서 네이더는 커다란 성공을 거두었다. 그에 의한 불리한 홍보는 바로 판매 감소로 이어져 GM은 코베어의 생산을 중단했다. 몇 년 후, 미국 교통부가 실시한 대규모 테스트는 코베어의 안전이 같은 시기 유사 차종들과 견줄 만하다는 것을 보여주었고, 코베어의 성능이 적어도 동시대의 일부 국산 및 수입 차량들의 성능과 맞먹는다고 결론내렸다. 물론 그 당시에 이런 정보는 너무 늦어서 아무 의미가 없었다. 네이더의 사례에 의해 고무된 나중의 개혁가들을 위해 모범사례를 만들려는 안전 개혁운동으로 인해 그 차는 단종되었다.

후미 엔진 디자인 때문에 코베어는 몇몇 특별한 사고를 잘 냈지만, 한편으로 다른 사고는 덜 냈다. 엔진의 위치는 자동차의 물리적 현상에 영향을 미친다. 따라서 이로 인해 자동차가 더 영향받기 쉬운 사고의 종류와 덜 영향받기 쉬운 사고의 종류가 결정된다. 단순히 첫 번째 종류의 사고만을 강조하고 두 번째 종류는 간과함으로써 코베어는 안전하지 못한 차로 묘사될 수 있다. 비슷한 전략으로 여러분들이 정도의 문제와 대안을 무시한다면, 궁극적으로 모든 것이 불안전하기 때문에 거의 모든 것을 불안전하게 만들 수 있다.

엔진의 위치와 관련해서뿐만 아니라 제3자가 자동차에 설치되어야 한다고 생각하는 모든 안전장치에 대한 소비자들의 지불의사와 관련해서도 상충관계*trade-offs*가 존재한다. 하지만 상충관계의 시각은 자동차와 관련해서만이 아니라 많은 안전 개혁운동가들을 약화시켰다. 네이더는 상충관계에 관한 논의들을 "자동차산업의 위선", 즉 사실적이거나 논리적인 대응을 불필요한 것으로 만드는 수사학적인 대응이라고 무시했다.

많은 사람들의 목숨을 구하기도 했고 앗아가기도 했던 백신과 의약품의 안전과 관련해서 안전 개혁운동가들은 유사한 접근방법을 택했다. 그런 약들이 아무리 많은 생명을 구했을지라도, 백신 접종이나 약물 투여의 결과 아주 적은 수의 사람들이 죽는다는 비극을 피할 수는 없다. 심지어 땅콩버터처럼 흔하고 무해한 물질도 어떤 사람에게는 치명적이다. 만약 특정 백신이 백만 명의 아이들에게 투여된다면, 그중 대부분의 아이들에게는 전혀 영향이 없을 것이다. 그들은 백신으로 인한 부작용이나 질병에 걸리지 않을 것이다. 하지만 물론 어떤 아이가 백신에 취약한 아이인지 미리 알 수 있는 방법은 없다. 만약 그들 가운데 만 명이 백신이 보호해 주는 질병으로 인해 치명적인 상태에 빠진다면, 아마도 20명은 백신 자체 때문에 그 병에 걸려 결국 죽게 될 것이다.

방송 카메라가 사망한 20명의 아이들 가운데 자신이 아이에게 백신 접종을 시키지 않았더라면 아이가 여전히 살아 있지 않았을까 스스로를 탓하면서 달랠 길 없는 슬픔에 울부짖는 한 어머니의 분노를 포착하는 것처럼 쉬운 일은 없다. 자신의 자녀에게 백신을 접종했다는 이유로 이러한 분노를 경험하게 될 다른 만 명의 어머니에 누가 포함될지 알 방법은 없다. 텔레비전 시청자들에게 결코 다른 종류의 백신이나 약품이 없다는 사실을 알리지 않은 상태에서 안전 개혁운동가들이 "불안전한" 백신이나 약을 생산한 기업을 비난하는 것보다 더 쉬운 일은 없다.

보험과 재보험

보험회사들은 여러 가지 불행으로 고통받는 보험계약자에게 간단히 보상해 주지는 않는다. 그들은 우선 가족의 경우처럼 이러한 불행을 초래하는 위험을 줄이고자 한다. 보험회사가 보험계약자들이 감수하는 위험을 억제하는 것보다 가족이 구성원을 감독하고 주의를 주는 데 있어 더 우월한 능력을 가지고 있다. 그래서 보험회사들은 다른 방법으로 스스로를 보호하려고 애쓴다. 한 가지 방법은 보험증권을 발급하는 전제조건으로 위험의 감소를 요구하거나 위험의 정도에 따라 보험료를 달리하는 것이다. 흡연자들은 비흡연자보다 더 많은 생명보험료를 내야 한다. 보험회사들은 종종 보험증권 상에 보험가입자들이 피해액 가운데 일정 금액(기초공제액이라고 한다)을 부담한 이후에 나머지를 지불한다는 조건을 포함시킨다.

가족과 마찬가지로, 보험회사 역시 개인들에게 위험에 대한 정보를 제공함으로써 자신의 위험을 줄인다. 보험회사는 종종 건강한 생활, 안전운전, 그리고 화재나 다른 위험을 피하는 방법에 대한 책자를 발행한다. 보험협회는 여러 제조회사와 여러 모델의 자동차에 대한 충돌 테스트를 실시해 그 결과를 공표한다. 이를 통해 보험회사에게 다른 종류의 자동차를 보증하는 데 책정해야 할 기본 보험료에 대한 정보를 제공하는 것 이외에, 국민들에게는 정보를 제공하고 자동차 업체들에게는 더 안전한 자동차를 생산하도록 압력을 가한다. 자동차 사망률 감소에 대한 자료들은, 비록 네이더는 반대로 주장했지만, 자동차 제조업체들이 안전에 대한 소비자의 욕구에 부응하고 있음을 보여준다.

보험은 위험을 줄일 뿐만 아니라 최소의 비용으로 감당할 수 있는 곳으로 위험을 이전시킨다. 누구도 언제 자신의 집에 화재가 나거나 자동차 사고가 발생할지 알 수 없다. 하지만 보험회사가 수백만 주택과 자동차들을 보험에 가입시킬 때 보험회사의 총체적인 예측능력은 개별적으로 무엇이 일어날지 예측하는 개인의 능력보다 훨씬 뛰어나다. 달리 표현하면, 보험회사가 손실을 보전하는 데 필요한 재원을 마련하는 데 소요되는 비용은 보험에 가입한 개인들이 동일한 확률로 같은 손실을 보전하는 데 소요되는 비용보다 적다.

이것은 단순히 특정 보험회사나 그들의 보험계약자들에게 혜택을 주는 금융적인 조정이 아니다. 사회 전체의 관점에서 볼 때, 보험이 위험과 그런 위험의 비용을 줄여줄 때 경제 전반에 걸쳐 더 적은 자원이 유휴상태에 있게 된다. 주택이나 기업 소유주들이 보험료를 냄으로써 화재, 홍수, 그리고 다른 손해의 위험을 보험회사에 이전시키는 것처럼, 보험회사도 가격을 지불하고 자신들의 위험의 일부를 재보험회사로 이전시킬 수 있다. 두 경우 모두에서 위험은 단순히 이전되는 것이 아니라 감소된다.

미국 중서부에 위치한 특정한 보험회사가 오하이오 계곡에 위치한 주택 소유자들에게 집중적으로 보험증권을 판매한다면, 그 계곡에서 발생하는 홍수는 그런 보험회사에 재정적으로 치명적일 수 있다. 하지만 만약 스위스 재보험회사와 같은 재보험업자에게 보험책임의 대부분을 이전시킨다면, 오하이오 계곡, 라인 계곡, 나일 계곡 및 다뉴브 계곡 등에서 동시에 일어나는 홍수로 인해 이 국제적인 재보험업자가 감당해야 하는 위험은 그 지역에서 일어나는 홍수로 인해 지역 보험회사가 감당해야 하는 위험보다 훨씬 적다.

세계적으로 백 개 이상의 우수한 재보험업자들이 있기 때문에, 한 재보험업자가 오하이오 계곡에 대한 모든 보험책임을 지지는 않을 것이다. 그리고 개별 재보험업자는 지역 보험업자들보다 지리학적으로 더 광범위하게 분산된 위험들을 감당하면 된다. 간단히 말해, 보험 및 재보험 산업 전체는 특정한 지역의 1차 보험회사보다 훨씬 적은 위험을 부담하게 될 것이다. 그리고 이것은 1차 보험회사가 특정한 지역에 집중된 고객을 갖고 있는 경우에는 더욱 현저하다. 따라서 전 세계의 여러 강변에 위치하고 있는 가정과 기업들에게 보험을 제공하는 것이 그러한 강들 가운데 하나의 강변에 위치한 가정과 기업들에게 보험을 제공하는 것에 비해 상대적으로 저렴하다.

달리 말하면, 재보험이 없는 경우, 중국뿐만 아니라 피지, 덴마크, 호주, 이집트, 그리고 아르헨티나의 기업과 가정에 재보험을 제공하고 있는 스웨덴이나 미국의 보험회사들이 위험의 일부를 감당하는 경우에 비해 중국의 기업과 가정은 위험으로부터 보호받기 위해 돈이나 이에 상응하는 물질적 자원들을 더 많이 비축해야만 한다. 스위스 재보험회사로부터의 즉각적인 자금이체를 통해 몇 시간 안에 일본에서 공수될 장비와 물품을 구입할 수 있다면, 양쯔 강 유역의 홍수에 대비하기 위해 대량으로 비축된 장비와 물품—집에서 내몰린 사람들을 수용할 텐트, 그들에게 줄 캔이나 보존식품, 피해를 복구하고 재건설하기 위한 장비 등—의 총액은 훨씬 줄어들 것이다.

영국의 시사경제지인 『이코노미스트』가 "중국은 다른 용도에 사용될 수 있는 자본을 낭비하고 있다"고 지적했던 것처럼, 중국은 국제적인 재보험업자가 제공하는 재보험에 가입되어 있는 경우에 비해 홍수, 화재, 그리고 다른 재앙들에 대비해 훨씬 더 많은 자본을 비축하고 있다. 보험, 재보험, 그리고 다른 위험분담 활동들로 인해 위험에 대비해 일정 수준의 보호를 제공하는 데 세계적으로 더 적은 유휴자원이 소요된다. 이것은 삶의 기준을 향상시키고, 의료연구를 지원하거나 경제발전을 촉진하는 데 더 많은 유휴자원을 사용할 수 있다는 것을 의미한다.

더 작은 위험은 더 적은 비용을 의미하고, 보험과 재보험회사 간의 시장경쟁으로 인해 더 적은 보험료로 비용을 충당하는 가운데 보험회사가 사업을 유지할 수 있다는 것을 의미한다.[3] 위험의 지정학적인 배분이 재보험업의 한 가지 이유를 제공하지만, 그것이 유일한 이유는 아니다. 예를 들어 미국 생명보험사의 2/3 이상 역시 재보험을 제공한다.

첫 번째 장에서 지적한 것처럼, 1999년 인도를 강타한 사이클론과 같은 자연재해에 대응하는 정치적 인센티브는, 다른 국가나 국제기구로부터의 원조를 구함으로써 희생자를 가능한 빨리 구출하기보다는 오히려 인도 정부당국의 체면을 지켜주는 데 있었다. 그렇지만 경쟁적인 시장에서 신속한 대응을 할 수 있다는 보험회사의 명성은 엄청나게 소중한 자산이다. 1906년에 발생한 파괴적인 샌프란시스코 지진과 화재의 희생자들에게 신속하게 돈을 전해준 스위스 재보험회사는 국제적인 명성을 얻었으며, 세계로 사업을 확장할 수 있었다.

샌프란시스코 재앙에 따른 엄청난 지불청구로 인해 보험료 수입의 절반을 지불했지만, 그 결과 스위스 재보험회사는 지속적으로 성장해 두 차례의 세계대전 기간에 세계에서 가장 큰 재보험회사가 되었다.

보험에 대한 정부규제

미국에서 보험회사에 대한 주州정부의 규제는 보험산업에 또 다른 특징을 부여한다. 보험 규제의 정치학은 보험회사가 위험을 줄이는 과정이 종종 정치적으로 공격을 받기 때문에 경제학이 시사하는 것보다 더 복잡하다. 예를 들어 흠잡을 데 없는 기록을 가진 안전한 운전자가 다른 운전자들이 사고를 많이 내는 지역에 살고 있다는 이유로 더 비싼 보험료를 지불해야 하는 것은 불공평하다고 생각하는 사람들이 있다. 하지만 자동차에 있어 위험은 오로지 차량 소유자나 운전자에게만 의존하는 것이 아니다. 파괴, 절도, 또는 사고의 위험을 야기하는 다른 사람들에게도 의존한다.

여성들이 남성보다 더 오래 살아 보험회사가 여성에게 연금을 제공하는 데 더 많은 비용이 소요되는 경우나, 흑인이 백인보다 평균수명이 짧기 때문에 흑인에게 생명보험을 제공하는 데 더 많은 비용이 소요되는 경우에도 유사한 문제가 발생한다. 특정 연령계층[4]에서의 높은 자동차 사고율 또한 이 계층에 속해 있는 개인이 흠잡을 데 없는 안전기록을 가지고 있다 하더라도 더 높은 보험료를 지불하게 만든다. 주의 법과 규제로 인해 보험회사들은 이러한 차이점에 근거해 서로 다른 보험계약자에게 보험료를 부과할 때 차등을 둘 수 없다. 하지만 개인들에 대한 이러한 공평 의식은 전반적으로는 위험을 증가시켜 결국 계약자들이 일반적으로 더 높은 보험료를 부담하게 만든다.

자동차 보험료율에 대한 주정부의 규정은 특히 두 부류—매우 안전한 운전자와 매우 위험한 운전자—의 자동차 운전자들에게 영향을 미친다. 자유시장에서 안전한 운전자의 자동차보험 비용은 후자에 대한 비용보다 훨씬 낮을 것이다. 하지만 "공평"에 대한 정치적 정의로 인해, 일 단계 이상을 생각하지 않은 채 정책이 결정되는 경우에 특히 안전한 운전자들은 불안전한 운전자를 보조해 주는 결과를 초래한다.

주 공무원이 자동차 보험료를 책정할 때, 그들은 종종 사고기록이나 심각한 교통법규 위반경력이 있는 운전자의 보험료가 자유시장에서 결정되는 높은 수준까지 상승하도록 허용하지 않을 것이다. 이러한 유형의 운전자들이 낸 보험료로는 그들로 인해 발생하는 모든 비용을 감당하기 어려울 것 같을 때, 보험회사들은 그러한 운전자들에게 보험을 제공하지 않으려 한다. 이런 경우 흔한 정치적 해결책은 정규 채널을 통해서는 보험에 가입할 수 없는 "고高위험" 운전자들의 그룹을 만드는 것이다. 보험사들은 이러한 고위험 운전자들을 서로 분담할 수밖에 없게 되고, 보험료율은 일반적으로 보험업자가 고위험 그룹에 속한 운전자들을 포함해 모든 운전자들로 인해 발생하는 손실을 감당할 수 있는 수준에서 정해진다.

이것이 의미하는 바는, 다른 운전자들이 고위험 운전자들을 보조하고 있다는 것이다. 일 단계를 넘어 생각해 보면, 이것은 또한 더 많은 보행자와 운전자들이 부상이나 사망으로 인해 고통받게 될 수 있다는 것을 의미한다. 왜냐하면 부주의한 운전자들로 인해 일어난 피해를 보상할 만큼 매우 높은 수준으로 자동차 보험료율이 인상되었을 경우보다 더 많은 고위험 운전자들이 일반 도로나 고속도로에서 운전을 할 수 있기 때문이다. 이로 인한 다른 결과에는 다음과 같은 것도 포함된다. 비용이 상승하고 있음에도 불구하고 정부규제로 인해 보험료율이 지속적으로 낮게 유지되면, 점점 더 많은 운전자들이 정규 채널을 통해서는 보험에 가입할 수 없게 될 것이고, 결국 고위험 그룹에 포함될 것이다. 예를 들어 뉴저지 주에서는 1970년대 초에는 오직 운전자의 12%만이 고위험 그룹에 속해 있었으나, 10년이 지나고 나서는 거의 절반 정도가 고위험 그룹의 일원이 되었다.

자동차보험 규제와 관련된 뉴저지 주의 경험은 유일한 것이 아니다. 또한 보험료율을 산정할 때 정치적 기준이 경제적 기준을 뒤엎는 관행이 자동차보험에만 국한된 것도 아니다. 다른 종류의 보험과 마찬가지로, 저위험의 사람들이 고위험의 사람들을 보조해 주는 것의 순효과는 고위험의 사람들이 재정적 손실과 제3자의 생명을 앗아가거나 부상을 입히는 결과를 초래할 수 있는 더 위험한 행동을 하게 된다는 것이다.

그렇다고 이것이 보험과 관련해 정부가 유용한 역할을 할 수 없다는 것은 아니다. 자유시장에서는 두 가지 중요한 문제들이 보험회사에 영향을 미친다. 하나는 이미 앞에서 논의했던 것으로, 보험에 가입한 사람이 결과적으로 더 위험한 행동을 하게 된다는 것이다. 이것은 "도덕적 해이"[5] *moral hazard*라 불린다. 다른 하나는, 일부 사람들은 보험에 가입하기로 결정하고 나머지 사람들은 보험에 가입하지 않기로 결정할 때, 위험을 가장 크게 느끼는 사람들이 더 많이 보험에 가입하고자 할 것이라는 점이다. 따라서 인구 전체와 관련된 위험에 관한 일반 통계는 보험에 가입하기로 결정한 사람들의 위험 쪽으로 편향偏向되기 쉽다. 이것은 "역선택"[6] *adverse selection*이라 불린다.

위험한 행동에 대한 정부의 규제—예를 들어 가정에 가연성 물질을 보관하는 것이나 음주상태로 운전하는 것을 금지시키는 법—는 도덕적 해이의 위험성을 줄일 수 있다. 그리고 운전을 하는 모든 사람에게 자동차보험에 가입하도록 요구하는 법은 역선택의 문제를 해결할 수 있다. 그렇지만 다른 상황에서처럼 정부가 때때로 자유시장에서 발생하는 상황을 개선할 수 있다고 해서 자신의 행동을 그런 유용한 것들에 국한시킬 것이라는 보장은 없다. 시장에 도움을 주는 정부의 개입에 반생산적인 정부의 개입을 합친다면, 최종 결과가 어떻게 될지 분명치 않다.

위험의 경제학

안전은 아무리 배우고 익혀도 지나치지 않은 것처럼 보인다. 하지만 일상생활에서 우리가 하는 모든 것들은 그러한 결론과 모순된다. 때로는 우리가 하는 행동이 우리가 하는 말보다 더 일리가 있다. 위험을 줄이는 데는 비용이 든다. 우리는 일부 위험에 대해서는 기꺼이 지불하려 하고, 다른 위험에 대해서는 그렇지 않다. 이미 언급했듯이, 이런 말들이 적혀 있는 바로 이 책의 종이도 위험하다. 여러분이 마시는 물, 먹는 음식, 호흡하는 공기도 마찬가지이다. 햇빛은 피부암을 유발한다. 운동을 하는 것도 안전하지 않고, 하지 않는 것도 안전하지 않다. 이 모든 경우에서 의미 있는 유일한 질문은 다른 대안들과 비교해 위험의 정도가 얼마인지와 일정 규모의 위험을 줄이는 데 얼마만큼의 비용이 소요되는가이다.

모든 비용이 금전적 비용을 의미하지는 않는다. 위험을 줄이는 데 드는 비용에는 스키 타기, 보트 타기, 암벽 등반, 스케이트보드 타기 및 다른 위험한 활동을 통해 얻는 즐거움을 포기하는 것이 포함된다. 사실 어떤 것도 100% 안전하지 않기 때문에 궁극적으로 위험한 활동들만이 존재한다. 그렇지만 어느 누구도 우리가 수동적으로 아무런 활동도 하지 말라고 제안하지는 않는다. 아무것도 안 하는 것 또한 그 자체로 위험하다. 이 경우 우리가 일관성을 유지하려면 피부암을 유발하는 햇빛을 피해야 한다. 한편 우리들 대부분은 사자 우리에 들어가거나 출퇴근 시간에 지름길이라고 고속도로를 가로질러 건너지는 않을 것이다. 달리 말하면, 개인별로 다르지만 우리가 기꺼이 감수하려는 위험과 그렇지 않은 위험 모두 비용과 혜택을 고려한다는 점에서는 공통적이다. 탱크가 자동차보다 안전할지라도, 돈으로든 또는 출퇴근에 걸리는 시간으로든 비용을 지불할 가치가 없기 때문에 우리는 탱크를 몰고 직장에 가지 않는다.

그렇지만 우리는 안전에 관한 포괄적인 수사에 동의하거나, 심지어 그러한 수사를 사용하는 사람들에게 표를 던진다. 그럼에도 불구하고 우리는 우리의 삶에서 선택에 직면했을 때 추가적 안전과 추가적 비용을 비교 · 평가한다. 우리는 6/1의 확률로 죽을지도 모르는 러시아 룰렛 게임을 하지 않는 것이 좋을 거라고 생각할 것이다. 그러나 6백만분의 1의 확률을 갖는 뜻밖의 사고를 피하기 위해 몇 천 달러를 지불할 가치가 없다고 생각할 것이다. 실제로 6백만분의 1의 확률을 피하는 데 드는 비용이 그저 불편함이라고 하더라도, 어떤 사람들은 그것마저 지불하려 하지 않을 것이다. 간단히 말해, 단정적 관점에서 안전을 논하는 사람들은 "단지 한 생명을 구하기 위해서라도 어떤 대가든 치를 가치가 있다" 고 말하지만, 그들조차 실생활에서는 단정적 결정이 아니라 비용과 혜택을 비교해 안전이 마치 추가적 결정인 것처럼 행동한다.

어떤 임의의 안전과 관련된 비용 가운데 하나는 다른 종류의 위험을 증가시키는 것이다. 예를 들어 기차를 더 느리게 운행하게 하고, 차 간 거리를 늘리며, 기차의 무게를 줄임으로써 기차를 정지시키는 데 필요한 거리를 줄이기 위해 기차당 차량 수를 줄이면 지하철을 더 안전하게 할 수 있다. 하지만 이러한 것들은 출퇴근 시간 이용객의 수를 감소시킬 뿐이다. 사람들은 어쨌든 직장에 가야 하기 때문에 다른 교통수단을 찾게 된다. 그러한 교통수단의 대부분은 지하철보다 더 높은 사망률을 수반한다. 요약하면, 당신은 다른 곳에서 위험을 증가시키는 정책을 통해 지하철에서의 위험을 줄일 수 있다.

제2차 세계대전 기간 중 일본 전투기 조종사들은 공중전에 참전할 때 보통 낙하산을 착용하지 않았다. 전쟁 후 조종사들 가운데 한 명이 말한 것처럼, 모든 조종사에게 낙하산이 지급되었음에도 불구하고, 한순간의 반응이 생사를 결정하는 순간에 낙하산이 "조종석에서의 움직임을 불편하게" 하고, "낙하산의 고리와 끈으로 인해 팔다리를 신속히 움직이기 어려웠기" 때문에 "낙하산 없이 비행하려는 결정"은 조종사들 스스로 내린 것이었다. 달리 말하면, 낙하산을 사용하는 것이 격추될 가능성을 증가시킨다.[7] 지하철과 다른 경우에서처럼 한 종류의 안전의 증가는 다른 위험을 증가시킬 수 있다.

여기서 우리는 의사결정에서 중요한 차이, 즉 자신을 위해 의사결정을 하는 개인과 남을 위해 의사결정을 하는 제3자 간의 차이를 접하게 된다. 지하철 승객들은 항상 직장에 갈 수 있는 다른 수단을 사용할 수 있는 선택권이 있다. 하지만 그들이, 지하철이 안전기준을 100% 충족시키지 못한다고 해서 다른 수단으로 바꿀 것 같지는 않다. 그러나 다른 사람들을 위해 의사결정을 하는 사람들은 어떤가? 만약 최근에 수많은 희생자를 낸 비극적이고 잘 알려진 지하철 사고가 있었다면, 지하철의 안전을 더 높이라는 정치적 주장 때문에 관계당국은 지하철의 속도를 줄이고, 기차당 차량의 수를 줄이며, 기차의 배차 간격을 더 길게 하도록 요구할 것이다.

게다가 시간이 지나 이러한 정책이 지하철에서의 사고와 부상을 줄였음을 보여주면, 그러한 정책을 제도화한 공무원은 자신의 공적을 주장하는 데 주저하지 않을 것이다. 대부분의 유권자들 역시 출퇴근 시간 동안 모든 종류의 교통수단으로 인한 부상자와 사망자를 합친 총 수에 대해 관심을 보이지는 않을 것이다. 그것은 일 단계 이상을 생각할 것을 요구하는 것이다. 간단히 말해, 자신을 위한 개인적 의사결정은 추가적인 비용에 대비한 추가적 혜택을 비교하는 데 더 많은 관심을 보일지라도, 정치적 장場에서는 단정적 추론과 일 단계 사고에 기초한 제3자의 결정이 종종 성공을 거둔다. 수사적 능력이 있는 사람들은 자신을 위해 의사결정을 내려야 하는 사람들이 고려할 가능성이 높은 숨겨진 비용을 쉽게 무시할 수 있다.

어떤 상황에서는 일 단계에서의 신중함이 장기적으로는 위험한 것으로 드러나기도 한다. 이러한 상황이 경제학에만 국한된 것은 아니다. 예를 들어 미국 남북전쟁에서 조지 맥클리랜드George McClelland 장군은 북부군을 용병用兵하는 데 지나치게 신중한 결과, 좀더 공격적으로 용병해 패배한 남부군들이 도주한 후 다음날 다시 도발하지 못하도록 했던 것에 비해 더 많은 사상자를 냈다는 비난을 받았다. 맥클리랜드 장군은 또 다른 공격을 시작하기 전에 자신의 부대가 정비될 때까지 기다리겠다고 고집함으로써 남부군이 위기를 벗어나 강력한 방어진지를 구축할 수 있는 시간을 허용했으며, 그 결과 남부군은 나중에 북부군에 더 많은 피해를 줄 수 있었다.

한 가지 종류의 안전이 다른 종류의 위험을 증가시키는 또 다른, 그리고 더 일반적인 방법은 부富의 역할과 관련되어 있다. "단지 한 생명이라도 구한다면, 어떤 희생이라도 치를 만한 가치가 있다"라는 통상적인 말을 생각해 보자. 이러한 부의 희생은 부가 어떤 생명도 구하지 못하는 경우에만 의미를 갖는다. 하지만 실제로 부는 생명을 구하는 가장 큰 요인들 가운데 하나이다. 따라서 부를 희생하는 것은 그것이 안전장치를 위해 사용된 돈의 형태를 취하든, 위험 감소를 위한 경제적 효율성의 감소라는 형태를 취하든 생명이라는 대가를 요구한다. 어떤 정책이 의미가 있는지 여부는 얼마만큼 부를 희생해 얼마만큼 위험을 줄였는가에 달려 있다. 고속도로 상에서 트럭이 시속 160km 이상으로 운행하는 것을 금지한다면, 아마도 그로 인한 효율성의 상실이라는 대가보다 더 많은 생명을 구할 것이다. 하지만 자동차들이 시속 20km 이하로 달리도록 제한하는 경우에는 그렇지 않을 것이다. 간단히 말해, 궁극적으로 생명을 구하도록 고안된 정책에 대한 결정에는 아무리 그러한 선언이 매력적으로 보일지라도 단정적 선언이 아니라 추가적인 상충관계가 고려되어야 한다.

어떤 사회, 또는 부유한 국가의 부유한 사람들과 가난한 사람들을 제3세계 국가와 비교하든 안하든 생명을 구하는 데 있어 부의 역할은 극적이다. 인도의 한 경제학자는 "자연재해로 인한 사망의 95%는 빈곤한 국가에서 발생한다"고 지적했다. 실제로 과거의 모든 국가들은 더 빈곤했다. 이것은 자연재해로 인한 죽음이 부유한 국가와 빈곤한 국가 모두에서 계속 감소하고 있음을 시사한다. 실증적인 증거가 이러한 결론을 뒷받침한다.

1900년 텍사스 주 갤버스턴을 강타한 허리케인으로 6~8천 명의 사람들이 사망했다. 하지만 1992년 플로리다 주를 강타한 허리케인 앤드류 때는, 지금까지 미국에 영향을 준 것 가운데 가장 파괴적인 허리케인이었음에도 불구하고 사망자는 50명이 채 되지 않았다. 이와 비슷하게 인도인 경제학자 바룬 미트라Barun Mitra가 말했듯이, 인도에서 각종 미디어는 2000년의 가뭄을 금세기 최악의 가뭄이라고 불렀는데, "수백만 명의 생명을 앗아간 과거의 기근에 대해서는 완전히 잊어버린 채 단지 한 명의 희생자라도 확인하기 위해 전력을 다했던" 것이다. 의료나 자동차와 관련된 위험, 그리고 다른 위험들 또한 사람들의 부와 그런 위험이 발생하는 국가에 의해 영향을 받는다.

사회보험

보험이라 불리는 모든 것이 실제로는 보험이 아니다. 유럽연합에 속한 국가들에서 정부의 연금프로그램은 모든 은퇴 후 소득의 90%를 차지하며, 종종 "사회보험"이라 불린다. 하지만 진정한 보험은 이러한 정부의 연금프로그램들과는 매우 다르다. 진정한 보험은 위험과 이러한 위험을 감당하기 위해 필요한 보험료에 대해 수학적이고 통계적인 신중한 계산에 기초한다. 이것은 보험 계리적 계산이라 알려져 있는데, 보험회사들의 자산이 부채를 감당할 수 있을 때 보험 계리적으로 건전하다는 평가를 듣는다. 그들의 자산은 그들이 받는 보험료와 그러한 보험료를 투자해 생겨난 부수적인 이익 모두를 포함한다. 법적으로 보험회사가 보험계약자들에게 지급해야 할 의무가 있는 모든 것들이 보험회사의 부채이다.

정부가 운영하는 보험 프로그램은 부채를 감당할 만큼 자산을 충분히 보유하고 있는 경우는 거의 찾아보기 어렵고, 현재의 납입액으로 현재의 지급액을 감당하는 방식에 의존하고 있다. 이것은 소위 "현금 지불주의 *Pay-as-you-go* 프로그램"이라 불리며, 때때로 피라미드 방식이라 불리기도 한다. 피라미드 방식은 사적으로 운영되는 현금 지불주의에 해당한다. 이 방법은 높은 채무불이행의 위험과 운영자들이 돈의 일부를 전용할 가능성 때문에 불법이다. 역사상 가장 유명한 피라미드 방식은 1920년에 수감된 찰스 폰지Charles Ponzi라는 사람이 운영했던 것이다. 그는 오늘날의 많은 서구 정부의 연금계획의 배후에 있는 원리와 같은 원리를 사용했다.

폰지는 자신의 프로그램에 돈을 투자한 사람들에게 90일 이내에 투자금액을 두 배로 불려 돌려주겠다고 약속했다. 회의론자들의 경고에도 불구하고 최초의 투자자들은 실제로 90일 만에 투자금액의 두 배를 보상받았다. 그는 수적으로 늘어나는 두 번째 투자자들에게서 받은 돈으로 첫 번째 투자자들에게 지급했고, 그의 방식에 대한 열기가 확산됨에 따라 훨씬 더 많은 세 번째 투자자들이 몰려들어 그들의 돈으로 두 번째 투자자들에게 돈을 지급했다. 이러한 방식에 끌리는 사람의 수가 피라미드식 확장을 이루는 동안에는 초기의 투자자들과 폰지 모두 상당한 이익을 얻었다. 하지만 일단 그 피라미드가 성장을 멈추게 되었을 때, 그 방식으로는 새로운 부를 창출할 수 없었기 때문에 폰지는 돈을 보낸 사람들에게 지속적으로 보상해 줄 방법이 없었다.

미국의 사회보장 연금제도, 그리고 이와 유사한 유럽연합 국가들의 정부 연금제도는 현재 활동하고 있는 사람들로부터 납입액을 받아 은퇴한 사람들에게 연금을 지불하고 있다. 폰지의 피라미드 방식과 달리, 이러한 정부연금 방식은 약정된 연금이 예정대로 지불되기까지는 90일보다 훨씬 오랜 시간을 요구한다. 은퇴한 노동자에게 연금을 지불할 때까지 보통 수십 년이 걸린다. 게다가, 미국에서 사회보장제도가 시작된 1930년대에 활동했던 적은 수의 세대의 뒤를 이어 제2차 세계대전 후 훨씬 더 많은 수의 "베이비 붐" 세대가 등장했다. 이런 식으로 피라미드는 성장하게 되었다. 이런 프로그램을 운영하는 국가들의 경제 역시 성장해, 국가는 훨씬 더 많은 수입을 받는 사람들로부터 세금을 징수해 1930년대 훨씬 낮은 소득에 기반을 둔 연금을 충당할 수 있었다. 약속은 지켜졌을 뿐만 아니라, 때로는 약속했던 것 이상으로 혜택이 확장되었다.

이런 방법은 부채를 감당할 만큼 충분한 자산을 갖고 있지 않다(금융 용어로는 "보험 계리적으로 건전하지 않다"고 한다)는 점에서 본질적으로 폰지

방식이라고 경고했던 사람들은 신뢰를 받지 못했거나, 이론적으로는 옳지만 실제로는 아무 관련 없는 반대를 한다는 이유로 무시되었다. 이러한 반대를 무시했던 사람 가운데 한 명이 경제학 분야에서 미국인으로는 처음 노벨상을 수상한 미국 MIT의 폴 새뮤얼슨Paul Samuelson이었다. 그는 다음과 같이 말했다.

> 사회보험의 매력은 보험 계리적으로 불건전하다는 데 있다. 퇴직연령에 이른 사람이면 누구나 자신이 납입한 것을 훨씬 상회하는 혜택을 받게 된다. …… 인구가 증가하는 경우 노인들보다 젊은이들이 항상 더 많다. 더 중요한 것은 연 3%씩 실질소득이 증가함으로써 어떤 시기에도 혜택의 근거가 되는 과표課標는 현재 은퇴하는 세대가 납부했던 세금보다 훨씬 많다는 사실이다. …… 성장국가는 지금까지 고안된 가장 위대한 폰지 게임이다.

하지만 20세기 말에 이르러 원래의 폰지 방식에서처럼, 이러한 정부 연금계획에 있어 최후의 심판일이 서서히 다가왔다. 새뮤얼슨의 주장과는 달리, 항상 "노년층보다 젊은이가 더 많은" 것은 아니다. 서구 세계에서는 출생률은 감소하는 데 반해 수명이 길어지고, 더 많은 사람들에게 연금이 지급되어져야만 하는 기간이 엄청나게 늘어났다. 따라서 세율을 대폭 인상해야 하거나, 어떤 식으로든 혜택을 삭감해야 하거나, 또는 둘 다 추진되어야 한다는 것이 너무나 분명해졌다.

2002년 신용등급기관인 S&P 사의 계산에 의하면, 약속한 연금혜택을 감당하기 위해 필요한 부채의 규모가 15개 유럽연합 국가 가운데 9개 국가의 연간 국내총생산을 합한 것보다 많을 것이라고 한다. 이것은 주요 전쟁을 치르면서 발생하는 부채를 훨씬 능가하는 액수이다. 게다가 전쟁은 몇 년 안에 끝나고, 이 과정에서 발생한 부채도 상환되기 시작한다. 그렇지만 연금의 경우에는 앞으로 점점 더 오래 사는, 끝없이 계속되는 은퇴한 세대들이 있다. 인구 통계학적인 예측에 의하면, 21세기 전반부의 유럽연합뿐만 아니라 일본과 미국에서도 노동연령층의 규모에 비해 은퇴한 세대의 규모가 급격히 증가할 것이라고 한다.

20세기 후반과 21세기 초에 사회보장제도를 "보존"하는 방법에 대한 많은 논의에 깔려 있는 위기의식의 근본 원인은, 근로자들이 납입한 돈이 보험료처럼 투자되지 않고 소비되었다는 사실에서 비롯되었다. 현금 지불주의에 입각한 정부 연금계획에 투입될 수 있는 기금이 없었기 때문에, 이러한 방식은 원래의 폰지 방식과 동일한 치명적 약점을 갖고 있었다. 그렇지만 그 어느 것도 일 단계에서는 명백하지 않았다. 수십 년이 지나야 금융위기가 나타나고, 그때가 되어도 사람들은 그런 위기의 원인이 무엇인지 잘 모른다. 우리는 과거에 인구 통계학적 흐름이 여러 번 변화했다는 것을 알고 있음에도 불구하고, 단지 인구 통계학적 흐름이 변하지 않는 한에서만 실현될 수 있는 계획을 수립한 사람들을 비난하기보다는 변화하는 인구 통계에 이러한 위기의 책임을 떠넘긴다.

Chapter 04

주택의 경제학

The Economics of Housing

역자 들어가기

미국과 한국의 가장 큰 차이 중 하나는 국토의 면적이다. 미국은 세계에서 네 번째로 넓은 국토에서 사람들이 쾌적하게 살고 있는 반면, 우리는 남북이 분단된 상태에서 매우 좁은 국토에 밀집되어 살고 있다. 일인당 GDP는 한 국가의 국민들의 생활수준을 측정하는 대표적인 지표이다. 그런데 여기에는 결정적으로 중요한 주택이 제공하는 서비스의 질이라는 요소가 빠져 있다. 미국인들은 넓은 국토 덕분에 넓고 쾌적한 주택을 적절한 가격에 소유하거나 이용할 수 있다. 반면 우리는 가용할 수 있는 토지면적이 좁아 비싼 토지가격으로 인해 터무니없이 비싼 가격을 지불해야만 아파트나 주택을 소유하거나 이용할 수 있다. 따라서 일인당 GDP가 같다고 하더라도 질적인 면에서는 커다란 차이가 있을 수밖에 없다.

이와 같이 미국과 우리나라는 주택의 질이라는 면에서 커다란 차이가 있다. 그럼에도 불구하고 어떤 국가에나 적용되는 공통사항이 있다. 그것은 바로 주택시장도 수요와 공급의 원리에 의해 작동한다는 사실이다. 또한 주택시장에 대한 각종 규제는 대체로 비용을 부담하지 않는 사람들에 의해 법제화되고 시행되기 때문에 결코 바람직한 결과를 달성하기 어렵다는 사실이다. 저자 토머스 소웰은 미국의 경우를 중심으로 주택가격의 결정에 영향을 미치는 각종 규제의 효과를 쉽게 설명하고 있다. 그는 토지이용 제한이 어떻게 특정 지역의 주택가격을 높이고, 그럼으로써 기존의 주택 소유주들에게 유리하게 작용했는지 설명하고 있다. 또한 인구를 재배치하는 프로그램이나 임대료 통제와 같은 정부당국의 개입이 어떤 결과를 초래했는지 보여준다. 어떤 경우든 공통된 사항은, 아무런 비용을 부담하지 않은 사람들은 일 단계 사고를 넘어서기 어렵기 때문에 결국에는 비효율적인 결과를 초래한다는 사실이다.

또한 소웰은 미국에서 시행된 주택 개량 프로그램에 대한 분석을 통해, 이것이 어떻게 의도와는 달리 관련된 사람들에게 불리한 영향을 미쳤는지 다루고 있다. 그 대표적인 예로, 과거에 시행된 빈민가 철거 프로그램은 관리들과 사회개혁운동가들에게 타인을 위해 일했다는 뿌듯한 마음을 주었을 뿐, 당사자들의 선택의 기회를 오히려 박탈했다는 다소 독설에 가까운 평가를 하고 있다. 이것은 최저임금제의 경우와 맥락을 같이 한다는 것이 소웰의 견해이다.

소웰은 기본적으로 미국의 경우를 다루었다. 그런데 우리나라의 주택시장이나 토지시장은 미국의 경우와 크게 다르다. 그러나 보편적으로 모든 재화나 서비스의 가격은 수요와 공급에 의해 결정된다. 단지 정부가 어떤 방식으로 개입하는가, 그리고 어떤 종류의 규제가 시장의 자유로운 작동을 방해하는가에 따라 사람들의 대응이 달라질 뿐이지, 그것이 비합리적인 것은 아니다. 이런 면에서 미국의 경우나 우리나라의 경우 근본적으로는 차이가 없다는 것이 역자의 생각이다.

우리나라의 경우 정부규제가 가장 심한 분야가 바로 토지거래 및 주택 건축과 관련된 분야이다. 각종 규제에 일관성이 없을 때 사람들은 나름대로 이것을 감안해 가장 합리적으로 행동하려 한다. 현실적으로 드러난 모든 결과는 바로 이와 같이 일관성 없는 각종 규제와 이에 대한 합리적인 대응의 산물이다. 우리나라의 경우는 이 두 가지가 결합되었을 때 어떤 결과가 발생하는지 보여주는 대표적인 사례에 해당한다. 그렇다고 해서 이것이 토지와 주택분야에서 모든 규제가 철폐되어야 한다는 것은 아니다. 단지 비용을 부담하지 않는 제3자적 입장에 있는 사람들이 규제와 관련된 입법화 과정과 시행과정에 참여하는 정도를 최소한으로 줄이는 일관된 노력이 필요하다는 것을 강조할 뿐이다. 이들의 영향력이 커진다는 것은 곧 그만큼 경제의 비효율이 증가한다는 것을 의미하기 때문이다. 이런 의미에서 주택과 관련된 소웰의 주장은, 다소 과장되었다는 인상을 주기는 하지만, 충분히 음미할 가치가 있다.

주택비용은 대부분의 사람들의 예산에서 주요 항목이다. 자신의 집을 가지고 있는 사람들에게 집의 가치는 개인 재산에서 가장 큰 비중을 차지한다. 사람들은 보통 기본이 되는 주택비용을 지불하고 남은 돈으로 다른 일들에 소비를 하기 때문에, 주택비용의 차이는 바로 개인 또는 가계에 있어 삶의 질과 직결된다. 주택비용이 소득의 1/4 정도를 차지해야 한다는 경험법칙은 이미 옛말이 되었다. 왜냐하면 2천 8백만 명 이상의 미국인들이 소득의 30% 정도를 주택비용으로 지불하고 있기 때문이다. 일부 지역에서는 사람들이 소득의 절반을 아파트 월세를 지불하는 데 사용하는 것이 보통이다. 이것은 분명히 그들의 삶의 방식에 제약을 가한다.

일부 지역에서 높은 부동산 비용의 문제가 널리 인식되고 있음에도 불구하고, 문제의 본질과 원인은 종종 왜곡되어 있으며, "적당한 주택" *affordable housing*이 부족하다고 아우성치는 사람들이 바로 주택가격을 치솟게 만든 주범들이다. 이 문제를 정치적으로 표현하는 것은 경제적으로 분석하는 것과 현저하게 다르다.

주택가격은 여러 요인들에 따라 달라진다. 하나는 주택 자체의 품질이다. 어떤 지역의 목조주택이 다른 지역의 대저택보다 비쌀 수 있지만, 일반적으로는 대저택이 목조주택보다 훨씬 비싸다. 우리가 한 지역의 주택 가격이 다른 지역보다 높다고 말할 때는 암묵적으로 같은 품질을 전제로 한다. 우리가 사과와 오렌지를 비교할 경우 가격이 별 의미가 없는 것처럼, 해변가의 빌라와 숲속의 오두막의 가격을 비교하는 것은 무의미하다.

경제문제뿐만 아니라 여러 가지 사회문제들도 주택과 관련되어 있다. 무주택 상태는 가장 눈에 띄게 고통스러운 부분이다. 어떤 지역에서는 월세가 비싸고 주택가격이 높아 많은 사람들과 가족들이 어려운 선택을 강요받는다. 부모 모두 일을 해야 하기 때문에 아이들을 하루종일 보육시설에 맡겨야 할지도 모르고, 어떤 부부는 아예 아이를 가질 엄두도 낼 수 없을지도 모른다. 왜냐하면 둘 중에 한 명이 추가로 다른 일을 해야 겨우 집을 마련할 수 있을 정도이기 때문이다. 주택가격이 엄청나게 비싼 지역에서 적당한 집이나 아파트를 장만할 돈을 마련하지 못한 사람들은 직장에 통근하려면 하루에 두세 시간을 소비해야 할 정도로 먼 곳에 살 수밖에 없다. 한 가족이 살도록 설계된 작은 집이나 아파트에 둘 이상의 가족이 살아야 할지도 모르며, 목적을 달성하기 위해 저축한 돈을 다 써야 할지도 모른다. 이런 열악한 상황 못지않게 때때로 인기 있는 정치적 "해결책" 이 일을 더 악화시킨다.

어떤 해결책을 생각하기 전에 우리는 문제가 무엇인지, 그리고 대안으로는 무엇이 있는지 이해해야 한다. 어째서 비슷한 주택의 가격이 지역에 따라 그렇게 차이가 나는가? 여러 가지 요인들이 관련되어 있겠지만, 진짜 질문은 다음과 같다 : 실증적인 증거는 무엇을 시사하는가? 그런 특별한 요인들을 감안할 때 무엇을 해야 하며, 무엇을 하면 안 되는가?

주택과 관련해서 가격이 유일한 관심사는 아니다. 주택의 품질은 거기 살고 있는 사람뿐만 아니라, 주변 주택들의 외관에 의해 영향을 받는 사람들, 그리고 주변의 주택들이 낡거나 관리 소홀로 인해 자신들의 주택의 가치가 낮아진다고 생각하는 사람들에게도 중요하다. 때때로 품질에는 특정한 지역사회가 원하는 특정한 특성, 예를 들면 주택의 스타일이나 그 지역사회에 살고 있는 사람들의 유형과 같은 것들이 포함된다. 다른 주민들과 잠재적인 주민들이 무엇을 선호하는지를 고려하지 않은 채 기존 지역사회의 욕구가 어디까지 갈 것인가? 임대료 통제, 토지이용 제한, 재산권, 주택분리, 빈민가 철거, 그리고 건축조례 등은 어떻게 되는 것인가? 이와 같은 복잡한 요인들을 하나씩 검토할 필요가 있다.

주택가격

같은 주 『월스트리트 저널』에는 골프장과 승마장에 인접해 있으며, 인상적으로 보이는 침실 네 개와 여섯 개의 욕실, 벽면으로 둘러싸인 풀장과 스파*spa*를 가진 120평 규모의 주택이 55만 달러에 광고되었던 반면, 『팔로알토』 지*Palo Alto Weekly*에는 평범한 도시에 위치했으며, 36평 규모에 풀장도 없는 주택이 109만 5천 달러에 광고되었다. 첫 번째 집은 플로리다 주 리스버그*Leesburg*에, 거의 두 배의 주택가격을 자랑하는 집은 스탠포드 대학 근처인 켈리포니아의 팔로알토에 위치해 있다. 한편 뉴욕 주 엘미라*Elmira*에 위치한 1,220평이 넘는 토지에 지어진 167평 규모에 실내 풀장이 있는 주택은 34만 9천 달러에 광고되었다. 엘미라 지역에 있는 덜 멋있는 집들은 모두 십만 달러 이하로 광고되었다. 그렇지만 대부분의 집들은 백만 달러가 넘는 팔로알토의 집보다 더 크고 더 매력적이었다.

왜 주택이 한 지역에서는 다른 지역의 열 배가 넘는 가격에 팔리는가? 그 지역의 건축비가 다른 지역의 열 배가 되지 않는 것은 분명하다. 건축비용이 그런 정도로 변하는 경우는 거의 없다. 부동산 중계업자는 그러한 가격괴리의 요인으로 세 가지를 강조한다. 그것은 첫째도 위치, 둘째도 위치, 셋째도 위치이다. 어떤 의미에서 이것은 사실이다. 그러나 다른 의미에서 이런 설명은 매우 잘못된 것일 수 있다. 리스버그와 엘미라에 있는 주택은 팔로알토에 있는 집보다 집 자체가 더 매력적이라는 사실 이외에도, 각각 더 좋은 위치에 자리하고 있다. 그럼에도 팔로알토에 소재한 대부분의 주택들이 리스버그나 엘미라에 소재한 대부분의 주택들보다 훨씬 더 비싸다는 의미에서 위치가 중요하다. 그러나 그런 사실이 설명은 아니다.

여러 가지 이유로 한 지역의 주택가격이 다른 지역에 비해 더 높을 수 있다. 한 지역에서 산업과 소득의 성장, 그리고 인구의 증가가 더 빠른 속도로 일어나 일정한 양의 주택과 토지를 놓고 더 심하게 경쟁해야 하는 경우가 발생할 수 있다. 또한 주택에 대한 수요에 영향을 미치는 이런 요인들이나 다른 요인들 이외에 주택의 공급에 영향을 미치는 요인들이 있다. 토지 이용이나 주택 건축에 대한 규제들은 주택이나 아파트의 가격을 인상시킬 수 있다.

팔로알토의 경우 1970년대 10년 동안 주택가격은 거의 네 배가 뛰었다. 반면 인구는 감소했으며, 취학 아동 수가 1/3로 감소함에 따라 여러 학교가 폐쇄되었다. 캘리포니아 주의 소득 증가율은 미국 전체에 비해 낮았음에도 불구하고, 캘리포니아 전역에 걸쳐 같은 기간에 주택가격은 미국의 다른 지역에 비해 현저하게 상승했다. 이것은 캘리포니아에서의 주택가격 상승이 수요측면에서가 아니라 공급측면에서 비롯되었다는 것을 강력하게 시사한다. 2002년 전국적으로 주택의 평균가격은 15만 3천 달러인 반면, 샌프란시스코 반도(도심과 남쪽으로 실리콘 벨리까지 펼쳐진 48km 지역을 말함)에서의 평균가격은 50만 달러였다. 전국 평균의 세 배가 넘는 이런 가격은 샌프란시스코 반도에 대저택이 있어서가 아니라, 평범한 주택에 거창한 가격이 형성되었기 때문이었다. 팔로알토에는 주택가격이 치솟았을 때 단 한 채의 주택도 건립되지 않았다.

"적당한 주택"의 문제에 대한 정치권과 미디어의 인기 있는 전망에 의하면, 이것은 어떤 해결책에도 정부보조가 반드시 필요한 국가적 문제이다. 그러나 실제로 이것은 국가적 문제가 아니라, 높은 임대료와 천문학적인 주택가격이 형성된 몇 안 되는 지역에서의 국지적인 문제이다. 게다가 비싼 것이 주택 그 자체인 경우는 거의 없다. 엄청난 가격이 형성된 것은 주택이 들어선 토지이다.

토지이용 제한

미국 국립경제연구소*NBER*가 후원한 실증연구 결과에 의하면, 지구제법*zoning law*은 주택의 "높은 가격과 밀접한 상관관계"를 보이며, 심각한 토지이용 제한은 뉴욕 시나 캘리포니아 주의 일부 지역과 같이 상대적으로 몇몇 지역에만 국한된다고 한다. 간단히 말해, 이런 장소에서 비싼 것은 토지에 건축되는 주택이나 아파트가 아니라 토지 그 자체이다. 국립경제연구소의 연구결과에 의하면 미국의 대다수 지역에서 "주택 건축비용은 대부분 신규 건축비용이 차지하는데, 이런 지역에서 토지는 매우 저렴하기 때문이다"는 것이다. 국립경제연구소는 주택 건축비용에서 토지가 어느 정도 비중을 차지하는가에 대한 예로 몇 가지를 들었다. 먼저 시카고에서는 건축비용과는 별도로 300평의 토지비용이 14만 달러에 달했으며, 샌디에고에서는 28만 5천 달러에 달했다. 뉴욕에서 같은 면적의 토지비용은 35만 달러였으며, 샌프란시스코에서는 거의 70만 달러에 달했다.

일정 면적의 토지비용이 높을수록 자연스럽게 주택당 토지면적은 줄어드는 경향이 있다. 아파트의 경우 고층으로 건설함으로써 토지비용을 증가시키지 않는 가운데 임대료 수입을 늘릴 수 있다.[1] 그렇지만 토지에 대해 수평적 제약을 가하는 정치적 성향은 또한 수직적 제약을 가할 수도 있는데, 주택이나 아파트 건축에 사용되는 토지면적을 규제하는 것뿐만 아니라 건물의 높이를 제한할 수도 있다. 이런 두 개의 성향이 항상 같이 발현되는 것은 아니다. 따라서 이 두 개의 성향으로 인해 주택가격이 지나치게 높아지면, 주택들은 더욱 밀집되고 아파트는 더욱 높아지는 결과를 초래할 수도 있고, 그렇지 않을 수도 있다. 예를 들어 법으로 각 주택의 주변에 1,220평의 토지가 있어야 한다고 강제하거나 주거용 건물은 8층을 넘을 수 없도록 제한한다면, 이로 인해 주택 건축비용은 특별히 상승하게 된다.

아파트의 고도제한은 다른 결과를 초래하기도 한다. 건물들이 낮을수록 더 많은 인구를 수용해야 한다는 것은 자명하다. 이것은 더 많은 토지가 사용된다는 것을 의미한다. 그 결과 아파트당 임대료가 비싸지고, 지역사회가 확대되어 흔히 "도시 확산" 이라 불리는 현상을 초래하며, 통근시간이 길어지게 된다. 통근시간이 길어지면 더 많은 고속도로 사고와 사상자들이 발생하게 된다. 따라서 모든 비용이 순전히 화폐비용만은 아니다. 토지이용에 대한 다양한 제약으로 인해 비싼 인위적 비용을 치루어야 한다면 어째서, 그리고 왜 그런 규제들이 생겨나는 것일까? 한 가지 이유는 많은 유권자들이 일 단계 이상을 생각하지 않기 때문이다. 즉, 그들은 토지이용 제한과 시간이 경과하면서 전개되는 다양한 결과들 간의 연관성을 인식하지 못한다.

다른 이유는 그런 연관성을 분명히 인식하는 사람들은 이러한 비용을 전혀 지불하지 않을 뿐더러, 수요자에게 비싼 비용을 요구하는 관련 법규들로 인해 금전적인 이익을 얻을 수 있다는 데 있다. 이 때문에 다른 사람들의 금전적인 면 이외에도 삶의 질의 악화, 극단적으로는 사고로 목숨을 잃을 수도 있는데도 말이다. 예를 들어 이미 주택을 보유한 사람들은 신규로 주택을 건축하는 데 규제가 심해지면, 자신들의 주택가격이 상승한다는 것을 알게 될 것이다. 이런 법률에 찬성하는 사람들은 이미 지역사회에서 살고 있는 사람들이며, 새로 이주하는 사람들은 이런 규제가 많은 법률로 인해 비싼 주택가격에 직면하게 된다. 가장 많은 타격을 받는 사람들은 그 지역에서 일하고 있음에도 불구하고 그 지역사회에 살 형편이 안 되는 사람들이다.

가장 심한 토지이용 제한은 특정한 지역에 어떤 종류의 주택 건축도 금지하는 것이다. 이런 법들은 정치적인 이유로 인해 "열린 공간"과 같은 표면상의 목표를 내세우고 있지만, 실상 이것의 역할은 주택과 각종 건축물의 건설을 금지하는 것이다. 샌프란시스코 만에 위치한 샌마토 군*San Mateo County*의 토지 중 절반 이상이 "열린 공간"으로서, 주택 건축이 법으로 금지되자 그런 심한 토지이용 제한이 없는 지역에서보다 토지가격이 훨씬 높게 형성되었다. 샌마토 군이 유일한 경우도 아니다. 주택 건축 금지(즉, "열린 공간") 정책은 샌프란시스코 반도에 있는 지역사회에서는 일상적인 일이다.

경제학과 마찬가지로 역사도 같은 얘기를 하고 있다. 1970년대 캘리포니아 해안 대부분의 지역에 토지이용 제한에 관련된 법률과 정책이 확산되기 전, 캘리포니아에서의 주택가격은 미국의 다른 지역에서의 주택가격과 거의 비슷했다. 그러나 토지이용을 제한하는 법률과 정책이 확산된 후, 캘리포니아에서 일부 주택가격은 엄격한 토지이용 제한이 없는 지역에서의 주택가격의 몇 배가 되었다. 실제로 캘리포니아 해변지역의 주택가격은 그런 정책이 없거나 훨씬 미약했던 같은 주의 내륙지방에 비해 몇 배가 되었다. 캘리포니아에서와 같은 토지이용 제한이 있던 미국의 다른 지역에서도 주택가격과 아파트의 임대료가 매우 높았다.

예를 들어 버지니아 주에 있는 루던 군*Loudoun County*은 2001년 일정 장소에서는 주택 건축을 만 2,200평당 한 채, 다른 장소에서는 2만 4,400평당 한 채, 그리고 또 다른 장소에서는 6만 천 평당 한 채씩으로 제한하는 법을 제정했다. 『워싱턴 포스트』는 다음과 같이 보도했다 : 어제 위원회의 조치로 루던 군에서 잠재적으로 가능한 주택 8만 3,158채가 사라졌다. 이로 인해 기존 주택의 가격이 상승할 것은 의심할 여지가 없다. 물론 지어지지 않은 수만 채의 주택에 살았을지 모르는 외부사람들은 루던 군에서 투표권이 없었다. 그러나 과거에는 그들의 관심이 시장에 반영될 수 있었는데, 이것은 토지 소유주들이 자신이 적기라고 판단되는 시점에 토지를 처분할 수 있기 때문에 가능한 일이었으며, 이들의 재산권은 법원에 의해 보호받아 왔다. 1,220평당 몇 채의 주택을 지을 것인가를 법으로 제한하는 경우보다 부동산 개발업자가 자유롭게 지을 수 있는 경우 토지에 대한 수요가 더 많을 것이고, 따라서 토지를 팔려는 기존의 소유주들의 이익도 증가할 것이다.

그렇지만 여기서 핵심은 토지 소유주들이나 부동산 개발업자들의 행운이나 불운이 아니다. 핵심은 부동산 개발업자들이 공급을 통해 이익을 얻도록 해주는 것은 주택 구입자들—아파트 세입자들을 포함—의 수요라는 사실이다. 실질적인 경합은, 루던 군에서 주택을 구입하거나 아파트를 임대하려는 사람들과 자신들은 아무런 비용을 부담하지 않는 상황에서, 다른 사람들에게 막대한 비용을 부담시키는 법을 통과시키는 현재 루던 군의 투표자들 간에 이루어진다. 간단히 말해, 동일한 자원을 다른 방법으로 사용하고자 서로 경쟁하는 두 집단의 사람들이 존재한다. 재산권은 이런 경쟁이 시장에서 일어나는 것을 허용하는 반면, 법원의 승인을 받아 재산권을 제한하는 것은 경쟁이 단지 한 집단의 경쟁자들만이 투표할 수 있는 정치적 과정을 통해 이루어지도록 한다.

재산권은 종종 재산을 소유할 정도로 운이 좋은 사람들을 보호하기 위한 목적과 효력을 갖는 권리로 생각되지만, 보다 넓은 의미에서의 목적은 재산이 없는 사람들을 포함한 사회 전체의 경제적 필요에 봉사하는 것이다. 주택의 경우 재산권은 아파트를 임대하는 사람들의 이해관계가 경제적 경쟁과정에서 비중을 갖도록 허용해 준다. 그 이유는, 그들이 비록 주택을 소유하지 않고 소득이 적을지 몰라도, 전체적으로는 그들의 구매력이 그들과 거리를 두기를 원하는 부유한 주민들을 능가하기 때문이다. 부동산 개발업자와 같은 중개자들은 아파트를 지어 임대해 줌으로써 예상되는 수입을 근거로 부유한 주민들과 경합한다. 이런 경쟁에서 대규모 토지에 건축된 대저택들은 사라지고, 토지는 작은 단위로 분할되어 적절한 주택과 아파트 건물이 들어설 수 있게 된다.

기존의 많은 주민들이 지역사회를 있는 그대로 유지하고 싶어 하더라도, 만약 개인의 재산권이 법원에 의해 존중된다면, 일부 주민들은 자신들의 재산을 팔라고 좋은 가격을 제시하는 개발업자들의 제안을 거절하기 어려울 것이다. 그리고 나머지 주민들은 재산 처분을 거부하든 말든 지역사회의 성격이 바뀌는 것을 경험하게 될 것이다. 이 시점에서 거부하는 사람들은 그 지역사회를 떠나 다른 곳에서 자신들이 원하는 지역사회를 찾으려 할 것이다. 그렇지 않으면 "열린 공간" 법, "환경보호" 정책 또는 정치적 의미를 담은 어떤 표현이든 간에 토지이용을 제한하는 법을 통과시키려는 집단행동을 통해 개인의 재산권을 제한함으로써 그런 변화가 이루어지기 전에 전체 과정을 중단시키는 것이 유일한 대안이다.

이런 과정에는 개발업자들을 돈벌이에만 급급한 "이기적"인 사람들이라고 비난하는 것도 포함된다. 실제로 개발업자들이 개인적인 용도나 개인적인 취향에 탐닉하기 위해 토지를 매입한 후 거기에 여러 종류의 주택을 건축하는 것은 아니다. 그들은 단지 다른 많은 사람들이 원하면서 그것에 대해 지불의사가 있다는 데 입각해 행동하는 중개자에 불과하다. 독자적으로 부유하지 않은 사람들처럼 개발업자들이 돈을 벌려 한다고 말하는 것은 더 작은 규모의 주택을 원하는 미래의 많은 임차인들과 구매자들로부터 초점을 이동시키는 것이다. 이들이야말로 특정 지역에 사는 기존의 부유한 주민들과 경합하고 있는 진정한 경쟁자들이기 때문이다. 또한 다른 사람들이 어떤 종류의 주택과 지역사회를 선호하든, 그들이 원하는 것을 선택할 권리를 부인하는 것이 덜 이기적이라고 말할 수 있는지 분명치 않다.

재산권을 상당한 재산을 소유한 사람들을 보호하는 것으로 묘사함에도 불구하고, 정치적 과정을 통해 재산권을 제한하려 했던 것은 종종 부유한 사람들이었다. 그들은, 근로자 계층과 다른 가난한 계층이 개발업자들과 이들에게 토지를 구입할 자금을 제공하는 금융기관들을 통해, 자신들의 지역사회에 진입한 후 변화를 가져오는 것을 막고자 한다. 샌프란시스코 반도는 1970년대에 이런 패턴이 나타났던 여러 지역 가운데 한 예에 해당한다. 법원은 토지이용의 지역적, 정치적 통제를 명분으로 개인의 재산권을 제한하는 것을 지지해 왔다. 더욱이 캘리포니아에서는 토지이용 제한으로 부유한 사람들이 실리콘 벨리로 쇄도했으며, 이들은 이 지역에 거주하는 근로자 계층과 소규모 사업자들에 비해 정치적 우위를 점하고 있었기 때문에 여러 지역사회로 확대되기 시작했다.

실리콘 벨리가 개발되면서 컴퓨터산업이 호황이었던 시절에 돈을 번 많은 소프트웨어 기술자들과 하이테크 기업가들이 그곳에 자리를 잡자 지역사회마다 정치적 통제방식이 변하기 시작했다. 시의회와 이로부터 지명된 환경위원회는 이들 새로운 거주자들의 영향력이나 직접적인 통제 하에 들어갔고, 이들은 이런 기관들을 이용해 다른 거주자들이 자신들을 배척할 수 없도록 했다.

이것은 단순히 과반수 원칙의 문제가 아니었다. 실리콘 벨리의 엘리트들과 지역의 지식인들, 그리고 학생들이 정치적 우위를 점하는 이유는 종종 교육을 더 받은 사람들이 그렇지 않은 사람들보다 더 정기적으로 투표에 참가한다는 사실 때문이었다. 그리고 또한 이들의 우위는, 토지이용 문제가 투표에 회부되는 선거가 지방, 주, 그리고 연방정부의 후보자들을 대상으로 하는 일반 선거가 열려 일반 대중이 더 많이 투표에 참여하는 가을이 아니라 봄에 열린다는 사실에서 비롯됐다. 따라서 한 연구에 의하면, 지역주민의 1/4만이 토지이용 문제에 관한 선거의 정치적 결과를 통제할 수 있다는 것이다. 이 1/4은 아파트 임차인들과 지역사회에서 소규모 주택을 소유한 사람들보다는 고급주택을 소유한 부유하고 교육을 더 많이 받은 사람들로 구성되는 경향이 있다.

미국의 다른 지역에서도 유사한 정치적 과정이 유사한 결과를 초래했다. 대학생들이—비록 주소지는 서로 다르지만—지방선거에 참여해 투표하는 것을 허용한 법원의 판례로 인해, 정치적으로 매력적인 다양한 구호와 비전을 내세운 토지이용 제한에 대한 정치적인 지지가 확대됐다. 어떤 대학 자치지역들은 하이테크 기업들과 컨설팅 회사들, 그리고 벤처 캐피탈 회사들과 인접해 있었기 때문에, 이들의 연합은 종종 지방의 정치적 기관들을 통제할 수 있었으며, 대부분의 다른 지역보다 주택가격을 훨씬 더 높게 만들 수 있었다.

한편 토지이용 제한을 옹호하는 대부분의 사람들은 또한 "적당한 주택"의 필요에 대한 그들의 관심을 선언했다. 그러나 극심한 토지이용 제한 하에서 보통사람들이 구입할 수 있는 많은 주택을 건축하기가 사실상 불가능했기 때문에 상징적인 다양한 규모의 적당한 주택들이 건축되기에 이르렀다. 이것은 정부의 보조금에 의해 이루어졌거나, 건축허가를 내주는 전제조건으로 "시장가격 이하"로 팔거나, 임대할 주택 건축을 민간 개발업자들에게 법으로 강제함으로써 이루어졌다. 그러나 이런 방법들로 공급된 "적당한 주택"의 수량은 그리 많지 않았다. 그 이유는, 대규모 보조금을 부담해야 하는 납세자들의 불만이 많았을 뿐만 아니라, 다른 사람들에게 임대하거나 판매하는 주택가격을 인상해야만 개발업자들이 "시장가격 이하"로 판매하는 데 따른 손실을 보충할 수 있기 때문이었다.

토지이용 제한과 감당하기 어려운 주택가격 상승으로 불리한 영향을 받은 사람들에는 교사, 간호사, 그리고 경찰관과 같이 어떤 지역사회에도 고용되어 있는 많은 사람들이 포함되었다. 그러나 이들 가운데 주택가격이 천정부지로 상승하는 경우 자신들이 일하고 있는 지역사회에 살기 충분할 정도로 보수를 받는 사람은 거의 없었다. 예를 들어 『이코노미스트』에 실린 한 연구에 의하면, 평균치의 보수를 받는 간호사는 달라스, 보스턴 또는 시카고에서는 보수의 30%를 임대료로 내야만 방이 두 개 있는 아파트를 임대할 수 있고, 워싱턴에서는 겨우 임대할 수 있으며, 샌프란시스코에서는 같은 규모의 아파트를 임대하는 경우 필요한 액수의 3/4도 안 된다는 것이다.

아이들이 있는 사람들은 이중으로 영향을 받았다. 그 이유는, 만약 어린 아이들이 있을 정도로 젊다면, 그들은 보통 최고수준의 소득을 받는 시기에 도달하지 못했으며, 부양할 가족 때문에 주택에 사용할 수 있는 자원이 줄어들기 때문이다. 특히 부유하지 않은 소수민족들은 주택이나 아파트의 높은 가격으로 인해 영향을 더 받는다. 이런 집단에 속한 사람들은 심각한 토지이용 제한이 있는 지역사회에서의 인구 비율 면에서 감소하는 경향이 있다.

캘리포니아 주 레드우드 시*Redwood City*의 보안관 부서에서는 주택을 한 채 구입했다. 그 이유는 부보안관들 대다수가 레드우드 시에서 멀리 떨어진 곳에 살기 때문에 늦게까지 법을 집행한 후 밤에 운전을 해 귀가하는 것이 위험하기 때문이었다. 또한 교사들을 위해 "적당한 주택"을 공급하려는 다양한 계획들이 샌프란시스코 반도에 있는 여러 지역사회에서 제시되었다. 그렇지만 보조금을 통한 "적당한 주택"이 다른 집단의 경우

주택문제를 해결하는 데 충분치 않았던 것처럼, 이런 계획들도 상징적인 수량의 주택을 공급하는 것 이상 진행되지 않았다.

1990～2000년 사이 샌프란시스코의 인구는 대략 5만 명 이상 증가했지만, 흑인 인구는 7만 9천 명에서 6만 1천 명으로 감소했다. 인접해 있는 샌마토 군*San Mateo County* 역시 같은 시기에 총 인구는 5만 명 정도 증가했지만, 흑인 인구는 3만 5천 명에서 2만 5천 명으로 감소했다. 따라서 같은 시기에 두 도시의 아이들 수도 감소했다. 한편, 그런 곳에 사는 사람들은 "다양성"과 "적당한 주택"의 필요성을 말하지만, 이들 도시가 주택가격의 상승으로 인해 점점 백인들과 노인들로 구성되면서 그 가능성은 점점 사라졌다.

인구 재배치

임대료와 주택가격을 더 이상 감당할 수 없어 지역사회 밖으로 이주할 수밖에 없는 사람들에게는 무슨 일이 일어나는가? 그들은 감당할 수 있다면 인근지역으로 가고, 그렇지 못하면 더 멀리 가게 된다. 만약 그들의 직장이 샌프란시스코와 같이 임대료가 비싼 도시에 있다면, 그들은 때로는 상당히 먼 곳에서 통근을 해야 한다. 임대료가 비싼 지역사회로부터의 탈출이 계속되는 한, 재배치된 인구가 이주해 간 지역사회에서 주택가격은 어쩔 수 없이 상승하게 된다.

한때 샌프란시스코에서의 높은 주택가격으로 인해 많은 사람들이 오클랜드 만이나 알라메다 군*Alameda County*으로 이동했다. 그러나 얼마 지나지 않아 수요의 증가로 인해 알라메다 군의 주택가격이 많은 사람들이 감당할 수 없는 수준으로 상승해, 그들은 다시 자신들의 소득의 범위 내에 있는 주택을 찾아 훨씬 내륙으로 이주했다. 예를 들어 2003년 『샌프란시스코 크로니클』*San Francisco Chronicle*에 실린 기사는 다음과 같이 시작한다.

> 매일 아침 4시 30분 프랭크 몽고메리Frank Montgomery는 자신의 새 집에서 출발해 알라메다 군에 있는 서놀*Sunol*의 정수장에서 일하기 위해 70분간의 이동을 시작한다.

이런 통근자들의 증가 추세는 결코 예외적인 현상이 아니었다. 미국 인구조사국의 자료에 의하면, 외곽에 있는 일곱 개의 군에서 샌프란시스코의 주변에 있는 아홉 개의 군으로 통근하는 사람들의 수가 1990년과 2000년 사이에 49% 증가했다. 『샌프란시스코 크로니클』에 의하면 "이들 중 많은 사람들은 혼잡한 고속도로에서 몇 시간이 걸리는 운전을 견뎌내야 한다." 이들 가운데 가장 멀리 있는 두 개의 군—산타크루즈 군*Santa Cruz County*과 샌와킨 군*San Joaquin County*—에서 샌프란시스코 지역으로 통근하는 사람들은 각각 2만 6천 명과 3만 4천 명에 달한다.

몽고메리 씨는 모든 면에서 가장 전형적인 사람이다. 그럼에도 불구하고 그는 알라메다 군에서 일하기 위해 통근하는 데 한 시간 이상을 소비해야 하는 곳에 있는 집을 26만 7천 달러에 매입했다. 그러나 이것은 그가 알라메다 군이나 샌프란시스코에 인접한 다른 군에 살기 위해 지불해야 했을 금액에 비하면 별것 아니다. 2003년 샌프란시스코의 평균 주택가격은 50만 달러 이상이었던 반면, 알라메다 군의 다른 쪽에 위치한 콘트라코스타 군*Contra Costa County*에서는 40만 달러를 약간 상회했으며,

캘리포니아 내륙에 있는 멀리 떨어진 군들에서만 25만 달러 이하였다. 주택 판매담당자들에 의하면 새롭게 택지로 조성된 곳에 있는 주택을 찾고 있는 대부분의 사람들이 60평짜리 주택을 30만 달러 미만에 구입할 수 있다는 사실에 흥분을 감추지 못하는 샌프란시스코 만 지역에 거주하는 사람들이라고 한다.

캘리포니아 계곡을 벗어난 지역에서는 주택가격이 매우 저렴하다. 그 이유는, 샌프란시스코와 바다로부터 멀리 떨어져 있을 뿐만 아니라, 반성장론자들이 더 큰 정치적 영향력을 발휘하는 샌프란시스코 반도만큼 건축물에 대한 규제가 심하지 않기 때문이다. 더욱이 이런 보수적인 지역에서는 보통 건축허가를 받는 데 소요되는 기간이 짧다. 이런 지역에는 건축에 반대하는 반성장론자들의 집단이 많지 않고, 그들의 반대에 비중을 두어야 하는 관리들이 많지 않기 때문이다. "시간이 돈이다"라는 오래된 격언은 특히 부동산에 적용된다. 왜냐하면 "환경에 대한 충격"에 관해 아직 발견되지도 않은 불만들을 조사하는 동안 수백만 달러를 투자한 주택 건축이 중단될 수 있기 때문이다. 그동안 수백만 달러를 차입한 건축업자들은 계속 이자를 지불해야 하는데, 결국 이런 비용은 모두 높은 아파트 임대료와 높은 주택가격으로 충당된다.

캘리포니아 계곡의 중심부에서조차 샌프란시스코 인근으로부터 이동한 사람들로 인해 인구가 급속히 증가하자, 캘리포니아 해변 거주지역만큼은 아니지만 주택가격이 빠른 속도로 상승했다. 샌프란시스코에서 160km 이상 떨어진 머시드 군*Merced County*에서는 단 5년만에 주택가격이 평균 9만 6천 달러에서 16만 6천 달러로 상승했다. 경제적 요인들로 인한 인구 재배치의 한 가지 신호는 샌프란시스코와 샌마토 군의 흑인 인구가 단 10년만에 상당히 감소한 반면—로스앤젤레스, 마틴 군*Martin County*, 몬테레이*Monterey*, 그리고 해안의 다른 지역에서도 마찬가지였다—다른 지역에서는 여러 소수민족들이 이주해 와서 백인들 자신이 소수민족이 되었다는 것이다.

임대료 통제

"적당한 주택"의 문제에 대해 눈에 띄는 한 가지 해결책이 바로 임대료 통제이다. 이것은 다른 형태의 가격통제와 마찬가지로 경제적, 정치적 특징을 가지고 있다. 이것의 정치적 이점은 인센티브와 제약이라는 관점 대신에 바람직한 목적이라는 관점에서 생각하는 사람들의 정치적 지지를 얻는다는 것이다. 그리고 일 단계 이상을 생각하지 않는 사람들은 임대료 통제가 특별히 매력적이라고 생각한다. 그 이유는 임대료 통제의 나쁜 효과는 나중에 발생해 수십 년간 지속되는 반면, 좋은 효과는 즉각적으로 발생하기 때문이다.

일반적인 가격통제의 결과에는 다음과 같이 것들이 포함된다 : 1) 인위적으로 낮춘 가격으로 인해 수요가 증가하고 공급이 감소하는 데 따른 부족 현상, 2) 부족으로 인해 판매자들이 품질을 높게 유지할 필요가 없어져 발생하는 품질 저하, 3) 법을 위반하는 위험을 보상해 줄 정도로 법정 가격과 사람들이 지불하고자 하는 가격 간의 격차가 커져 발생하는 암시장

전 세계 어느 곳에서나 법으로 가격을 낮게 유지하는 모든 종류의 재화와 서비스의 경우에 같은 결과가 반복해서 발생했다. 또한 이런 결과는 어떤 시기, 어떤 민족의 경우든 전제군주제에서 민주주의, 그리고 전체주의체제를 포함한 어떤 경우에도 발생했다. 임대료 통제가 실시되는 경우

주택시장에서도 유사한 일이 발생하리라는 것은 결코 놀랄 일이 아니다.

경제학의 기본 원리는, 사람들이 높은 가격에서보다 낮은 가격에서 더 많이 구매한다는 것이다. 임대료 통제는 그렇지 않은 경우에 비해 사람들이 더 많은 주택을 수요하도록 만든다. 2001년 연구에 의하면, 샌프란시스코의 경우 임대료가 통제되는 아파트의 49%에는 한 사람만 거주하는 것으로 밝혀졌다. 이와 유사한 패턴이 뉴욕 시와 스웨덴에서 발견되었다. 임대료 통제로 인해 주택 부족이 발생하는 이유 중 하나는 많은 사람들이 경쟁시장에서보다 더 많은 주택공간을 차지하기 때문이다. 그런 시장에서는 자신보다 더 긴급하게 주택을 필요로 하는 다른 사람들이나 주택을 얻기 위해 두 개의 직업을 가진 사람들을 상대로 경합해야 한다. 주택 부족이 발생하는 다른 이유는 가격이 높은 경우에 비해 주택 공급이 적어지기 때문이다. 건축업자들은 그들이 부과하는 임대료로 비용을 충당할 능력이 감소하면 주택 공급을 축소하는 경향이 있다. 임대료 통제가 심한 곳에서는 정부의 보조금을 받는 주택 이외에는 신규 주택이 전혀 없을 수도 있다. 이 경우 납세자들이 주택 공급 비용과 임대료 통제 하에서 받을 수 있는 임대료 간의 격차를 보충하게 된다. 따라서 임대료 통제의 결과 중 하나는 신규 주택 건축이 감소하거나 완전히 중단됨에 따라 주택의 평균연령이 증가하는 것이다.

2001년 샌프란시스코의 한 연구에 의하면, 임대료 통제가 적용되는 주택의 75%가 50년 이상 됐으며, 44%는 70년 이상 됐다. 호주의 멜버른에서는 임대료 통제로 인해 수지가 맞지 않아 제2차 세계대전 이후 단 하나의 신규 건물도 들어서지 않았다. 미국의 매사추세츠*Massachusettes*에서는 지방의 임대료 통제를 금지하는 주법으로 인해 어떤 지역에서는 3/4세기만에 처음으로 주택용 건물이 신축되었다.

보통 임대료 통제법은 사무용 건물에는 적용되지 않는다. 따라서 같은 도시에서 임대료 통제가 적용되는 아파트 건물에는 사실상 빈 곳이 없는 가운데 주택 부족이 있는 반면, 높은 공실률을 유지하면서 남아도는 사무실 공간이 있을 수 있다. 어떤 곳에서는 호화주택에 임대료 통제법이 적용되지 않는다. 따라서 보통사람들을 위한 보통주택을 건축하는 것으로부터 매우 부유한 사람들만이 감당할 수 있는 호화주택을 건축하는 쪽으로 자원이 이동하게 된다. 유럽의 여러 국가에서 실시된 임대료 통제에 대한 한 연구는 다음과 같이 결론을 내렸다 : 호화주택을 제외하면 보조금을 받지 못하는 임대주택에 대한 투자는 근본적으로 존재하지 않는다.

이와 같이 호화주택으로의 자원이동은 임대료 통제와 관련된 최고의 역설을 설명해 준다. 그것은 다름 아니라 임대료 통제법이 실시되는 도시에서는 그렇지 않은 도시에 비해 임대료가 높다는 사실이다. 수십 년간 엄격한 임대료 통제법이 적용된 후, 샌프란시스코의 아파트 임대료가 미국에서 가장 비쌌는데, 방이 두 개인 아파트의 임대료가 월평균 2천 달러를 상회했다.

임대료 통제는 신규 주택을 건축하려는 인센티브를 감소시킬 뿐만 아니라 기존의 주택을 유지 · 보존하는 인센티브도 감소시킨다. 도색, 수선, 그리고 다른 유지 · 보수행위에는 모두 비용이 든다. 경쟁시장일 경우 집주인들은 임차인들을 유치해 아파트를 꽉 채우려면 그런 돈을 지불하는 것 이외에는 선택의 여지가 없다. 그렇지만 임대료 통제 하에서는 아파트의 수보다 원하는 사람들이 더 많으므로, 난방시스템과 다른 시스템이 잘 작동하도록 해주는 장비들이 기능을 잘 하도록 관리하고, 부동산의 외양을 보기 좋게 유지할 필요가 적어진다. 간단히 말해, 기존의 주택들은 임대료 통제 하에서 유지노력이 줄어들어 매우 빠른 속도로 낙후되는 경향이 있으며, 대체물들은 아주 천천히 건축되는 경향이 있다. 임대료 통제법이 실행된 후 임대 대상물의 수가 감소했다는 것이 캐나다와 다른 국가에서뿐만 아니라 미국의 여러 도시들에서 관찰되었다.

집주인이 같이 살고 있는 방이나 아파트 또는 주택의 일부가 임대되는 곳에서 임대료가 너무 낮아 누군가가 같은 아파트에 살거나, 복층 주택의 이층 또는 뒷마당의 방갈로에 사는 데 따른 불편함을 보상해 주지 못하는 경우 그런 주택들은 시장으로부터 철회될 가능성이 크다. 1976년 캐나다의 토론토*Toronto*에서 임대료 통제가 실시된 후 3년이 지나지 않아 소유주가 거주하고 있는 임대주택들 중 23%가 주택시장으로부터 철회되었다. 1975년 런던에서 가구를 갖춘 임대주택들을 포함하도록 임대료 통제가 확대되었을 때, 『런던 이브닝 스탠다드』*London Evening Standard*에 실리는 임대주택들의 광고 횟수가 전년도에 비해 75%나 감소했다. 여러 국가들의 이런 사례는 같은 얘기를 하고 있다 : **가격이 낮아지면 공급이 적어지는 반면, 수요는 증가하므로 부족 현상이 발생한다.**

부족은 암시장을 낳는 경향이 있다. 이런 시장에서는 합법적인 경로를 통해 얻을 수 있는 것보다 더 많이 얻기 위해 불법적인 거래가 이루어진다. 집주인에게 뇌물을 준다든가, 대기자 명단의 맨 앞에 자신의 이름을 올리도록 건물 관리인들에게 뇌물을 주는 것은 임대료 통제 하의 암시장에서 흔히 일어나는 불법행위이다. 다른 형태의 불법적인 행동으로는, 법적으로 요구되는 서비스를 제공하는 데 따른 비용이 법적으로 허용된 임대료보다 많은 경우 집주인이 건물을 방기하는 경우를 들 수 있다. 뉴욕 시 당국은 집주인들이 감당할 수 없는 손실을 피해 지하로 잠적하는 바람에 문자 그대로 수천 개의 방기된 건물들을 보유하게 되었다. 이 건물들 가운데 다수가 유지만 잘 한다면 필요한 주택을 공급하는 데 아무런 하자가 없음에도 불구하고 폐쇄되었다. 방기된 건물에 있는 주택의 수는 거리에서 잠을 자는 모든 노숙자들에게 제공하고도 남을 정도였다.

임대료 통제가 임대료를 감당할 수 없는 가난한 사람들을 보호하는 방법이기는 하지만, 이러한 혜택은 처음부터 임대료가 통제되는 주택에 살고 있는 가난한 사람들만이 받을 수 있다. 임대료 통제가 시작되면, 부자든 가난한 사람이든, 오직 안에서 밖을 보고 있는 사람들만이 혜택을 받는다. 나중에 밖에서 안을 보는 사람들은 처음부터 혜택을 받은 사람들의 친구이거나 친척인 경우이며, 최초의 점유자들이 이주하거나 사망해 임대료 통제가 적용되는 주택을 물려받는 경우에 한해 혜택을 받는다. 일부 외부사람들은 임대료 통제가 적용되는 아파트를 얻기 위해 원래의 점유자들에게 뇌물을 주기도 한다. 어떤 경우에도 소득과 임대료 통제의 혜택 간에 실질적인 관련은 희박하다. 2001년 샌프란시스코에서 임대료 통제가 적용되는 아파트에 사는 가구들 가운데 1/4 이상은 소득이 10만 달러 이상이었다.[2]

다른 형태의 가격통제가 그렇듯이 임대료 통제가 비용을 감소시키지는 않는다. 임대료 통제를 옹호하는 많은 사람들은 실제로 종종 주택을 건축하고 유지하는 비용을 증가시키는 정책들을 지지하는 사람들이다. 여기에는 임차인들만이 아니라 일반 시민들이 사용할 수 있는 열린 공간이나 오락시설, 그리고 자전거 도로를 포함해 주택개발에 동반되어야 하는 다양한 위락시설들을 지정하는 정책들이 포함된다. 그런 위락시설을 제공하는 것은 개발업자가 건축허가를 받기 위해 반드시 지불해야 하는 비용일 수 있지만, 궁극적으로는 임차인들이 높은 임대료를 지불함으로써 개발업자에게 변상해 준다.

때로는 임대료 통제를 강요했던 동일한 지방정부가 환경요건들을 강요하기도 한다. 이런 요건들은 그 자체가 비용이 많이 소요될 뿐만 아니라, 기술적 측면에서 이들을 위반했다고 주장하는 사람들로 인해 비싼 소송을 초래하기도 한다. 어떤 건축재료가 허용될 수 있으며, 건설노동자들에게는 얼마만큼 임금을 지불해야 하는가에 대한 규제와 다른 요건들이 모두 건축비에 반영된다. 임대료 통제가 이런 비용들을 회수할 수 없도록 한다면, 주택 건축은 감소하거나 완전히 중단될 것이다.

주택 개량

1세기 이상 여러 국가에서 벌어진 정치운동과 사회운동은 임차인, 집주인, 건축업자, 주택 구매자, 그리고 민간시장과 관련된 사람들이 내린 결정을 무시하는 법과 정책을 장려해 왔다. 이런 개입들 가운데 가장 흔한 것이 "빈민가 철거" 프로그램이다. 다른 종류의 개입으로는 인종적 주택분리를 장려하거나 금지하는 목적으로 입법하는 것뿐만 아니라 공공주택을 직접 건축할 목적으로 입법하는 것들이 있다.

빈민가 철거

제3의 관찰자의 눈에 불만족스럽게 보이는 주택들을 철거하는 정부 프로그램—19세기에는 "빈민가 철거", 20세기에는 "도시 개량"이라 불림—들은 방대한 수의 저소득층 임차인들을 때로는 그들의 이익을 위한다는 명분으로 재배치했다. 그렇지만 이런 모든 행동, 비용, 그리고 삶의 파괴는 아무런 비용을 부담하지 않는 제3의 집단이 임차인들 자신보다도 그들에게 무엇이 바람직한지 잘 알고 있다는 입증되지 않은 중요한 가정에 근거하고 있다.

19세기의 빈민가 철거 프로그램들은 신규 주택을 전혀 만들어 내지 못했고, 20세기의 도시 개량 프로그램들은 이들에 의해 철거된 것에 비해 저소득층을 위한 주택을 적게 만들어 냈다. 더욱이 이들 신규 주택의 임대료는 재배치된 임차인들이 감당하기 어려운 수준이었다. 결과적으로 이런 프로그램들은 저소득의 임차인들이 이용할 수 있는 선택권을 확대시킨 것이 아니라 제한했다. 언론인들이나 사회개혁운동가들은, 기존의 주택들이 아무리 마음에 들지 않더라도 거기에 살고 있는 임차인들이 그것을 감당할 수 있다면, 명백히 더 나은 주택여건에서 살고 있다고 판단했다. 이것은 그들의 다른 목표 및 욕구와 일관성이 있다는 의미에서이다.

19세기 개혁성향의 유명 언론인인 제이컵 리스Jacob Riis는 뉴욕 시의 동쪽에 밀집된 빈민가에 수용됐던 유대인들조차 그들 소득의 상당 부분을 저축했다고 지적했다. 그들은 분명히 자신들이 살았던 주택의 공간, 주택이 주는 편안함, 그리고 주택에 딸린 위락시설을 최대로 활용하는 것 이외에 다른 목표를 가지고 있었다. 그들이 빈민가 철거로 인해 어쩔 수 없이 제3자에게 기쁨을 주는 주택으로 이주했을 때, 이런 향상된 여건에 필요한 비용은 제3자가 아니라 임차인들이 부담해야 했다. 그리고 이로 인해 임차인들은 그들의 다른 목표와 욕구를 포기해야 했다. 그들 소득의 일부는 유럽에 거주하면서 경제적 빈곤과 사회적 박해로 고통받고 있는 가족들에게 보내졌다.

미국의 초기 유대인 이주민들 대부분은 이미 미국에 살고 있었던 다른 가족들이 요금을 지불한 선박으로 대서양을 횡단해 건너왔다. 그들 이전 이주민인 아일랜드인들 역시 같은 방식을 취했다. 그들도 빈민가에 살면서 1840년대 대기근으로부터 아일랜드에 있는 가족들을 구출하는 데 돈을 지불했고, 이로 인해 수백만 명이 미국으로 왔다.

초기 유대인 이주민들이, 대부분의 미국인들이 깜짝 놀랄 만한 열악한 조건의 밀집된 주택에 살았다는 것은 의심의 여지가 없다. 뉴욕 시의 동쪽이 주로 유대인 빈민가였을 때, 백 년 후 다른 집단의 사람들을 위한 빈민가로 사용되었을 때보다 1평방 마일당 세 배나 많은 인구를 수용했다. 19세기의 빈민가에서 절반의 유대인들은 한 방에 세네 명씩 잠을 잤으며, 1/4 정도는 한 방에 다섯 명이 잤다. 더욱이 19세기 중반의 빈민가에는 화장실이 건물의 뒷마당이나 골목에 있었다. 겨우 19세기 말이 되서야 건물에서 수돗물을 사용할 수 있게 되었으며, 임차인들은 수도꼭지와 화장실을 공동으로 사용했다. 1894년에는 거의 4천 개의 가옥에 51개의 개인 화장실이 있었으며, 25만 명 가운데 단지 306명만이 집에 욕조를 가지고 있었다.

이런 사람들이 살았던 주택에는 부족한 것들이 많았다. 그러나 그들은 외국에 있는 다른 가족들을 궁핍과 반유대주의 폭도들의 손에 죽을지도 모르는 상황에서 구해 주어야 한다는 것과 같은 다른 욕구를 가지고 있었다. 더욱이 그들은 눈앞에 처한 상황을 넘어 미국에서 자신들과 자녀들의 더 나은 미래를 생각하고 있었다. 그들의 저축은 이런 미래를 위해 준비하는 것을 도와주었으며, 결과는 당시 대부분의 사람들이 상상했던 것보다 훨씬 좋은 것으로 드러났다. 빈민가 철거가 한 일이란, 이들과 다른 빈민가 임차인들로 하여금 어렵게 번 소득의 일부를 제3자를 즐겁게 해주는 주택을 마련하는 데 사용하도록 강요한 것이었다. 이들 임차인들은 다른 일들을 희생하면서도 그럴 만한 가치가 있다고 생각했다면 그 전에 더 비싼 집으로 이주했을 것이다.

대부분이 남자들인 같은 시대의 이탈리아 이민자들 역시 적어도 뉴욕시와 유럽의 다른 도시들, 그리고 남아메리카와 비교해 놀랄 만큼 열악한 주택에서 살았다. 그럼에도 비참한 생활조건을 견디어 내고, 때로는 음식을 절약함으로써 저축할 수 있었으며, 이탈리아에 남아 있는 가족을 위해 돈을 보낼 수 있었다. 나중에 그들은 저축한 돈으로 이탈리아로 돌아가 더 나은 삶을 살거나, 남은 가족들을 미국으로 불러들였다. 두 가지 경우 모두 그들과 가족들은 시간이 지남에 따라 경제적으로 나아졌다. 그러나 이러한 경제적 상승이 정부권력으로 무장한 사회개혁운동가들이 그들에게—당시 그들이 원했던 이상으로 더 좋은 주택을 구입하라고—강요했던 것으로부터 도움을 받은 것은 아니다. 나중에 도시 개량에 의해 재배치된 것은 다른 소수민족들이었다. 1950년대 도시 개량 프로그램들에 대한 획기적인 연구에 의하면, 재배치된 사람들의 3/5 이상이 흑인이거나 푸에르토리코인이었다.

주거환경의 개선과 같은 긍정적인 면의 이면에 주거비용의 증가라는 부정적인 면도 있다는 것을 제3자들은 보지 못하는 경향이 있다. 이들 주민의 의지에 반하여 빈민가 철거 프로그램을 정부권력으로 강요했을 때, 이 정책으로 인해 주민들이 궁극적으로 나아졌는지는 분명치 않다. 빈민가를 다른 방법으로 철거할 수도 있지 않았겠는가? 이것을 실험하는 한 가지 방법은 19세기에 평균 이하의 주택에 살았는데, 주택개혁운동가들이 간과했던 다른 가난에 찌든 집단을 고려하는 것이다. 그 예가 바로 미국 남부에서 자유를 획득한 흑인들이다.

남북전쟁이 끝난 후에도 흑인들은 여전히 노예시절에 살았던 더러운 마루를 가진 통나무집에서 살았다. 창문 유리와 같은 것들은 그 당시 이전에 노예였던 사람들에게는 알려지지 않았다. 그렇지만 흑인들을 위해 더 나은 주택을 마련해 주려는 어떤 개혁운동가도 없었음에도 불구하고, 시장에서의 일반적인 압력으로 인해 흑인들은 자신들이 살고 있던 주택을 개량하게 되었다. 이런 일은 흑인들이 자신들의 주택을 소유했거나 임차한 곳에서만이 아니라, 자신들이 노동자나 소작인으로 일했던 백인 토지 소유주들이 제공한 주택에 살았던 곳에서도 발생했다. 노동력을 얻으려는 경쟁으로 인해 백인들은 자신들을 위해 일하는 일부 흑인들을 위해 주택을 제공하지 않을 수 없었으며, 다른 흑인들의 경우 소득이 지속적으로 증가함에 따라 자신들이 사는 주택을 천천히, 그렇지만 확실하게 개량해 나갔다. 통나무집은 골조가 있는 주택으로 대체되었으며, 더러운 마루에는 널빤지를 깔았고, 20세기 초에는 유리로 된 창문이 등장하기 시작했다. 남북전쟁이 끝났을 무렵 흑인들이 거주했던 주택들은, 어떤 빈민가 철거나 다른 주택 개량 운동이 없었음에도 20세기 초에는 거의 사라졌다.

이 시기에 흑인들이 살았던 주택들은 여전히 여러 가지 위락시설들이 결여되어 있었지만, 북부의 이주민들의 빈민가와는 달리 정부나 사회개혁운동가들의 개입 없이 개선이 이루어졌다. 1896년경, 대부분 여전히 남부에 살았던 도시의 흑인들은 가족당 평균 세 개의 방을 가지고 있었다. 이런 주택도, 비록 같은 시기 뉴욕 시에 있던 유대인이나 이탈리아인들 보다는 덜 붐볐지만, 대가족으로 인해 매우 붐볐다. 요점은 사람들의 생산능력과 함께 소득이 증가함에 따라 사회개혁운동가들과 빈민가 철거 프로그램 없이도 열악한 주택들이 점차 개선되었다는 사실이다. 이런 프로그램들로부터 명백하게 혜택을 받은 사람들은 그런 프로그램들을 운영했던 사람들과 그런 프로그램들을 장려했던 사회개혁운동가들이었다. 그들은 자신들이 선량하고 중요하다고 느꼈을 것이다.

인종 분리

세계 여러 국가에서, 그리고 몇 세기에 걸쳐 특정한 집단들의 주택을 밀집시키거나 분리하는 것은 하나의 규칙이었다. 이것은 이런 집단들이 미국에서 흑인과 백인처럼 외모상 차이가 있을 때는 육안으로도 확연하게 볼 수 있는 반면, 그 차이를 육안으로 볼 수 없는 곳에서도 통상적으로 같은 현상이 발생했다.

인종집단들은 때로는 자생적으로 밀집하기도 하고, 때로는 밀집되어진 것으로 확인됐다. 그 이유는 그들이 이웃에 사는 것을 원치 않는 다른 집단들로부터 배척받았기 때문이거나, 행정기관이 그들에게 분리된 거주지역을 할당했기 때문이었다. "게토"*ghetto*라는 용어는 몇 세기 전 유럽에서 처음 사용되었으며, 유대인들이 갇혀 있던 지역으로서 밤에 장벽에 의해 폐쇄되던 지역을 나타낸다. 또한 남부 나이지리아 출신의 이보족*Ibos*은 북부 나이지리아에서 분리된 지역에 격리되었는데, 두 집단 모두 아프리카 흑인들로, 다른 사람들은 그 차이를 알 수 없을 정도였다. 과거에 동남아시아에 거주했던 소수민족으로서 중국인들은 원주민들이나 그들의 유럽인 지배자들 사이에서 아무 곳에서나 살 수 있도록 허용되지 않았고

통치기관이 지시한 지역에 한정해서 살아야 했다.

20세기 후반 브라질에서는 인종적 차이가 "갈색인", "흑인", 그리고 "백인"으로 나누어졌는데, 갈색인들과 흑인들은 갈색인들과 백인들이 서로 분리된 것보다 거주지역 면에서 훨씬 더 분리되었다. 그렇지만 이것이 정치기관의 명령에 의한 결과는 아니었다. 20세기 후반 미국에서 북유럽 인구들과 완전한 통합을 달성하기 위해서는 남유럽 출신 인구의 51.65%가 재배치되어야 한다는 것이 확인되었다.

"분리"라는 용어는 종종 거주집단의 자발적인 밀집과 행정당국에 의한 거주집단의 분리를 묘사하는 말로 사용되었다. 엄격한 의미에서 이 용어는 후자를 지칭하는 것으로 사용된다. 이러한 분리의 한 중간적 패턴이, 하나의 특정한 집단이 다른 집단들의 지역사회에 수용되지 않거나 용인되지 않는 것에 기인하는 집단 밀집이다. 또한 여러 가지 조합도 있다. 예를 들어 맨해튼*Manhatten*의 흑인들은 20세기 대부분을 다른 지역에서 환영받지 못했기 때문에 주로 할렘*Harlem*에 국한되었다. 그렇지만 할렘 내에서도 소득, 교육, 그리고 남부로부터의 도착시점 등에 따라 사람들의 밀집이 자발적으로 이루어졌는데, 보다 운이 좋은 흑인들은 할렘의 외곽에 살면서 주변의 백인 거주지역으로 자신들의 지역사회를 확장했다. 이민 시절 동안 뉴욕의 동쪽에서도 대규모 집단 거주지 안에 폴란드, 헝가리, 그리고 루마니아 출신의 유대인들이 밀집해 살았다.

많은 사람들이 인종적, 또는 민족적 주택 밀집을 개탄하면서 "해결"되어야 할 "문제"로 본다. 그렇지만 문화, 혈족관계, 그리고 언어의 유사성으로 인해 많은 사람들이 다른 곳에서 살 수 있는 기회가 주어지더라도 자신들의 집단 내에 사는 것을 선호한다. 외국어를 사용하는 이민 세대들은 경제적으로 나아져 토착민들이 살고 있는 보다 풍요로운 지역으로 이주할 수 있게 된 이후에도, 같은 국가에서 온 다른 사람들과 교류할 수 있는 지역에 안주하려는 경향이 있었다. 두 번째 세대와 그후의 세대들은 더욱 문화적으로 변형되는 경향이 있어, 더 쉽게 인종적 거주지로부터 빠져나와 커다란 사회의 주류에 편입될 수 있었다. 따라서 그들은 새로운 지역사회로 이주하는 데 덜 저항적이었다.

달리 말하면, 일정한 규모의 "인종주의" 라든가 일정한 집단의 주거를 제약하는 다른 기피요인이란 없을지도 모른다. 시간의 경과에 따른 집단 내에서의 변화가 수용 또는 저항의 정도를 변화시킬 수 있다. 왜냐하면 수용 또는 저항과 관련된 비용은 변하기 때문이다. 아마 이런 종류의 변화들 가운데 가장 설득력이 있는 예는 미국, 특히 도시 지역에서의 흑인 인구의 역사에서 찾을 수 있다. 노예제가 끝나기 오래 전에 이런저런 방법으로 자유롭게 된 흑인들이 있었으며, 19세기 중반에는 그 수가 50만 명에 달했다. 그들의 신분이 변하자 그들의 주택 선택권도 변했다. 북부의 도시에 살던 많은 흑인들은 도망친 노예들이거나 그 후손들이었는데, 그들은 현재 살고 있는 세상에 문화적으로 동화되는 능력이 결여되어 있었다. 19세기 중반 무렵 남부뿐만 아니라 북부의 자유로운 흑인들도 주택과 관련해서만이 아니라 모든 사람들에게 개방된 공공시설에 대한 접근이 금지되었다는 점에서도 사회적으로 수용되지 못했었다. 그렇지만 시간이 지나고 세대가 변함에 따라 이들 흑인들은 더욱더 문화적으로 동화되었으며, 더 큰 지역사회에 참여하는 데 덜 저항을 받게 되었다.

현대적으로 설명하면, 북부의 흑인 지역사회들은 19세기에 더 깨끗해지고 안전해졌으며, 자급자족할 수 있게 되었다. 제이컵 리스는 그 당시 뉴욕 시의 흑인들 사이에 "뚜렷하고 만족할 만한 개선"이 있었다고 말했으며, 현대 역사가들은 당시 뉴욕 시의 흑인들은 가장 최근에 이민 온 백인들보다 더 잘 살았다고 지적했다. 당시 흑인 웨이터들은 아일랜드 출신 웨이터들보다 보수가 많았으며, 크로톤 저수지*Croton reservoir*의 건설에 참여했던 흑인 건설노동자들은 이탈리아 노동자들보다 많은 보수를 받았다. 뒤부아W.E.B.DuBois는 19세기 필라델피아에서도 유사한 진전이 있었다고 지적했다. 그곳에서 흑인 요리사들과 웨이터들 일부가 도시의 선도적인 요식업자라는 지위까지 상승했으며, 이 과정에서 "흑인들의 존경"을 받게 되었다.

뒤부아는 또한 1899년에 "필라델피아의 흑인들에 대한 자유정신이 성장하고 있었다"고 지적하면서, 그 이유에 대해서는 "지역사회는 속박을 제거하고, 사소한 장애들을 쓸어버리며, 인종적 편견의 무자비함을 완화하려는 경향이 있다"고 설명했다. 그리고 그는 이런 경향에는 "주택의 자유가 증가했다"는 것이 포함된다고 지적했다. 시카고, 디트로이트, 그리고 북부의 다른 지역사회에서도 마찬가지 발전이 있었다. 따라서 1870~1890년대에 걸쳐 "전례 없는 인종적 친선과 통합의 시기"가 전개되었으며, 적어도 미국 북부에서는 인종관계가 지속적으로 개선될 것이라는 낙관론이 우세했다. 그렇지만 실제로는 이런 시대에 이어 북부에서는 인종관계에 있어 극적인 퇴보의 시대를 맞았다. 이런 퇴보는 단순히 백인들의 대중적 견해에 있어서의 설명할 수 없는 시계추의 흔들림은 아니었다. 진보의 시대와 퇴보의 시대 모두에 있어 현실이 변했고, 그런 가운데 견해가 변했다.

남북전쟁 이전 시대에 북부에 정착했지만 문화적으로 동화되지 못했던 흑인들이 백인들로부터의 부정적인 반응에 직면했던 것처럼, 19세기 말부터 20세기의 수십 년간에 걸쳐 남부로부터 북부로 이주해 온 많은 흑인들도 문화적으로 동화되지 못했다. 이런 퇴보의 가장 두드러진 예는 20세기까지 계속 존재했던 흑인 빈민가의 확대였다. 19세기 말 북부의 대부분의 도시에서는 그런 빈민가가 발생하지 않았다. 이것은 남부로부터의 대규모 이주 후에 북부의 도시들에 많은 흑인 인구가 존재하지 않았기 때문이 아니었다. 흑인 인구가 얼마든지 간에 그들은 백인들 사이에 분산되어 살아가는 경향이 있었다.

1910년대 말 시카고의 흑인 인구는 2/3 이상이 주로 백인들의 거주지 인근지역에 살았다. 그리고 1860년대 초 디트로이트에서 대부분의 흑인들은 특정 지역에 밀집되어 살았던 반면, 이 지역 내에서조차 주민들의 절반이 흑인인 거리가 없었다. 뉴욕, 필라델피아, 그리고 워싱턴에서도 마찬가지로, 다른 집단이 밀집되어 살듯이 흑인들이 밀집된 지역이 있었다. 그렇지만 나중에 보편적으로 된 것처럼 모두가 흑인들로 구성된 지역은 없었다. 남부로부터의 대규모 이주가 북부의 도시에 커다란 흑인 밀집지역을 탄생시켰다고 단순하게 말할 수는 없다. 흑인들은 이제 그들이 과거에 살 수 있었던 백인들의 지역사회에서 배척되기 시작했다. 1911년 볼티모어*Baltimore*는 최초로 주택분리법을 통과시켰다. 그리고 북부에서는 KKK[3]*Ku Klux Klan*단이 확대되기 시작했다.

인종주의가 변하는 태도의 특징을 나타낸다기보다 어떤 독립적인 대의명분이라도 되는 것처럼, 이런 경향에 대한 설명으로 "인종주의"를 인용할 수는 없다. 흑인들이 남부로부터 새롭게 이주해 오는 것을 원망하기는 백인들만이 아니라 북부에 살던 기존의 흑인들도 마찬가지였다. 흑인 언론은 남부로부터의 이주민들을 무식하고, 세속적이고, 난폭하며, 범죄 성향이 있다고 비난했다. 그리고 더 큰 규모의 백인사회의 눈으로 볼 때 흑인 전체의 입지에 위협이 된다고 비난했다. 남부 이주민들이 북부 도시들에서 흑인 인구의 대다수를 차지하게 되자, 고용에서만이 아니라 주택에서도 흑인들에 대한 장벽이 높아졌다.

이런 일들이 흑인들에게만 국한된 것은 아니었다. 초기에 아일랜드인들은 이웃으로서 환영받지 못했다. 이것은 단지 "인식", "정형화된 것", 또는 다른 주관적인 요인들의 문제는 아니었다. 1840년대에 시작된 아일랜드 이주민들의 대량 유입이 있기 전 콜레라는 미국의 도시들에서 전혀 알려지지 않았다. 그러다가 콜레라가 보스턴을 강타했을 때 콜레라가 출몰한 거의 대부분 지역이 아일랜드인들의 거주지였다. 같은 전염병이 뉴욕에 있는 아일랜드인들의 거주지역을 강타했다. 결핵과 알코올 중독 또한 여러 도시들에서 아일랜드인들의 지역사회에만 만연했다. 아일랜드인들의 거주지역들은 또한 매우 거친 지역들이었다. 뉴욕에서 가장 두드러진 아일랜드인들의 6구역은 "피가 낭자한 6구역"으로 알려졌으며, 다른 구역은 "지옥의 부엌"으로, 또 다른 구역은 "산후안 언덕" *San Juan Hill*으로 알려졌다. 왜냐하면 그곳에서의 전투가 스페인과 미국 간의 전쟁에서 일어났던 산후안 전투를 연상시켰기 때문이다. 다른 도시들에서 아일랜드인들의 지역은 유사한 이유로 유사한 이름을 갖고 있었다.

아일랜드인들이 다른 지역으로 이주하는 것에 대한 저항은 단순히 설명할 수 없는 "인식"이나 "정형화된 것"의 문제가 아니었다. 그렇지만 세대를 거치면서 아일랜드인들 자신이 변함에 따라 이들에 대한 태도 또한 변했다. 이것은 고용에서뿐만 아니라 주택에서도 이들을 널리 수용하는 데 반영되었으며, "아일랜드인들은 응모할 필요 없음" 이라는 문구도 시간이 지나자 점차 사라졌다. 모든 주택분리가 자생적이었던 것은 아니다. 이미 지적했듯이, 볼티모어 시는 1911년에 주택분리법을 통과시켰다. 볼티모어는 20세기에 주택으로 인종분리정책을 실시한 도시 가운데 하나였다. 마찬가지로 연방정부도 분리를 조장했다. 연방주택공단*The Federal Housing Administration*은 1940년대 말까지 주택들이 인종적으로 분리되어 있지 않으면 정부가 보증하는 주택자금을 빌려주지 않았다. 정부가 나중에 이런 정책을 파기하고, 전에는 모두 백인들만 거주하던 지역에 흑인들을 배치하기 시작했다는 사실이, 정부가 반드시 인종분리에 찬성하거나 반대한다는 것을 의미하지는 않는다. 모든 것은 그 당시의 태도와 정치에 달려 있다. 더욱이 주택분리의 경제학은 주택분리의 정치학과는 다르다.

시장의 작동을 통해 흑인 빈민가가 이전에는 모두 백인들만 거주하던 지역으로 확대된 곳에서의 이런 변화는, 이미 빈민가의 외곽에 살았던 교육을 더 받고 소득이 더 높았던 사람들에 의해 선도되는 경향이 있었다. 이들은 빈민가의 중심부에 살았던 소득이 낮고, 교육을 덜 받았으며, 훨씬 더 과격한 사람들보다 저항을 덜 받았던 사람들이었다. 그러나 정부에 의해 인종통합이 촉진되었던 곳에서 주택 프로젝트나 개인적으로 보조금을 받는 주택을 이용해 백인사회로 편입된 흑인들은 소득이 낮고, 교육을 받지 못했으며, 범죄율도 높은 사람들이었다.

어떤 종류의 빈민가의 확대도 저항에 부닥칠 수 있으며, 실제로도 그랬다. 더욱이 정부 프로그램에 대한 저항은 더욱 격렬한 경향이 있었다. 이런 저항을 모두 인종주의 탓으로 돌릴 수는 없었다. 실제로 일부 흑인 중산층의 지역사회는 그들이 빈민가에서 빠져나옴으로써 피하고자 했던 사람들을 자신들이 사는 곳으로 이주시키려 하자 격렬하게 반대했다.

시사점

주택의 경제학은 주택의 정치학과 매우 다르다. 주택의 정치학에서는 "적당한 주택" 이나 "열린 공간" 과 같이 다양한 목표들의 바람직함이라는 관점에서 쟁점들을 형성할 수 있다. 주택의 경제학은 우리들에게 목표달성에 필요한 비용에 대해 알게 해줄 수 있을 뿐이다. 그리고 이런 비용은 우리가 그 존재를 인정하든 말든, 또는 그 규모를 평가하든 말든 피할 수 없다는 것을 알게 해준다.

정치학은 매력적인 해답을 제공하지만, 경제학은 단지 상충관계만을 제공한다. 예를 들어 지역사회에서 아파트 건물의 고도를 제한하는 법률안이 상정되면, 정치학은 우리가 우리 마을에 높은 건물이 있는 것을 선호하는지, 아니면 적당한 높이의 건물을 선호하는지의 관점에서 문제를 제시한다. 경제학은 건물의 높이를 일정한 수준 이하로 유지하기 위해 당신은 무엇을 포기할 준비가 되어 있는지 묻는다. 토지비용이 아파트 건물의 비용 그 자체보다 더 많이 들거나, 아니면 적어도 같은 정도인 경우, 10층짜리 건물을 허용하는 것과 5층짜리 건물을 허용하는 것 간의 차이는 낮은 건물의 경우 임대료가 두 배가 될 것이라는 점이다. 그러면 질문은 단순히 당신이 낮은 건물을 선호하는지 여부가 아니다. 적절한 질문은, 당신은 낮은 건물을 얼마만큼 선호하며, 당신의 지역사회에 고도제한을 강제하는 데 어떤 대가를 지불할 용의가 있는가이다. 두 배의 임대료에 연간 세 명의 추가적인 고속도로 사망자들인가? 아니면 세 배의 임대료에 연간 여섯 명의 추가적인 고속도로 사망자들인가?

경제학은 그런 질문에 대답할 수는 없다. 경제학은 단지 당신이 그런 질문을 제기할 필요가 있음을 알려준다. 경제학은 "우울한 학문" 이라는 세례를 받았다. 그 이유는 경제학이 유쾌하고 무제한적인 비전, 그리고 이에 수반되는 수사법으로서 많은 사람들이 매력적이라고 생각하는 것들 대신에 피할 수 없는 제약과 고통스러운 상충관계들을 다루기 때문이다. 더욱이 경제학은 시간의 경과에 따라 의사결정의 결과가 어떻게 전개되는가를 추적하지, 이런 의사결정을 고무시켰던 일 단계에 무엇이 발생했는지를 추적하는 데 그치지 않는다. 주택문제만큼 그 결과가 오랫동안 지속되는 경우도 없다. 임대료 통제가 실시된 후 한 지역사회는 수십 년간, 또는 몇 세대에 걸쳐 주택이 부족하면서도 아파트 건물은 노화되고 공급은 감소하는 경험을 하게 된다.

시간의 경과로 인해 대중은 많은 정치적 결정들의 실질적인 결과를 알아차리지 못하게 된다. 현재 일부 연로한 뉴욕 시민들만이 제2차 세계대전 중 임대료 통제법이 도입되기 전에 주택사정이 어떠했는지 기억할 수 있을 뿐이다. 단지 매우 적은 수의 연로한 캘리포니아 사람들만이, 아파트나 주택에 대해 다른 곳보다 몇 배의 가격을 지불하는 대신, 캘리포니아의 주택가격이 다른 지역과 비슷했다는 사실을 기억할 정도이다. 과거에 있었던 특정한 정치적 결정의 이런저런 결과들은 오늘날 새로운 세대가 날씨라든가 다른 여건처럼 자연스럽게 받아들이면서 성장했던 "삶의 사실들" 로 간주된다.

혼잡한 고속도로를 이용해 출퇴근을 하면서 좌절감을 느끼는 캘리포니아의 운전자들은, 그들의 일상적인 좌절과 "열린 공간" 이나 "농지 보호"와 같이 매력적으로 들리는 정책들 간의 연관성을 이해하기 쉽지 않다. 이런 연관성을 지적하는 경제학자들은 이런 문제를 만들어 낸 것과 똑같은 일 단계 사고를 이용해 운전자들이 당면한 현재의 문제를 해결해 주려는 정치인들만큼 대중적으로 인기를 얻지 못한다.

Chapter 05

자유노동과 부자유노동

Free and Unfree Labor

역자 들어가기

인류 역사에서 가장 중요한 생산요소는 노동이었고, 앞으로도 그럴 것이다. 노동은 경제적으로 가치 있는 모든 것들을 생산하는 데 항상 핵심적인 역할을 하고 있다. 저자 토머스 소웰은 자신이 주장하는 일 단계 사고와 그 이상의 사고를 비교하기 위한 다른 예로서 노동을 택했다. 이를 위해 그는 우선 노동을 자유노동 *free labor*과 부자유노동*unfree labor*으로 구분한다. 이들을 구분하는 기준은 노동의 대가를 정당하게 받는가, 아니면 금전적 보상 없이 강제로 노동을 해야 하는가이다. 이런 의미에서 오늘날 부자유노동의 사례는 일부 특수한 경우를 제외하고는 전 세계 어디에서도 찾아보기 어렵다. 그럼에도 소웰은 이들 간의 구분은 여전히 정도의 문제라고 지적하면서, 그 이유는 오늘날에도 여러 가지 법적 제약으로 인해 완전히 자유로운 노동은 예외적인 반면, 부자유노동에도 어느 정도 금전적 보상이 따르기 때문이라고 설명한다. 역자는 이와 같은 소웰의 견해에 전적으로 동의하지는 않는다. 그렇지만 일 단계 사고와 그 이상의 사고를 비교하는 데 이런 구분이 의미가 있다는 점은 인정한다.

먼저 자유노동은 가장 생산성이 높은 용도에 투입됨으로써 개인적으로만이 아니라 사회적으로도 가장 바람직한 결과를 가져온다. 그런데 노동을 단순히 육체적 능력으로서가 아니라 인적 자본 *human capital*으로 이해할 때 자유노동의 의의를 정확하게 이해할 수 있다. 소웰은 자유노동에 대한 법적 제약으로서 사회적으로 부정적인 영향을 미치는 것들로 최저임금제와 직장안정법 등을 지적한다. 최저임금제는 제3자가 노동자에게 필요한 것을 정해 주지만, 이것은 일 단계 사고를 넘어서지 못한다고 지적한다. 왜냐하면 이로 인해 오히려 일자리를 잃는 사람들은 자신의 인적 자본을 축적할 기회를 상실하기 때문이다. 직장안정법 또한 기존에 직장이 있는 사람들은 보호하지만, 새로운 직장을 얻는 것을 방해함으로써 인적 자본을 축적할 기회를 제한한다. 그리고 과거에는 무보

수 노동을 인정했지만 오늘날에는 금지하고 있는데, 이것 또한 인적 자본을 축적할 수 있는 기회를 제한한다고 주장한다. 또한 노동시장에 대한 각종 규제의 성과는 궁극적으로 노동자들이 인적 자본을 축적하는 데 기여하는지 여부에 의해 판단해야 하며, 이것이 바로 일 단계 사고를 극복하는 길이라고 주장한다.

오늘날 부자유노동은 아주 예외적인 현상임에는 틀림없다. 그렇지만 소웰은 다양한 부자유노동의 예를 통해 일 단계 사고로 인한 부정적인 결과들을 보여준다. 대표적인 예로 소련의 강제노동수용소인 굴락*gulag*에 수용된 노동자들의 경우, 수용소를 감독하는 사람들이 노동을 효율적으로 활용할 인센티브가 없기 때문에 얼마나 비효율적으로 그들의 노동을 활용했는지 보여준다. 그리고 노예들의 경우에도 노예 소유주가 직접 관리하는 경우와 노예 감독관이 대리로 관리하는 경우를 비교함으로써, 일 단계 이상을 생각하지 않는 노예 감독관들이 노예 노동을 얼마나 비효율적으로 활용했는지 보여준다. 이것은 노예제와 같은 극단적인 부자유노동의 경우에도 일 단계 이상을 생각하는 것이 얼마나 중요한지 강조하기 위해서이다. 소웰은 심지어 직업으로서의 범죄의 예를 통해 이들 범죄자들이 주어진 여건에 얼마나 합리적으로 대응하는가를 보여준다. 이를 통해 인간이 항상 자신에게 주어진 인센티브와 제약에 가장 적절하게 반응한다는 것을 강조한다. 이 장에서 소웰이 전개한 논리는 지나치게 자유시장을 옹호하는 경향이 있다. 그렇지만 이것이 시장에 대한 무분별한 개입을 정당화하지는 않는다.

한 학생이 역사학 교수에게 "노예제는 어디서 유래했습니까?" 라고 물었다. 그 교수는 "자네는 질문을 잘못 했네. 제대로 된 질문은 '자유는 어디서 유래했는가?' 일세" 라고 대답했다.

노예제는 인간이 만든 가장 오래되고 보편적인 제도 가운데 하나이다. 노예제는 역사가 기록된 초기까지 거슬러 올라가 범세계적으로 존재했었다. 고고학 자료에 의하면, 노예제는 인간이 쓰는 법을 배우기 전부터 존재했다고 한다. 그렇지만 누구도 노예제가 언제 시작됐는지 정확하게 모른다. 반면 역사가 말해 주듯이 평범한 다수의 자유라는 아이디어는 상대적으로 새로운 것이다. 이것은 오늘날에도 지구상에서 보편적으로 수용되지 못하고 있다. 19세기가 지날 무렵 세계 대부분의 지역에서 노예제는 폐지되었으나, 21세기에 와서도 여기저기에 잔존하고 있다. 게다가 노예제 이외에 다른 종류의 부자유노동이 존재했고, 지금도 존재한다.

우리가 당연시하는 여러 가지 자유 가운데 하나는 어떤 일은 하고 어떤 일은 하지 않을 것인지 선택할 권리이다. 그러나 여러 세기 동안 대부분의 국가에서 대부분의 사람들은 그런 선택권을 갖지 못했다. 만일 당신이 구두제조공의 아들이라면 당신은 구두를 만들어야 했을 것이다. 만약 당신이 농부의 딸이라면 자라나는 동안 여러 가지 허드렛일을 해야 했으며, 결혼한 후에도 더 많은 가사일을 해야만 했을 것이다. 당시 "자유" 노동과 "부자유" 노동의 차이는 일의 대가를 지불받는가, 아니면 금전적 보상 없이 강제로 일해야 하는가 여부였다. 이와 같이 강요된 노동은 일시적일 수도 있었고, 귀족의 밭을 일구는 지루한 일에서부터 군대 부역에 이르기까지 다양했다. 군대에서 복무한 이후에는 자신의 농장으로 돌아가거나 다른 일을 할 수 있었다. 더 불행했던 사람들은 평생을 농노나 노예로 지낸 사람들인데, 이들의 지위는 자식들에게 상속되었다.

오늘날 대부분의 국가에서 자유노동은 하나의 규범이 되었지만, 강제노동은 자유민주주의 국가에서조차 강제징집과 강제적인 배심원 의무와 같은 형태로 여전히 잔존하고 있다. 노골적인 노예제는 모리타니아, 수단, 그리고 나이지리아와 같은 몇몇 국가에 여전히 존재한다. 인도의 일부 지방에서는 가족 구성원들이 자신들이 태어나기 전에 조상이 남겨 논 부채 때문에 여러 세대에 걸쳐 노예상태로 지내야 한다. 이들은 때로 부채노예*debt peonage* 혹은 단순히 변형된 노예라 불린다.

원칙상 자유노동과 부자유노동은 극명하게 구분됨에도 불구하고, 실제로는 자유로운 사람들에게도 법과 정책에 의해 여러 제약이 주어지고 있는 실정이다. 예를 들면 어떤 경우에는 면허를 필요로 하며, 어떤 직업의 경우에는 노동조합에 가입해야 하는데, 조합원 자격이나 필요한 면허의 수량이 자의적으로 한정되어 있다. 자유시장에서 고용주와 피고용자 간의 전적으로 자발적인 합의는 이론상 가능하지만, 현실에서는 그렇지 않다. 자신을 위해 일하고자 하는 사람이라면 누구나 고용하려는 고용주의 자유는 미성년자 노동법, 반차별법, 그리고 노동조합과의 계약뿐만 아니라 다른 규제와 정책에 의해 심각하게 제한받고 있다.

한편 부자유노동의 경우, 특히 일부 도시의 노예들은 자신의 고용주를 선택할 수 있는 권리를 가졌는데, 이런 선택권을 행사하게 해준 노예주인과 수입을 공유했다. 비록 시대와 장소에 따라 정도는 달랐지만, 이러한 관행은 로마 제국까지 거슬러 올라가 존재했다.

자유노동

자유노동시장의 이점은 근로자들뿐만 아니라 경제 전반에 걸쳐 혜택을 준다는 데 있다. 보수는 보통 생산성에 근거하며, 근로자들은 높은 보수를 주는 직업을 추구하는 경향이 있다. 이런 전체적인 과정으로 인해 사람들은 재화와 서비스를 생산할 때 가장 많이 기여할 수 있는 곳으로 이동하게 된다. 누가 어디서 일할 것인가를 자의적으로 제한하는 것은 직업을 거부당한 사람들의 이익뿐만 아니라, 원하는 재화와 서비스를 풍족하게, 그리고 가장 저렴하게 소비할 수 있는 기회를 거부당하는 소비자들의 이익을 희생시키는 것이다. 그럼에도 대부분의 사람들은 어린아이들이 탄광이나 위험한 기계가 설치된 공장에서 일하는 것을 원치 않는다. 실제로 모든 사람들은 의학교육을 받았던 안 받았던 수술을 집도하고 싶은 사람이면 누구나 수술을 집도하도록 허용되는 것을 원치 않는다. 도둑질과 같은 일부 직업은 명백하게 금지되어 있다.

좋든 나쁘든 이런저런 이유로 자유노동에는 여러 제약이 있으며, 이들을 고용하는 사람들에게도 마찬가지이다. 이런 제약에는 직업별 면허, 직장안정법, 그리고 최저임금제 등이 포함된다. 또한 노동이라 불리는 것 가운데 상당수가 사실은 자본이라는 사실을 주의해야 한다.

인적 자본

현대 산업사회에서 대부분의 사람들은 근로자, 또는 노동자라 불린다. 그렇지만 사람은 노동뿐만 아니라 자본투자도 상징한다. 부모나 후견인들로부터 지식과 경험을 전수받는 것뿐만 아니라 학교 교육, 직업 체험, 읽기, 자동차나 컴퓨터를 통해 얻는 경험 등 이 모든 것들이 직업에 필요한 기술, 통찰력 및 능력을 발전시키는 데 기여한다. 경제학자들은 이런 것들을 인적 자본이라 부른다. 인적 노동과 인적 자본을 구분하는 것은 아무런 결론 없이 추상적인 개념들을 나열하는 것에 불과하다.

노동능력은 보통 인간이 육체적으로 절정기에 있는 성년의 초기에 가장 크다. 많은 노동자들이 자신들의 육체적 능력 이상 기여하기 어려웠던 과거에는, 중년의 육체노동자는 20대의 젊은 노동자에 비해 고용가치가 떨어졌다. 그러나 오늘날 생계를 위해 일하는 대부분의 사람들이 나이를 먹어감에 따라 점점 더 많이 벌게 되는 현상은 나이와 함께 증가하는 인적 자본으로부터 수입을 얻는 것으로 보는 것이 훨씬 일관성이 있다. 사람의 근육이 아니라 기계로부터 동력을 점점 더 많이 얻게 되고, 정보와 고급기술이 점점 더 중요해지는 경제에서 물리적 힘은 점점 덜 중요해지므로, 인적 자본의 개념은 여성과 남성 간의 소득격차가 줄어드는 현상과 일관성이 있다.

인적 자본의 중요성이 점점 증가하게 되어 성별 소득격차는 점점 줄어드는 반면, 열심히 지식을 습득하고 기술을 연마한 사람들과 그렇지 못한 사람들 간의 소득격차는 점점 더 커지고 있다. 게다가 일에 대해 더 많은 보상을 해주는 다른 원천들과 마찬가지로, 인적 자본은 일을 하는 사람들과 그렇지 않은 사람들 간의 격차를 더 벌어지게 하고 있다. 미국에서 하위 20%의 소득계층에 속한 사람들은 상위 20%의 소득계층에 속한 사람들이 연간 일하는 시간의 일부만을 공급하고 있다. 경험이 많은 사람들의 소득이 증가하고, 자유시장이 작동하는 사회에서 소득의 불평등이 증가하고 있다는 사실은 인적 자본의 영향을 보여준다.

오늘날 대부분의 직업은 보수를 지불하고 경험을 쌓게 해주지만, 한때는 경험이 없고 교육을 받지 못한 젊은이들이 보수를 전혀 받지 않고 직업을 택하는 것이 흔한 일이었다. 이것은 명백히 인적 자본을 획득하기 위해 그들의 시간과 노동을 투자하는 것이었다. 보수가 있든 없든 도제제도는 세계 여러 곳에서 아주 오래된 제도였으며, 미국에서 무보수 노동은 1930년대 세계 대공황 시절까지도 흔한 일이었다. 왜냐하면 그 당시 사람들은 나중에 보수를 받는 직업을 얻을 가능성을 증가시키는 직업훈련의 기회를 얻기 위해 무보수로 일하려 했기 때문이다.

제1차 세계대전 무렵 폴 윌리엄Paul William이라는 미국의 흑인 청년은 그 당시 흑인으로서는 생각하기 어려운 건축가가 되고자 했다. 그리고 그는 유일하게 보수를 주겠다는 건축설계회사의 일자리를 포기하고, 유명한 건축설계회사에 무보수로 잡일을 하는 심부름꾼으로 들어갔다. 그는 분명히 자신의 경력에서 초기 단계 이상을 생각했던 것이다.

폴 윌리엄은 건축가로서 오랫동안 두드러진 경력을 쌓았다. 그는 영화배우를 위한 저택을 비롯해 은행, 호텔, 교회 등을 설계했으며, 나중에 로스엔젤레스 국제공항의 설계에도 참여했다. 주식이나 채권에 돈을 투자하는 사람처럼 그는 시간과 노동을 인적 자본을 획득하는 데 투자했으며, 전문가로서의 경력이 쌓여가면서 충분한 보상을 받았다.

다른 예를 19세기에 발견할 수 있는데, 뉴욕 주 북부에 소재한 한 점포에 일자리를 구하고자 했던 남루한 옷을 걸친 가난에 찌든 청년이 있었다. 그의 이름은 프랭크 윈필드 울워스Frank Winfield Woolworth였는데, 나중에 자신의 이름을 딴 잡화점 체인의 주인이 되었다. 그러나 1873년에 그는 단지 앞날이 순탄치 않은 청년이었다. 그 당시 상황은 다음과 같다.

> 상점 주인은 자신의 수염을 손가락으로 돌돌 말아 올린다. 그 앞에 있는 청년은 분명히 참신하지만 진지하게 보이지는 않는다. 당시는 어려운 시기라 적어도 20명의 경험 있는 지원자들이 곧 그 일자리를 얻으려 쇄도할 것 같다.
>
> 그리고 어느 모로 보나 그 소년은 훌륭한 판매원이 될 잠재력을 가지고 있는 것 같지는 않다. 그러나 주인은 그에게서 무엇인가를 본다. 그는 "좋아. 그 일자리는 네 거다. 월요일부터 일해라" 라고 말한다. 자신의 감정을 억제하면서 그 젊은이는 주인에게 "제게 얼마를 주실 거죠?" 라고 묻는다. 주인은 "돈을 달라고? 너는 내가 돈을 줄 것으로 기대하느냐? 오히려 너에게 사업을 가르치니 네가 내게 돈을 줘야 하지 않겠니?" 라고 소리친다.

3개월 동안 무보수로 일한다는 조건이 가혹할지 모르며, 심지어 착취라고 느껴질 것이다. 그러나 이런 거래를 통해 누가 가장 많은 혜택을 보았겠는가?[1]

울워스는 의식 있는 근로자였지만, 시골뜨기로서 매우 서툴렀기 때문에 처음에 그의 임무는 바닥을 닦거나 선반의 먼지를 터는 등의 일을 하는 것으로서, 결코 도전할 만한 일들이 아니었다. 그 상점의 다른 점원들은 그를 놀려댔다. 간단히 말해, 그는 자신의 가치만큼 보수를 받았다.

오랜 시간이 지나서야 그는 손님들을 접대하는 역할을 맡을 수 있었다.

울워스는 3개월간 아침 7시부터 저녁 9시까지의 무보수 노동을 투자해 복권보다 더 큰 보상을 받았다. 보수를 받는 직원이 된 후 그 상점에서 일하면서 축적한 지식과 경험 덕에 그는 자신의 점포를 열 수 있었으며, 그후 몇십 년 안에 전 세계에 수천 개의 점포를 갖게 되었다. 그는 당대 최고의 부자 가운데 한 명이 되었다.[2] 나중에 울워스는 자신을 고용해 준 사람에게 고맙다는 의사표시를 했으며, 그를 울워스 소매체인의 파트너로 삼았다. 울워스는 그에게 사업을 가르침으로써 보상했던 것이다.

최근에 와서는 최저임금제와 무보수 직업에 대한 공식적 불인정으로 인해, 이런 방식으로 인적 자본을 획득할 수 있는 방법은 사라졌다. 그렇지만 많은 사람들이 여전히 다른 곳에서 받을 수 있는 것보다 보수를 적게 주는 일자리를 택하고 있다. 그 이유는 보수가 적은 일자리를 통해 얻는 경험이 가치가 있으며, 자신들의 경력에서 나중에 현금화될 수 있는 것으로 기대하기 때문이다. 그들은 일 단계 이상을 생각하고 있는 것이다.

어떤 사람들은 정부규제기관에서 보수가 많지 않은 관료로서 행정직의 경력을 시작한다. 그들의 지식은 기업들이 정부의 여러 규제와 규칙에 대처하는 데 가치가 있으므로, 나중에 그런 기관의 규제를 받는 민간기업에서 보수를 많이 받는 자리를 얻을 수 있기 때문이다. 과학분야에서 박사학위를 받은 사람들 중 일부는 유명한 대학에서 박사 후 과정을 밟는다. 그들은 덜 유명한 대학에서 강의를 담당하면 이런 과정에서 받는 것보다 더 많은 보수를 받을 수 있지만, 이것을 포기하고 세계적인 화학자들이나 물리학자들과 같이 연구할 수 있기 때문에 이런 과정을 밟는다. 각 분야에서 최고 수준의 사람들과 함께 연구하고 배운 후, 그들 자신의 명성이 올라갔기 때문에 더 많은 보수를 받고 더 좋은 기관에서 일할 수 있게 된다.

보수가 적은 직업을 "천하다"고 경멸하거나 단순한 일에 대해 지급하는 "푼돈"을 수용하기를 거부하는 사람들은 보통 일 단계 이상을 생각하지 않는 셈이다. 폴 윌리엄이나 프랭크 울워스와 같은 개인들만이 이런 식으로 일을 시작한 것이 아니다. 많은 사람들이 이렇게 자신의 인적 자본을 개발했고, 나중에 보상을 챙겼다. 미국에서 상위 1%의 부자들에 대한 연구에 의하면, 이들이 임시직으로 일을 시작했을 때의 평균 나이는 15세였는데, 이것은 아동노동법을 위반하는 것이었다. 사람들이 평생 동안 속해 있는 고정된 "계급"의 가정에도 불구하고 저소득 계층에 속해 있는 대부분의 미국인들은 그 계층에 몇 년 이상 속해 있지 않는다.

상류사회로의 이동이 "미국의 꿈"*The American Dream*이라 불려왔지만, 이것은 단지 미국에 국한된 것도 아니며, 단지 꿈만도 아니다. 연구에 의하면 그리스, 네덜란드, 영국, 캐나다, 그리고 뉴질랜드에서도 유사한 패턴이 발견되었다. 소득계층의 다른 반대쪽에 대해 살펴보자. 『포브스』[3] *Forbes*가 1982년에 처음 미국에서 가장 부유한 400인의 명단을 발표했을 때, 거기에는 14명의 록펠러Rockefeller, 23명의 듀퐁Dupont, 그리고 11명의 헌트Hunt 가문의 후예들이 포함되어 있었다. 20년 후 그 명단에는 세 명의 록펠러, 한 명의 헌트만 포함되었으며, 듀퐁은 한 명도 없었다.

이런 패턴은 서구의 산업화된 사회에서는 일상적이지만, 그렇다고 서구에만 국한된 것은 아니다. 심지어 인도와 같이 카스트*caste* 제도에 찌든 사회에서도, 특히 20세기 말에 자유시장이 출현한 이후 무일푼에서 부자로 성공한 놀라운 사례들을 발견할 수 있다. 시골마을에서는 엄격한 카스트 제도가 계속 준수되고 있지만, 인도 경제의 현대적 첨단기술부문에서 그런 제도를 유지하려면 큰 대가를 치러야 한다. 그 대가에는 최상류층 출신이 아닌 재능 있는 과학자, 엔지니어, 발명가, 그리고 기업가들을 고용할 경우 얻을 수 있는 막대한 이윤을 포기하는 것이 포함되어 있다.

역설적이게도 사람들이 속해 있는 고정된 "계급"이라는 관념이 광범위하게 영향력을 행사하고 있을 무렵, 세계 전역에서 그런 가정에 상반되는 증거가 점점 더 많이 드러났다. 경제적 기회와 상류사회로의 이동이라는 아이디어를 경멸하는 것이 유행이 되었던 반면—유행과 경멸은 지식을 대체한다—자유시장경제에서는 소득의 이동성은 예외가 아니라 규칙이라는 증거가 계속 쌓였다. 런던 경제대학의 피터 바우어Peter Bauer 교수는 "영국 산업은 수십 년간 아니 몇 세기 동안 새로운 사람들, 때로는 초라하게 시작했지만 자신의 길을 개척했던 사람들에 의해 경영되어 왔으며, 현재 경영되고 있다"고 논평했다. 그러나 명백하게도 그런 사실들이 일반적인 인식을 크게 바꾸지는 못했다. 바우어 교수는 또한 "신문에서 아무것도 없이 시작해 큰 부자가 된 사람들에 대한 기사를 읽는 한편, 그 옆에 실린 영국에서의 엄격한 계급구조에 대해 불평하는 기사를 읽는 일이 보통이다"라고 지적했다.

맥도널드에서 일을 시작하는 젊은 사람들이 맥도널드에서 자신의 경력을 마감하는 일은 거의 없다. 맥도널드에서는 1년 내 이직률이 100%를 넘는다. 이직하는 사람들은 단지 규칙적으로 출근하고, 다른 사람들과 협력하며, 사업환경에서 스스로 처신하는 법을 배울 뿐만 아니라, 앞으로 그들이 다른 직장에서 점점 더 높은 지위로 올라갈 수 있도록 해주는 경력을 가지고 떠난다. 맥도널드에서의 경험과 경력은 햄버거를 팔면서 받은 얼마 안 되는 보수보다 장기적으로 훨씬 더 가치가 있을 것이다.

달리 말하면, 경험이 없거나 거의 없는 사람들에게 이득이 되는 고용 기회를 줄이는 것이라면 무엇이든, 그들과 사회가 "천하다" 고, 또는 "푼돈" 을 지불한다고 무시해서 일자리가 없어진 것 이상의 대가를 치르게 된다. 예를 들어 최저임금제로 인해 보수가 낮은 일자리가 줄었을 때, 일부 정치가들과 저널리스트들이 한 다음과 같은 말처럼, 결코 후회할 일은 아니라고 고고한 도덕적 자세를 취하는 것보다 더 쉬운 일은 없다.

> 매일 일어나 일하러 가는 사람들은 필수적인 욕구를 충족시키기 위해 필요한 돈을 벌 자격이 있다. 그런 기본적인 수준의 보상을 제공할 정도로 충분히 생산적이지 못한 고용주들 – 일부 중상모략하는 사람들은 이들을 사기꾼이라 부른다 – 은 풍요한 사회에 속하지 않는다.

근로자들의 "필수적인 욕구" 에 대한 제3자의 생각에 의해 임금이 결정되는 것은, 임금이 수요와 공급에 의해 결정되는 것과 현저하게 다르다. 그리고 이런 방식으로 해서 경제의 자원배분이나 근로자들 자신의 이해관계가 더 잘 해결될지도 분명하지 않다. 이런 근로자들은 자신들의 가장 "필수적인 욕구" 는 일자리 자체이며, 일자리들과 이것들을 제공하는 고용주들을 없애는 것은 결코 그들의 문제를 해결해 주는 것이 아니라고 느낄 것이다. 유일하게 혜택을 받는 사람들은 다른 사람들에 대해 그와 같이 자의적인 힘을 행사할 수 있는 권리를 획득한 사람들로서, 실제로는 혼란스러우면서도 자신들이 중요하고 고상하다고 느낄 것이다.

제3자적 관찰자들이 가치가 없다고 간주하는 고용주들을 위해 일하고 있는 사람들은, 더 나은 일자리들이 존재한다면 결코 그들을 위해 일하지 않을 것이 명백하다. 선택권이 거의 없는 사람들에게서 선택권 중 하나를 제거하면서 어떻게 그들을 더 나아지도록 할 수 있는가? 제3세계에서 다국적기업에 의해 고용된 저임금 노동자들의 현실에 대해 분노하는 많은 제3자적인 관찰자들에게서 명백하게 이와 유사한 일 단계 사고를 발견할 수 있다. 그런 근로자들에게 지불하는 보수가 보다 풍요로운 산업사회에서 일하는 근로자들의 보수에 비해 종종 낮은 것은 사실이지만, 그들의 생산성 또한 낮다. 한 국제적인 컨설팅 회사는 인도의 근대화된 부문에서 일하는 사람들의 평균적인 노동생산성은 미국의 15% 정도에 불과하다고 결론내렸다.

달리 말해, 만약 당신이 평균적인 인도 근로자를 고용하고 평균적인 미국의 근로자에게 지급하는 것의 20%를 지급한다면, 일정량의 일을 끝내는 데 미국에서보다 인도에서 더 많은 비용이 소요될 것이다. 미국 근로자가 생산하는 것의 15%만을 생산하는 사람에게 미국 근로자가 받는 보수의 20%를 지급하면 당신의 비용은 증가할 것이다. 그럼에도 불구하고 당신은 "값싼 노동"을 고용하고 있으며, "착취"를 하고 있다는 비난을 면하기 어려울 것이다.

다른 국가에 비해 어떤 국가에서의 근로자 일인당 생산량이 현저하게 낮은 데는 이유가 있으며, 근로자들의 노력과 지능이 부족해서 그런 것만은 아니다. 근로자들이 사용하는 장비의 규모와 질, 기업 경영의 선진화 수준, 그리고 심지어는 형편없는 도로와 다른 사회간접자본으로 인한 높은 물류비용 등등이 모두 나름대로 역할을 한다. 경영은 노동생산성과 밀접하게 관련되어 있다. 미국 경영진이 운영하는 영국에 있는 회사들은 영국 경영진이 운영하는 영국 회사들보다 생산성이 50% 이상 높다.

도로가 빈약하고 비효율적인 철도망을 가진 제3세계 국가에서 선적되는 재화의 순가치는 그런 여건으로 인해 추가되는 선적비용만큼 감소한다. 또한 가난한 국가들에서는 부패수준이 매우 높다. 수많은 규제와 번거로운 요구사항을 강요하는 관리들에게 시달리거나 사업이 지연되지 않고 진행되게 하기 위해서는 다양한 형태의 뇌물을 주어야 한다. 제품을 생산하는 근로자의 가치는 그 제품으로 고용주가 얼마만큼의 돈을 버는가에 근거하기 때문에, 운송비와 다른 비용이 많이 들면 근로자의 가치는 낮아진다. 제품 자체는 그것이 제3세계에서 생산되었든 근대적인 산업국가에서 생산되었든 세계시장에서는 같은 가격에 팔린다. 그러나 어떤 경우에나 제품이 공장으로부터 판매지점까지 도달하는 데 소요되는 비용은 공제되어야 한다. 비효율적인 교통망과 부패한 관리들이 있는 국가에서 그런 공제액이 많으면, 그 제품을 생산하는 기업에게 돌아가는 순가치는 작아지고, 따라서 그 제품을 만드는 데 투입되는 노동의 가치 또한 작아진다.

비록 근로자들에게 더 산업화된 국가에서 받는 것만큼 임금을 주지는 않고 있지만, 다국적기업들은 이미 제3세계에서 국내기업에 비해 두 배의 임금을 지불하고 있다. 다국적기업들이 제3세계에서 종업원들의 임금수준을 높였다고 주장하는 것이 일 단계 이상을 생각하지 않는 사람들에게는 좋게 들릴지 모른다. 그러나 법이나 대중적 압력에 의해 강요된 높은 임금수준으로 인해 다국적기업들은 제3세계의 근로자들을 더 이상 고용하지 않는 것이 경제적으로 유리해졌을지도 모른다. 왜냐하면 그들의 생산물의 가치는 제3자가 지불하고자 하는 것보다 작기 때문이다. 이것은 또한 제3세계의 근로자들이 국내기업보다 더 많은 임금을 지불하는 직장을 잃을 뿐만 아니라, 보다 더 효율적인 기업에서 일함으로써 획득할 수 있는 인적 자본을 잃는다는 것을 의미한다.

"착취" 이론과는 반대로, 대부분의 다국적기업들은 임금수준이 낮은 국가보다는 임금수준이 높은 국가에서 경영활동을 하고 있다. 예를 들어 미국은 인도나 가난에 찌든 아프리카의 사하라 지역보다는 유럽과 일본과 같이 풍요하고 고임금인 국가들에 투자한다. 저임금의 근로자들이 착취당하는 것을 두려워하는 사람들은 이런 현상을 바람직한 것으로 간주한다. 그렇지만 실제로 많은 절실한 사람들이 그렇게 필요로 하는 소득을 얻고 인적 자본을 증가시킬 수 있는 기회를 포기해야 한다는 것, 그리고 미래에 그들 국가의 번영 가능성을 잃는다는 것은 비극이다. 그들의 잠재적 은인들이 생산성을 향상시키지 못한 채 그들의 임금수준을 올려야 한다면, 최종 결과는 그들이 직장을 잃게 될 가능성이 높다는 사실이다. 일찍이 어느 유명한 경제학자는 다음과 같이 말했다 : 누군가가 어느 한 사람에게 적게 지불하는 것을 불법으로 만든다고 하더라도, 우리는 그 사람이 일정한 수준 이상 가치가 있도록 만들 수는 없다.

직장안정

일 단계 이상 생각하지 않기 때문에 의도하지 않았던 불리한 결과가 발생하는 정책을 촉진하는 다른 영역이 정부나 노동조합이 강요하는 직장안정법*job security laws*과 정책의 영역이다. 이런 법의 명백한 목적은 실업을 줄이는 것이지만, 실제로 이런 효과가 있다고 말하기는 어렵다.

직장안정법과 정책은, 고용주들이 경제적인 이유로 근로자들을 일시해고하거나 만족하게 일하지 못한다는 이유로 해고하는 것을 제한한다. 예를 들어 인도에서는 정부가 소유하고 있는 통신회사에 근무하는 엔지니어는 그 회사가 언젠가 민영화된다고 하더라도 평생직장을 보장받았다. 폴란드에서도 마찬가지였는데, 공산주의 시절의 국영기업을 외국의 투자가에게 매각할 때 선행조건들이 있었다. 예를 들어 프랑스의 통신회사가 폴란드의 통신회사를 인수할 때에는 4년간 "임시해고 금지", 벨기에 기업이 폴란드의 발전소를 매입할 때에는 10년간 "임시해고 유예"와 같은 조건들을 제시했다. 『이코노미스트』에 의하면, 독일에서 시행 중인 직장안정법과 근로자들에 대한 의무적 혜택조항은 독일 산업에서 노동비용이 차지하는 비중을 세계에서 가장 높게 만들었으며, 일자리를 창출하는 데 가장 큰 장애물이다.

비록 그런 법이 이미 일자리를 갖고 있는 근로자들은 보호하겠지만, 이로 인해 노동비용이 증가함으로써 아직 일자리를 갖지 못한 사람들을 위해 기업이 일자리를 창출하는 데 필요한 투자를 망설이게 한다. 이런 법은 생산을 더 많이 해야 할 때 근로자들을 추가로 고용하기보다는, 노동절약적인 기계장비를 구입하거나 기존의 근로자들에게 초과근무를 시키는 것이 더 유리하게 만든다. 왜냐하면 생산이 종전의 수준으로 돌아갔을 때 그들을 해고시키기가 어렵기 때문이다. 그와 같은 직장안정법을 실시하는 국가에서는 그런 법이 없는 국가에서보다 오히려 높은 실업률을 보이고 있다. 이것은 일 단계에는 혜택이 있고 나중 단계에서는 손실이 발생하는 고전적인 예에 해당한다.

정부가 납세자들의 돈으로 하고자 하는 일 가운데 극단적인 예가 인도에 있는 국가 소유의 비료공장의 경우이다. 이 비료공장은 비료를 전혀 생산하지 않았음에도 불구하고 여러 해 동안 수천 명의 근로자들을 고용했다.

> 청소부들은 공장을 깨끗하게 유지했고, 기술자들은 기계들을 좋은 상태로 유지했으며, 수리공장은 예비부품들을 공급했다. 관리자들과 근로자들은 일하러 왔으며, 인사부에서는 출근을 확인했다. 누구나 보너스는 물론, 어떤 경우에는 초과수당을 포함해서 보수를 충분히 지급받았다. 그렇지만 그들은 할 일이 없었다. 왜냐하면 공장이 건설되고 나서 곧 그 회사는 살아남을 수 없다는 것이 발견되었기 때문이다. 만약 생산을 했다면 그 회사는 엄청난 손실을 보았을 것이다. 생산을 하지 않는 것이 오히려 유리했다. 그럼에도 그들은 공장을 폐쇄할 수 없었다. 폐쇄하는 것은 정치적으로 불리할 뿐만 아니라 법이 허용하지 않았기 때문이다.

이런 법과 관행을 감안할 때, 1990년에 인도에서 절반 이상의 근로자들이 정부가 소유한 기업에서 일했지만 그 해에 산업생산량의 27%만을 생산했다는 사실이 조금도 놀랍지 않다. 직장안정법은 종종 낮은 생산성을 의미한다. 그리고 낮은 생산성은 국가 전체적으로 낮은 생활수준을 의미한다.

미국 대학에서의 특별한 직장안정법은 그들만의 독특한 결과를 낳았는데, 이런 정책의 목적과는 매우 달랐다. 일정한 기간 동안 일정한 대학에 고용된 학자들은 종신교수의 지위로 승진하거나 다른 곳으로 옮겨야 한다. 이것을 "직급 정년제" *up or out system*라 부른다. 따라서 승진하는 사람들은 더 높은 직장안정을 확보하는 반면, 퇴출되는 사람들의 경우 직장안정이 더 낮아진다. 여기서 직장안정이 낮아진다는 의미는 운이 좋은 동료 학자들에 비해서만이 아니라, 이런 직장안정제도가 없는 다른 분야에 종사하는 비슷한 나이의 사람들에 비해서도 그렇다는 것이다.

대학에서의 직장안정제도로 인해 대학들은 종신교수가 된 개개인을 상대로 쉽게 수백만 달러가 넘는 장기 계약을 체결하게 된다. 그렇기 때문에 이런 계약을 체결하지 않아도 되는 경우에 비해 지속적으로 고용관계를 유지하기 위해서는 엄격한 조건을 충족시켜야 한다. 달리 말하면, 현재의 연구가 만족스럽지만 종신직을 받지 못한 교수들은 "직급 정년"의 결정이 내려져야 하는 시간이 오면 종종 계약을 갱신하지 못하고 퇴출된다. 그렇지만 이런 결정은 그들이 나중에 학문적 연구에서 원로교수들에게 기대되는 수준만큼의 높은 성과를 거둘 것인지 여부에 대한 증거가 충분치 않은 가운데 이루어진다.

이와 같은 "직급 정년" 제가 없다면 조교수로 충분히 만족하고 있을 사람들이 직장안정제도 하에서는 "직급 정년"의 결정을 내리기 위해 필요한 기간을 전후해 부교수나 정교수로 승진하려고 노력할 것이다. 반면에 그런 지위로 승진하는 데 필요한 많은 업적을 쌓지 못한 사람들은, 그들의 업적이 현재의 수준에서 만족스럽다면 현재의 지위를 계속 유지할 수 있을 것이다.

달리 말하면, 현재의 직장안정제도가 없다면 일자리를 유지할 수 있는 사람들이 오히려 일자리를 잃게 된다. 왜냐하면 대학에서는 현재의 직장안정제도가 강요하는 장기 계약의 폐해를 줄이기 위해 장래가 유망한 젊은 교수진만을 보유하고자 할 것이기 때문이다.

최고 수준의 대학에서는 대부분의 조교수들의 계약이 부교수가 되기 전에 종료되는 것이 보통이다. 왜냐하면 그들은 그런 기관에서 상위 직급으로 승진하는 데 필요한 높은 수준의 연구성과를 달성하기에는 시간이 부족한 경우가 대부분이기 때문이다. 요약컨대, 정책목표 간의 차이—이 경우 더 큰 직장안정—는 그 정책의 실제 결과와는 거의 아무 관련이 없는 것처럼 보인다. 여기서 실제 결과는 그런 정책이 없는 다른 부문에서 같은 나이의 대부분의 사람들보다 직장안정이 덜하다는 것이다.

이런 승진제도는 많은 대학에서 공통적이지만, 역설적인 현상, 즉 뛰어난 젊은 선생들의 계약이 종료되어 학생들이 경악하게 되지만, 그들의 조직적인 저항조차 무위로 끝나고 마는 현상을 설명하는 데 도움을 준다. 어떤 대학에서는 "올해의 선생" 상이 젊은 교수들에게 "죽음의 키스"로 간주되는 일이 보통이다. 뛰어난 강의를 위해서는 많은 준비를 해야 하므로 시간이 많이 소요된다. 따라서 상위 대학에서 정년보장 교수가 되기 위해 필요한 수준의 연구를 수행하기에는 시간이 부족하다. 그런 대학에서는 보통 다른 곳에서 이미 충분한 연구실적을 쌓은 사람들을 상위 직급의 교수로 충원한다.

직업으로서의 범죄

아마 모든 직업 가운데 가장 자유로운 직업은 법이 부과하는 모든 제약을 가볍게 무시하는 직업적인 범죄자일 것이다. 많은 범죄들이 격정에 사로잡히거나 도덕과 논리를 뛰어넘는 유혹에 빠진 사람들에 의해 저질러진다. 반면 생계를 범죄에 의존하는 사람은 많이 다르다. 직업적 범죄자는 단순히 비합리적이라고 무시할 수 없다. 왜냐하면 많은 국가에서 그런 사람이 매우 합리적이라는 여러 증거가 발견되었기 때문이다.

"범죄는 보상받지 못한다"라고 말하는 것은 쉽지만, 진정한 질문은 다음과 같다 : 누구에 비해, 그리고 무엇에 비해 보상이 되지 않는가? 빌 게이츠

Bill Gates가 조직폭력집단의 저격수가 되든가, 아니면 단순히 도둑이 되었다면 그가 이룩한 것만큼 잘할 수 있었을지 의심스럽다. 그러나 직업적인 범죄자를 지향한 사람들은 빌 게이츠의 특별한 재능이나 여건으로 인해 그와 같은 대안을 가질 수 없을 것이다. 직업적 범죄자가 된 사람들의 낮은 교육수준을 감안하면, 범죄는 그들에게 가장 수지맞는 선택일 것이다. 범죄를 직업으로 하는 많은 사람들—특히 젊은이들과 낮은 사회계층 출신의 사람들—의 짧은 활동기간을 감안할 때, 마약을 판매하는 일 따위는 이 단계에서는 감옥에 가게 되든, 아니면 살아서 이런 단계에 이르지 못하든 일 단계에서는 이익이 아주 많이 남는다.

직업적 범죄자의 합리성은 여러 방법으로 확인되는데, 그중 한 가지는 범죄를 저지르는 데 소요되는 비용이 변함에 따라 범죄의 종류와 빈도도 변하는 것이다. 이런 비용에는 법적인 처벌뿐만 아니라, 이런 범죄의 잠재적 희생자들로부터 받게 되는 위험도 포함된다. 예를 들어 주거침입은 집에 총을 소유하고 있는 사람들의 비율에 영향을 받는다. 주거침입률은 미국에 비해 영국에서 월등히 높을 뿐만 아니라—미국의 거의 두 배에 이른다—영국의 주거침입 강도는 미국의 강도에 비해 침입하기 전에 집안에 아무도 없는지 확인하기 위해 미리 집을 탐색해 보는 경우가 적다. 영국에서는 누군가 집에 있더라도, 영국의 매우 엄격한 총기통제법을 감안할 때 그 사람이 총기를 소지할 위험은 매우 작기 때문이다. 영국과 미국의 강도들은 모두 그들이 활동하는 각각의 상황을 감안할 때 합리적으로 행동하고 있다.

미국에서는 누군가 집안에 있을 때 주거침입이 발생할 확률이 13%인 반면, 영국, 네덜란드 및 캐나다에서는 누군가 집에 있을 때 주거침입이 발생할 확률이 40%를 넘는다. 이 세 국가는 훨씬 더 엄격한 총기통제법으로 인해 미국보다 총기보유율이 낮다. 미국의 애틀랜타 교외의 켄소 *Kennesaw*에서는 집 안에 총기류를 보유하도록 요구하는 조례를 통과시킨 후 주거침입 강도가 89%나 감소했다.

직업적 범죄자에게 또 다른 주요 비용은 투옥이라는 법적 제제를 받을 위험이다. 일반적으로 범죄행위는 투옥의 위험과 역의 상관관계를 갖는 경향이 있다. 미국에서 1960년대의 다양한 사법개혁은 일정한 범죄를 저지른 사람이 실제로 감옥에서 시간을 보내야 할 가능성을 감소시키는데 영향을 미쳤다. 그 결과 범죄율은 크게 치솟았다. 예를 들어 살인율은 1961년에 비해 1974년에는 두 배 증가했으며, 1960년과 1976년 사이에 시민이 주요 강력범죄의 희생자가 될 기회는 세 배 증가했다.

다른 국가의 자료도 유사한 경향을 보여준다. 호주의 경우 1964~1999년까지의 범죄율을 보여주는 그래프와 같은 기간 동안 발생한 천 건의 범죄당 투옥률을 살펴보면, 두 개의 선은 사실상 거울을 보는 것 같은 관계를 보인다. 즉, 투옥률이 하락하면 범죄율은 증가한다. 영국과 웨일스, 뉴질랜드와 미국에서도 그래프는 거의 유사하다. 미국에서 범죄율은 1980년대에 절정을 이루었다가 투옥률이 증가하면서 하락하기 시작했다. 영국과 웨일스에서 투옥률은 1990년대에 가장 낮았는데, 한편으로는 범죄율이 가장 높았으며, 투옥률이 증가하자 다시 감소하기 시작했다. 뉴질랜드에서 범죄율은 1990년대 초에 최고에 달했던 반면, 투옥률은 1985년에 최저였다. 그후 다시 상승한 범죄율은 몇 년의 시차를 두고 하락했다.

이것은 비록 역사적으로는 모두 영국 문화에서 파생되었지만, 이들 국가에서 범죄가 문화적 차이나 다른 차이에 의해 영향을 받지 않는다는 것은 아니다. 비록 "추세"의 유사성은 매우 인상적이지만, 심각한 문화적 차이가 있어 이것이 "절대적인" 범죄수준에 반영된다는 사실에는 의심할 여지가 없다.

법에 의해 설명될 수 없는 절대적인 범죄수준의 예로 다음과 같은 것이 있다. 19세기 런던과 뉴욕에서는 총기를 자유롭게 구할 수 있었지만, 뉴욕에서의 살인율은 런던의 몇 배에 달했다. 20세기 초 영국에서 실시되기 전에 뉴욕 주에서는 몇 개의 총기통제법이 통과됐다. 그럼에도 런던에 비해 뉴욕은 살인율이 몇 배 더 높았다.

결국 영국의 총기통제법은 제2차 세계대전 후 미국에 비해 훨씬 더 강화되었다. 그럼에도 영국의 범죄율과 살인율은 20세기 후반 총기통제법이 훨씬 더 강화된 후에도 전반적으로 상승했다. 그렇지만 뉴욕의 살인율이 런던보다 지속적으로 높았고, 미국의 살인율이 영국보다 높았기 때문에 이런 격차는 종종 총기통제법의 차이 때문으로 간주된다. 그런데 실제로 미국은 러시아와 같이 강력한 총기통제법을 실시한 몇몇 국가보다는 낮은 살인율을 보였던 반면, 영국과 같이 강력한 총기통제법을 실시한 국가들에 비해서는 높은 살인율을 보였다.

어떤 국가의 경우라도 절대적인 범죄율의 배후에는 여러 가지 복잡한 요인들이 있다는 사실은 의심할 여지가 없다. 한편 그런 추세는 범죄율의 변화가 그런 변화에 대한 범죄자들의 합리적인 반응을 반영한다는 것을 강력하게 시사한다.

부자유노동

비자발적 노동은 배심원 의무에서부터 징집병, 강제노동수용소 수용자, 사람들이 가축처럼 매매되는 명백한 노예에 이르기까지 그 범위가 다양하다.

미국 법원은 시민들로 하여금 배심원으로 봉사하도록 강제할 수 있는 힘이 있다. 즉, 강제집행관을 쇼핑센터 같은 곳에 파견해 무작위로 배심원을 선발할 수 있다. 그리곤 그들을 직접 법정으로 데리고 와 배심원이 부족해 재판을 진행하는 데 문제가 있으면 바로 배심원의 자리에 앉혔다. 이것은 극단적인 예이지만, 정부가 비자발적 노동을 강제할 수 있는 권력이 있음을 보여준다. 『월스트리트저널』에는 다음과 같은 기사가 실린 적이 있다.

> 마이클 칸츠*Michael Kanz*가 월마트의 슈퍼센터에서 계산대를 향해 식료품 카트를 끌고 가고 있을 때 총을 휴대한 한 여자가 그에게 다가와서 자신의 명령을 따르든가, 아니면 대가를 치르든가 하라고 말했다.
>
> 이것은 강도가 아니라 한 시간 내에 법정에 보고해야 하는 배심원 소환절차였다. 최근에 일부 판사들이 마지막 순간에 배심원을 선발하는 것은 법적으로 아무 문제가 없다.

다양한 종류의 비자발적 노동은 기간에서 뿐만 아니라 강도强度에서도 차이가 있다. 배심원들은 징집병만큼 봉사하지 않으며, 강제노동수용소 수용자들은 몇 년간 봉사하겠지만 노예들처럼 평생은 아니다. 대우의 가혹한 정도 또한 천차만별인데, 배심원들보다는 징집병들이 더 가혹하고, 때로는 민간인이 소유한 노예들보다 정부가 운영하는 강제노동수용소 수용자들이 더 가혹한 대우를 받는다. 그 이유는 이들 노예들의 장기 생산성이 가혹한 대우로 인해 영향을 받기 때문이다. 그러나 강제노동수용소에 있는 사람들은 누군가가 소유하고 있는 것이 아니다. 따라서 그들을 책임지고 있는 의사결정자들은 일 단계 이상을 생각할 인센티브를 갖고 있지 않으므로 그들의 장기 생산성은 중요하지 않다.

비자발적 노동의 생산성

몇몇 강제노동수용소—특히 제2차 세계대전 중 독일과 일본이 운영하던 수용소—수용자들은 죽을 때까지 노동을 강요당했다. 19세기에 쿠바로 송출된 대부분의 중국인 계약노동자들의 경우도 마찬가지였다. 이 두 가지 경우뿐만 아니라 20세기의 소련 강제수용소의 경우 총체적 통제와 소유권의 부재는, 수용소 노동자들의 장기 생산성이 (일 단계 이상을 생각할 인센티브를 갖고 있지 않으면서) 이들을 책임지고 있는 사람들에게는 아무것도 아니라는 것을 의미했다. 사적으로 소유하는 노예들이 매우 저렴하고 쉽게 대체될 수 있는 곳에서만, 이들은 문자 그대로 죽을 정도로 일했거나 위험한 작업조건 하에 있었을 가능성이 높다. 남북전쟁 이전의 미국 남부에서와 같이 이들이 비쌌거나 쉽게 대체될 수 없는 곳에서는, 기존의 노예들을 보존해야 할 필요 때문에 소유주들은 때때로 노예들에게는 위험하다고 간주되는 일을 시키기 위해 아일랜드인 이민자들을 고용기도 했다.

프레더릭 옴스테드Frederick Law Olmsted가 남북전쟁 이전 미국 남부를 여행하면서 경험했던 다음 사건은 유명하다. 그는 여행 중 흑인 노예가

5백 파운드 나가는 면화포대를 경사로를 따라 밑에 있는 아일랜드인 노동자들에게 던지면, 이들이 이것을 받아 배에 싣는 작업을 하는 것을 보고는 당혹스러워했다. 옴스테드가 이런 인종적인 분업에 대해 질문했을 때, 그 대답은 "노예들은 너무 가치가 있어서 이런 일로 위험에 처하면 안 되며, 만약 아일랜드인들이 뱃전에서 넘어지거나 등뼈가 부러진다면 누구도 손해를 안 본다"는 것이었다. 따라서 노예들에게는 위험하다고 간주되는 다른 일에도 아일랜드인들을 투입하는 것이 보통이었다. 이런 일들에는 말라리아에 걸릴지 모르는 늪에서 물을 빼는 것, 철로를 건설하는 것, 그리고 폭발할지 모르는 증기보일러를 손질하는 것 등이 포함되었다.

비자발적 노동은 일반적으로 다른 용도를 가지고 있는 희소한 자원의 배분에 어떻게 영향을 미치며, 그럼으로써 국가 전반의 경제적 복지에 어떻게 영향을 미치는가? 비자발적 노동은, 정의 그대로, 시간과 능력을 다른 용도에 사용했을 때의 가치를 반영하는 가격을 지불받지 못하기 때문에 종종 다른 용도보다 덜 가치 있는 일에 사용된다. 화학자가 징집되어 보급부대에서 의류 공급을 담당하는 일에 투입될 수도 있다. 모두가 자원병인 군대에서는, 군당국이 화학자나 고도로 숙련된 사람이 이런 일상적인 일에 관심을 갖도록 충분히 보수를 지불하는 것보다는, 그런 단순한 일을 수행할 민간인을 고용하는 것이 저렴할 것이다.

자원병으로 구성된 부대에서 그런 일을 위해 병사들을 투입한다면, 이들은 (민간인 시절 기술수준이 매우 낮아) 군대가 화학자들과 같은 사람들을 유인하기 위해 필요한 것보다 상당히 적은 보수를 주고도 유인할 수 있는 사람들일 가능성이 높다. 군당국이 고려하는 그런 금융적 측면에는 경제 전반의 관점에서 본 더 근본적인 현실이 반영되어 있다 : 비자발적 노동은 다른 용도를 가지고 있는 희소한 자원을 배분하는 덜 효율적인 방법이다.

배심원 의무를 다하기 위해 소환되는 사람들은 당일 임박한 사건을 위해 배심원의 역할을 하게 될지 여부를 알 때까지 기다리는 동안 많은 시간을 낭비하게 된다. 또는 배심원 의무가 종료될 때까지 다음날도 계속 나와야 한다는 명령을 듣게 될지 모른다. 게다가 그들이 보수로 받는 것은 정규 직장에서 받는 것보다 훨씬 적다. 더 근본적으로는, 그들이 큰 안목에서 보면 정상적인 일을 통해 사회에 기여할 가치보다 덜 가치 있는 사건들을 담당하게 될지도 모른다. 이런 생각으로 인해 고소득 직업의 사람들은 가능한 핑계를 대고 배심원 의무를 면제받으려고 노력하는 경향이 있다. 반면 은퇴한 사람들이나 저소득 직업을 가진 사람들은 배심원 의무가 덜 부담스러우며, 때로는 그들의 시간을 활용하는 더욱 흥미 있는 방법으로 간주하는 경향이 있다.

징집병의 서비스에서와 같이 의사결정기관이 부담하는 비자발적 노동의 비용은 경제 전반에 대한 비용을 과소평가하고, 그래서 희소한 자원을 잘못 배분하는 결과를 초래한다. 배심원의 경우, 고소득 직업의 사람들이 배심원 의무를 수행할 가능성이 낮아진다는 것은 배심원 결정의 질을 떨어뜨려 정의실현에 손상을 가져올 수 있다는 것을 의미한다.

강제노동수용소

20세기에 존재했던 가장 크고 오래된 비자발적 노동체제는 굴락 *gulags*이라 불리는 소련의 강제노동수용소이다. 예를 들어 1949년 소련의 강제노동수용소에는 2백만 명 이상의 죄수들이 있었다. 기존 죄수의 석방과 신규 죄수의 수용으로 인한 이동을 감안하고, 굴락 안에서 사망한 상당한 수의 죄수들을 고려한다면, 수십 년간에 걸친 강제노동자들의 수는 그 몇 배에 달했다.

무자비와 비효율은 이런 수용소의 특징이었다. 특히 나빴던 해인 1942년에는 과다노동, 영양실조, 학대, 그리고 혹독한 기후조건들이 겹쳐 한 달에 평균 5만 명 이상이 사망했다. 전쟁기간 중에는 2백만 명 이상이 소련의 강제노동수용소에서 사망했는데, 이것은 나치연합군의 포로가 되어 사망한 시민과 군인들의 합계보다 많은 수였다.

장시간의 노동과 불충분한 음식, 의복, 주택, 그리고 높은 사망률에 일조했던 열악한 의료보장에도 불구하고, 수감자들의 강제노동은 굴락을 유지하는 비용을 충당하지 못했다. 스탈린 사망 직후 소련 비밀경찰의 우두머리는 경제적 이유로 수용소를 폐쇄하기 시작했다. 굴락을 운영했던 사람들은 수감자들에 대해 절대적인 권력을 행사했지만, 그들과 그 생산물들을 사유재산으로 소유하지 못했다. 따라서 그들은 효율적이고자 하는 인센티브가 없었다. 소련의 관리는 다음과 같이 묘사했다.

> 계획들이 대체로 비현실적이어서, 노동자들에 대한 요구는 계획에서 필요한 것보다 여러 배 많다. 그렇지만 강제수용소는 이런 요구를 수용한다. 달리 말하면, 행정당국은 노동력의 가치를 인정하지 않는다. 그들은 굴락이 항상 준비된 노동력을 가지고 있기 때문에 언제 어떤 용도로도 마음대로 사용할 수 있다고 믿는다.

거대한 규모와 범위 때문에 굴락체제는 소련 경제의 여러 분야에 걸쳐 엄청나게 기여했지만, 일반적으로 기업이 담당하는 경우에 비해 엄청나게 많은 비용을 초래했다. 소련에서 강제노동은 그 전성기에 국가 전체

목재생산의 25%, 코발트의 40%, 금의 60%, 그리고 주석의 76%를 생산했다. 또한 강제노동은 석탄, 오일, 그리고 가스를 생산했으며, 많은 운하를 건설했고, 심지어는 모스크바에서 아파트를 건설하기도 했다. 그러나 깜짝 놀랄 인적 비용을 제외하고도 순수한 경제적 비용이 보통 굴락 밖에서 같은 일을 할 때 소요되는 비용보다 많았다. 예를 들어 강제노동을 이용해 벽돌을 생산하는 비용은 근처의 일반 공장에서 생산하는 비용보다 두 배 이상 더 들었다. 그 외에 모스크바에 있는 러시아과학원의 학자에 의하면, 굴락은 "무모하게 자연자원을 사용하는 것" 으로 악명이 높았다. 비록 이 모두가 경제원리와 인본주의 원리를 위반했지만, 그들이 직면했던 인센티브와 제약에 비추어 볼 때는 일관성이 있었다.

소련이 무너지던 마지막 시기에 공개된 소련의 비밀문서에 의해 강제노동의 비효율의 정도가 낱낱이 드러났다. 철도 건설의 경우가 대표적인 예이다.

> 1938년경 건설이 시작되었지만 중단된 채 있던 철도의 길이가 5,000km에 달했다. 여기에는 완공되었지만 필요 없기 때문에 사용되지 않았거나 부분적으로만 사용되었던 철도는 계산에 포함되지 않았다. 한편, 1933부터 1939년까지 소련의 철도 시스템에서 총 증가분은 단지 4,500km에 불과했다. "죽은 철도" 의 상당 부분이 많은 죄수들의 목숨을 대가로 건설되었다.

노예제

노예제는 사람이 살던 모든 대륙에, 그리고 모든 인종 사이에 수천 년 동안 존재했다. "노예" *slave*라는 단어 자체가 영어권에서뿐만 아니라 다른 유럽어권, 그리고 아랍어권에서도 슬라브*Slav*라는 단어에서 유래했다. 최초의 아프리카 노예가 서반구로 반입되기 전 여러 세기 동안 수많은 슬라브인들이 노예상태에 있었기 때문이다.

노예들은 다양한 역할을 수행했다. 어떤 노예들은 중앙아메리카의 아즈텍에서, 그리고 인도네시아나 일부 아프리카 및 다른 장소에서 인간 제물로 사용되었다. 로마 제국에서 어떤 노예들은 검투사로서 경기장*Coliseum*에서 군중을 즐겁게 해주기 위해 한쪽이 죽을 때까지 싸워야 했다. 유럽인들이 서반구를 장악한 이래 반입된 대부분의 아프리카 노예들은, 열대지방 국가에서는 사탕수수를 재배하거나 남북전쟁 이전의 미국 남부에서는 면화를 재배하는 통상적인 육체노동에 종사했다. 그러나 세계 여러 곳에서, 그리고 여러 시기에 노예의 역할은 위로는 제국의 총독의 지위에 오르기도 하고, 오토만 제국*Ottoman empire*에서는 군사령관에 오르는 등 다양했다.

일반적으로 기술이 뛰어날수록, 지적인 면에서 수요가 많을수록, 그리고 노예가 수행해야 할 역할에 책임이 더 많이 따를수록, 그들은 힘든 육체노동을 하는 노예들을 괴롭히는 잔인함이나 모욕을 덜 받았다. 간단히 말해, 비록 자유와 노예제는 원칙적으로는 뚜렷이 대조되지만, 실제로는 노예제의 정도의 차이가 존재할 뿐이었다. 세계 여러 국가에서 집안일을 하는 노예들은 들에서 일하는 사람들이나 다른 육체노동자들에 비해 더 나은 대접을 받았으며, 상위 직급에 있던 노예들은 명목상으로만 노예였지 사실상 거의 자유로웠다.

예를 들어 캐롤라이나 늪지대에서 잠수부로 투입되었던 노예들은 기술과 판단력을 행사해야 했고, 이로 인해 금전적 인센티브와 보다 많은 개인적 자유라는 보상을 받음으로써 대농장의 노예들과는 다른 대우를 받았다. 이와 유사하게 벌목작업이나 담배 가공에 참여했던 노예들도 기술과 판단력이 요구되었다. 한 가지 놀라운 경우가 있었는데, 한 노예는 휘하에 흑인과 백인 선원들을 두고 있으면서 강을 오가는 배의 선장에 임명되기도 했다. 이와 같이 책임이 훨씬 더 무거운 일자리들에는 도주할 기회가 더 많았다. 이것은 이런 노예들을 가혹하게 대우했다가는 생산성이 떨어지기 때문에 대농장에서 평범한 육체노동을 하는 노예들에 비해 훨씬 덜 가혹했다는 것을 의미한다.

도시의 노예들 또한 일반적으로 같은 이유로 덜 가혹하게 취급당했다. 프레더릭 더글라스Frederick Douglas는 남북전쟁 이후의 남부에서 전형적인 도시 노예는 "거의 자유시민"과 같다고 묘사했다. 그러나 거의 자유롭다는 것이 자유롭다는 것과 같지는 않다. 더글라스 자신과 같은 사람들은 도주함으로써 완전히 자유로운 시민이 되고자 했다. 노예농장으로부터 영구적으로 탈출하는 것은 매우 희소했던 반면—도주한 노예들 가운데 단지 2%만이 붙잡히지 않고 자유를 얻었다—도시 노예들의 도주는 성공확률이 훨씬 더 높았다. 일 단계 이상을 생각했던 노예 소유주들은 높은 수준의 작업을 하는 노예들에게 금전적 인센티브와 더 나은 근로조건을 보장해 주는 데 따른 비용뿐만 아니라 도주할 가능성이 높다는 사실도 고려해야 했다. 이런 작업을 함으로써 가치가 증가하는 정도가 추가적인 비용과 위험을 감당할 정도로 충분히 커야만 했다는 것은 명백하다.

노예제의 수정은 묵시적으로 순수한 형태의 노예제가 비효율적임을 인정한 셈이다. 사탕수수나 면화를 재배하는 것과 같이 쉽게 감독할 수 있는 통상적인 작업들의 경우, 노예제는 채찍의 위협을 통해 필요한 노력을 확보할 수 있었다. 그러나 판단력, 솔선수범 및 재능이 요구되는 어떤 경우에는 다른 인센티브가 요구되었다. 왜냐하면 한 사람이 판단력, 솔선수범, 그리고 재능을 잠재적으로 얼마나 갖고 있는지 알아낸다는 것은 결코 쉽지 않기 때문이다. 경제적 보상과 다른 보상은 개인으로 하여금 덜 노예처럼 취급받고 다른 방식으로 보상받는 것을 반대급부로 해서 그런 자질들이 드러나도록 촉진한다.

노예 인구가 너무 많아 사회분열을 초래하고, 자유민들의 삶에 위험요소로 등장할 심각한 잠재력을 가지고 있던 곳에서는, 그런 위험들을 최소화할 필요가 있어 노예들이 높은 직책을 맡을 수 없도록 교육을 받을 수 있는 범위를 제한했다. 왜냐하면 그런 교육이 조직적인 분열, 도주, 그리고 반란을 조장할 수 있기 때문이다. 따라서 콜럼버스가 아메리카를 발견한 이후 서반구에서 노예를 교육하는 것은 법으로 금지되었다. 경제적 관점에서 보면, 이것은 주어진 일정한 능력의 사람들을 비효율적으로 활용한다는 것 이외에, 노예제가 잠재력이 있는 사람들의 능력을 개발하는 것을 제한했다는 것을 의미한다. 달리 말하면, 자유는 개인적이고 정치적인 혜택뿐만 아니라 경제적 혜택도 준다.

비자발적 노동시장

소유권이 없어 낭비적으로 활용되는 비자발적 노동은 소유되어 있고 매매되기 때문에 좀더 신중하게 활용되는 비자발적 노동과 대비될 수 있다. 왜냐하면 자유시장경제에서 노동의 구매자와 판매자는 용도에 따른 생산성을 비교할 인센티브를 갖고 있기 때문이다. 그렇지만 비자발적으로 억류되어 있는 사람들이 자유로워지고자 하는 욕망으로 인해 그들을 계속 속박하는 데는 비용이 소요된다. 따라서 이런 비용은 비자발적 노동의 소유자들이 그들로부터 얻는 이득에서 공제되어야 한다.

노예가 매매되는 유일한 비자발적 노동은 아니다. 미국 혁명을 진압하기 위해 영국이 고용했던 독일 용병의 서비스는 병사들을 재산으로 취급했던 당시 독일의 여러 공국의 우두머리에 의해 팔리거나 임대되었다. 중세 유럽의 지주들 사이에서 농노들은 토지의 일부로서 매매되었다. 미국에서는 20세기까지 공공기관과 개인들에 의해 죄수 노동이 사용되었다.

17세기 식민지 미국에서 많은 백인들—뉴잉글랜드의 남쪽에 있는 식민지에 절반 이상이 거주했다—은 연한年限 계약노동자*indentured servants*의 자격으로 그곳에 도착했는데, 때로는 대서양 횡단 요금을 대신 지불한 사람들을 위해 일정 기간 일하기로 하고 개인적으로 계약을 맺기도 했다. 그리고 그들을 자주 미국으로 데려온 선주들과 연한 계약노동자로서 계약을 체결했으므로, 선주들은 노예들을 경매하듯이 육지에 도착하자마자 그들을 경매에 붙였다. 이런 타협에 대한 다른 변형으로는, 승객들이 가능한 만큼 요금을 낸 후, 미국에 도착했을 때 친구나 가족이 나머지를 내주기로 하는 것이 있었다. 나머지 요금을 내지 못하는 경우 그들은 다른 연한 계약노동자들과 같이 경매에 붙여졌다.

연한 계약노동은 식민지 미국에서 뿐만 아니라 카리브 해 지역에서도 보편적이었으며, 19세기까지 인도와 중국, 그리고 다른 여러 지역에서 노동의 중요한 원천이었다. 1859년경에는 중국 남부에 위치한 포르투갈령 마카오에서만 중국인 연한 계약노동자들을 실어 날랐지만, 그 규모는 매우 컸다. 1849년부터 25년간 약 9만 명의 중국인 연한 계약노동자들이 마카오로부터 페루로 운송되었다. 1847년부터 1874년까지 약 12만 5천 명이 쿠바로 운송되었다. 이런 국가들로 운송된 대부분의 중국인들은 다시는 중국을 보지 못했고, 쿠바에서의 비참한 노동조건으로 인해 대부분은 8년의 노동계약을 끝내지 못한 채 사망했다. 페루에서의 상황도 나을게 없었다. 비료로 수출할 목적으로 새똥으로 만든 퇴비를 부대에 담기 위해 뜨거운 폭염과 악취 속에서 삽질을 하는 중국인들이 자살하는 것을 막기 위해 경비원들이 배치될 정도였다. 자살은 일상적이었으며, 마카오에 있는 수용소에서부터 시작되었다. 그곳에서 일부 죄수들은 처벌로 인해 "피를 흘리고 있는 것"이 목격되었다. 자살은 태평양을 건너 수개월의 항해 중에도 계속되었다. 이런 중국인들 가운데 많은 수가 사기를 당했고, 약물을 주입당했으며, 그렇지 않은 경우에는 연한 계약노동을 강요당했다. 이것은 17세기 어린아이들을 포함한 많은 영국인들에게도 해당되었는데, 이들은 강제로 서반구로 보내졌다.

연한 계약노동자들과 다른 형태의 계약노동은 처음에는 보통 자유로운 선택의 결과였다. 그렇지만 그 이후에 그들이 개인 구매자들에게 양도되거나 특정한 과제에 할당되는 것은, 그들에게는 더 이상 자유로운 선택이 아니었다. 중국으로부터 연한 계약노동—또는 강제노동—을 도입하려 했던 포르투갈인들의 교역은 다행히도 예외였다. 19세기 인도로부터 세계 여러 곳으로 간 수백만의 이민자들 가운데 대부분은 아니더라도 많은 사람들이 계약에 의해 연한 계약노동자로 남아 있었다. 그들이 이런 계약을 끝까지 마쳤을 뿐만 아니라 종종 즉각적으로 또는 인도에 체류하기 위해 잠시 돌아갔다 온 후에 재계약을 체결했다는 사실은, 그들에 대한 대우가 이상적은 아니지만 집단 자살을 유발할 정도로 절망적은 아니었다는 것을 시사한다.

대부분의 연한 계약노동자들에게 주어졌던 선택요소들은 오로지 구매자들과 판매자들에게만 선택권이 있었던 노예시장에는 없는 것들이었다. 그렇지만 이것이 노예상인들과 노예 소유주들의 선택권이 개인적인 기분의 무제한적 표현이었다는 것을 의미하지는 않는다. 왜냐하면 이들도 일반적으로 경제적 측면, 그리고 특히 수요와 공급에 의해 제약받았기 때문이다.

노예화의 비용

누구를 노예로 할 것인가를 선택할 때 가장 먼저 고려되는 것이 비용이다. 육군과 해군을 가진 강력한 국가의 사람들을 노예화하기 위해서는 명백하게 비용이 많이 든다. 그런 사람들을 포획하기 위해서는 돈과 목숨을 걸어야 한다는 의미에서만이 아니라, 노예공습을 감행한 국가에 대해 보복적인 군사행동을 촉발할지 모른다는 위험을 감수해야 한다는 의미에서 비용이 많이 든다. 넓게 말하면, 그런 비용은 노예화하는 것이 경제적으로 실현 가능한 사람들과 포획을 포기할 정도로 비용이 많이 들어가는 사람들을 구분하게 해준다. 수요 측면에서 보자면, 노예화에 어느 정도 비용이 소요되더라도 감당할 수 있을 정도로 충분히 가치 있게 노예를 사용할 수 있는 용도가 있다.

어떤 시기와 장소에서는 노예는 다른 목적으로 수행한 군사적 행동의 부산물이었다. 특히 고대에는 포로로 잡힌 적의 군인들이 살해되거나, 배상금을 받고 다시 그 국가로 되돌려보내지거나, 또는 노예시장에서 팔리거나, 포로로 잡은 사람들의 노예가 되었다. 여기서 그런 노예들을 포획하는 비용을 분리해 계산하는 것은 어렵다. 왜냐하면 군사작전의 비용은 다른 이유 때문에 지불되는 것이고, 다른 목적과 결과를 가지고 있기 때문이다. 그렇지만 다른 사람들을 포획해 노예로 만들려는 목적을 가지고 취해진 군사행동은 더욱 분명하게 비용에 의해 제약을 받는다. 게다가 이런 비용은 시간이 경과함에 따라 변했다. 작고 분산된 부족사회가 더 크고 강력한 국가로 진화했던 곳에서는 노예를 얻기 위한 공습에 드는 비용이 증가했기 때문에 그런 사회의 사람들이 노예화의 목표가 될 가능성은 점점 낮아졌다. 어떤 사회는 이런 방식으로 진화했고, 다른 사회는 그렇지 않았거나 이런저런 이유로 더 천천히 진화했기 때문에 노예화될 가능성이 있는 사람들도 시간에 따라 변했다. 고대에 영국이 여러 부족으로 나뉘어진 미개한 섬이었을 때, 줄리어스 시저는 영국을 습격해 영국인 노예들을 로마로 데리고 갔다. 그러나 나중에 영국에 정부가 들어서고 육군과 해군이 생기자 노예를 포획하기 위해 영국을 습격하기에는 너무 비용이 많이 들게 되었다. 그렇지만 세계의 여러 지역들은 산악에 의해 분리되었거나 넓은 바다에 작은 섬들로 흩어져 있다는 지리적인 요인 때문에 대규모 국가로 통합되기 더욱 어려웠다. 이와 같이 더욱 취약한 지역들은, 그곳이 유럽이든, 아시아든, 아프리카든, 폴리네시아의 섬들이든, 또는 서반구의 지역이든 간에 노예들의 주요 원천으로 남아 있었다.

그러한 지역 가운데 하나가 발칸 지역이었는데, 이곳에 거주하던 슬라브인들은 아프리카인들이 처음 서반구에 노예로 끌려오기 전까지 적어도 6세기 동안 대규모로 노예화되었다. 노예화하는 데 비용이 적게 드는 곳에 있던 사람들이 노예화되었다. 이것은 몇 세기 동안 유럽인들이 다른 유럽인들을, 아시아인들이 다른 아시아인들을, 아프리카인들이 다른 아프리카인들을, 그리고 서반구의 토착민들이 서반구의 다른 토착민들을 노예화했다는 것을 의미했다. 비교적 최근에 와서 민족국가로 통합된 후 국지적으로 노예를 획득하던 원천이 고갈되고 부富가 축적되면서 더 먼 곳에 있는 사람들을 노예화할 수 있게 되자, 유럽인들은 아프리카인들을 대서양을 건너 운송해 와 주요한 노예 공급의 원천으로 삼았다.

노예 가격

저급한 육체노동을 하는 노예조차도 단순히 노동이 아니라 인적 자본을 나타낸다. 따라서 남북전쟁 이전 미국 남부에서 노예는 아프리카에서와 비교해 약 30배 더 비쌌다. 그 이유는 단순히 운송비용이나 도중에 사망한 노예들을 감안해서만은 아니었다. 최소한 미국에서 노예는 영어를 이해해야만 했다. 노예는 또한 새로운 작업일정, 새로운 작업도구, 그리고 아프리카와 다른 생활패턴을 이해해야 했다. 이런 적응이 이루어지고 다양한 형태의 인적 자본이 형성되는 전체 과정은 "길들이기"로 알려졌는데, 노예들이 미국 본토로 팔리기 전에 카리브 해 지역에서 이루어졌다. 새로운 환경에서 양육된 다음 세대의 노예들은 같은 이유로 아프리카에서 새로 온 노예들보다 높은 가격에 팔렸다. 이와 같이 다소 일반적인 인적 자본 이외의 일부 노예들은 목공이나 동물사육과 같은 기술을 보유했으며, 이로 인해 높은 가격을 받았다. 오토만 제국에서는 부자들의 규방에서 일하는 거세된 남자들에 대한 수요가 매우 많았다. 그리고 거세된 대부분의 노예들은 포획하거나 운송하는 도중에 사망했기 때문에 생존자들의 가격으로 생존하지 못한 노예들에게 들어간 비용을 충당해야 했다. 따라서 거세된 남자들의 가격은 모든 노예들 가운데 가장 높았다. 노예 가격은 또한 포획지로부터의 거리에 따라 달랐다. 따라서 아프리카로부터 노예를 운송하기에 서반구에서는 가장 멀었던 미국에서의 노예 가격은 아프리카에서 가장 가까웠던 브라질에 비해 훨씬 높았다.

이런 가격차이로 인한 한 가지 결과는, 브라질에서의 노예 인구는 결코 그 자체를 재생산하지 못했고, 아프리카로부터 유입된 새로운 노예들에 의해 보충되었다는 사실이다. 그렇지만 미국 남부에서의 노예 인구는 그 자체를 재생산해 식민지 초기부터 규모가 증가하기 시작했다. 그 이유는, 브라질의 노예 소유주들은 기존의 노예 인구로부터 새로운 세대를 양육하는 것보다 아프리카로부터 새로운 노예를 도입하는 것이 더 저렴했기 때문이었다. 따라서 브라질에서는 남자 노예 인구가 압도적으로 많았을 뿐만 아니라 성별로 분리되었다. 그리고 여자 노예가 임신하는 경우에도 성공적으로 자손을 낳을 수 있도록 쉬는 시간을 많이 준다든가 가벼운 작업을 시키는 혜택은 주어지지 않았다. 노예 비용이 높았던 미국 남부에서는 노예들이 가족을 형성해 살고, 임신한 여자 노예에게는 아이를 임신하고 양육할 수 있을 만큼 허드렛일을 경감시켜 주는 것이 노예 소유주들에게 유리했다. 노예 소유주들에게 이들은 자본자산이었다. 따라서 미국 남부는 서반구에서 기존의 세대를 대체하기에 충분하리만큼 노예 인구가 재생산되었던 몇 안 되는 사회 가운데 하나였다.

이런 가격차이로 인해 발생한 격차의 규모와 이로부터 유래한 다른 대우로 인해 브라질은 미국보다 여섯 배나 많은 노예들을 아프리카로부터 수입했지만, 미국에서의 노예 인구는 브라질에서의 노예 인구보다 훨씬 많았다. 서인도제도와 같이 작은 섬들로 구성된 지역도 미국보다 많은 노예들을 수입했지만, 당시 미국에 거주하는 노예 인구는 서반구에서 가장 많았다. 경제적 인센티브의 효과를 보여주는 다른 예는 부재한 노예 소유주들을 대신해 노예 감독관들이 운영하는 대농장과 노예 소유주들이 거주했던 대농장에서 노예들을 대우했던 방식의 차이에서 찾을 수 있다.

인센티브와 제약

노예 감독관들은 열대지방에서는 설탕 생산량, 미국 남부에서는 면화 생산량과 같은 즉각적인 결과에 따라 보상을 받는 경향이 있었다. 따라서 그들은 일 단계 이상 생각할 인센티브를 거의 갖고 있지 않았다. 임신한 여자 노예들을 특별하게 다룬다거나, 자신들의 부양비를 충당할 정도로 충분히 생산을 하지 못하는 아이들을 기르기 위해 대농장의 자원을 사용한다는 것은 노예 감독관들에게는 인센티브가 있는 일들이 아니었다. 심지어는 일할 수 있는 남자 노예들의 경우에도 노예 감독관들은 재임기간 동안에 생산량을 극대화하도록 일을 시키려는 인센티브를 갖고 있었다. 비록 이로 인해 노예들이 젊은 나이에 기력이 다 소진되어 나중에는 생산성이 현저하게 떨어지는 일이 있더라도 그러했다. 대농장의 유지나 보수 또는 가축들과 토양을 보호하는 문제에서도 마찬가지였다.

이 모든 것들로 인해 상주하는 소유주들이 있는 대농장들은 장기적으로 훨씬 더 효율적으로 운영되는 경향이 있었다. 비록 즉각적인 생산을 위해 모든 것들을 희생했던 경우와 비교해 생산은 적게 됐지만, 노예와 가축, 그리고 토양과 구조물 및 장비들은 훨씬 더 잘 유지되었다. 미국 남부의 대농장들 대부분은 소유주들이 상주했다. 이들은 최대 생산량에 따른 보상을 받고 다음 일자리를 찾을 때 자본자산으로서의 역할을 하도록 "결과"에 대한 명성을 쌓으려는 노예 감독관들의 즉각적인 이해관계 때문에 자신들의 장기적인 이해관계가 희생되지 않도록 노력했다. 그렇지만 서인도제도의 경우 대농장 소유주들이 영국에 거주했는데, 이로 인해 상주하던 노예 감독관들은 의사결정을 내리기 쉬웠다. 그 결과 서인도제도의 영아 사망률이 미국 남부의 몇 배에 달했다.

노예와 부

세계 여러 곳에서 노예들은 소유주들이 사유화할 수 있는 부를 생산하는 능력 때문에 구매되었다. 다른 곳, 특히 중동지방에서는 노예 소유주들이 자신들의 부를 과시하기 위해 많은 노예들을 소유했다. 이런 노예들은 하인, 첩, 예능인 또는 다른 즐거움의 제공자로서 봉사했다. 간단히 말해, 이들은 부의 생산자로서가 아니라 소비자로서의 역할을 했다. 서반구와 같은 다른 종류의 사회에서 노예들은 주로 부의 생산자로서 이용되었는데, 경제체제로서 노예제에 의해 실제로 얼마만큼의 부가 생산되었는가는 학자들 간에 논쟁거리였다.

노예 소유주들이 부를 얻었다는 것은 분명하지만, 사회 전체가 부를 얻었는지는 덜 분명하다. 서반구에서 노예 인구가 가장 많았던 두 곳인 브라질과 미국에서 노예제가 집중되었던 지역들—브라질은 북부, 미국은 남부—은 노예제 시대와 그후의 세대에서 현저하게 빈곤한 상태에 있었다. 특히 미국에서 노예제의 부작용은 무시할 수 없었다. 남북전쟁으로 인한 엄청난 경제적, 인적 비용은 "무보수 노동으로 쌓아올린 모든 재물들은 이어지는 전쟁에서 줄어들 것이며, 채찍으로 인한 모든 핏방울들은 검으로 흘린 피에 의해 보상받을 것이다"라는 에이브러햄 링컨의 경고에 적절하게 반영되었던 것 같다.

자유의 경제학

자유노동자로서 한 개인의 가치는 누군가를 속박하는 데 따른 제약으로 인해 동일한 사람의 노예로서의 가치보다 더 큰 것 같다. 서반구의 노예들은 통상적으로 모든 종류의 일에 제한 없이 참여할 수 있었다. 예를 들어 광범위한 여행을 요구하는 일도 있었고, 총기류를 사용할 필요가 있는 일도 있었으며, 큰돈을 다루는 일도 있었다. 이 모든 일들이 도주를 조장했다. 교육은 또한 자유를 위한 수단임과 동시에 자극이었다. 따라서 서반구 전 지역에서 노예들을 위한 교육이 금지되었다. 그렇지만 이것은 자유노동자들과 마찬가지로 완벽하게 일을 할 수 있음에도 불구하고 노예들이 수행할 수 있는 일의 종류와 질에 제한을 가했다.

자산은 시장을 통해 가장 가치가 높게 평가되는 용도를 향해 가는 경향이 있는데, 이 경우의 입찰가가 가장 높기 때문이라는 것은 경제학에서는 상식에 속한다. 따라서 노예의 경제적 가치는 자유의 가치를 제외하더라도 노예 자신에게 가장 클 것이다. 왜냐하면 다른 사람들은 한 노예의 경제적 가치를 소유할 수 있는 반면, 그 노예는 자유노동자일 때 자신의 더 높은 경제적 가치를 소유할 수 있기 때문이다. 그러므로 이상적인 자유시장이라면, 노예들이 자신들의 자유를 구입하도록 인도할 것이다. 왜냐하면 그들은 자유에 대한 갈망을 제외하더라도, 경제적 이유로 다른 사람들보다 더 높은 입찰가를 써넣을 인센티브를 갖고 있기 때문이다. 실제로 일부 노예들은 고대 로마시대에든 몇 세기 후 서반구에서든 여러 장소에서, 그리고 여러 시기에 이와 같이 행동했다. 노예들은 돈이 없거나 충분치 않은 경우에도 신용으로 자신을 구매하는 방법을 발견해 자유를 획득한 후 할부계획에 따라 상환했다. 노예들이 소유하는 재산—고대 로마에서는 peculium이라 불림—에 대한 법적 인식이 있었던 사회에서는 노예들이 돈을 벌 수 있었으며, 이것으로 자신들의 자유를 사기 위해 몇 년간에 걸쳐 저축할 수 있었다.

자기구매를 성취하는 데 따른 현실의 제도적 어려움이 노예제 전체를 붕괴시킬 수 있었던 이런 과정이 더 광범위하게 이용되지 않은 유일한 이유는 아니었다. 정치당국이 인종적으로 다른 많은 노예들이 자유시민들과 함께 사는 것을 원치 않았던 곳에서는, 법적 제약으로 인해 구입이나 양도에 따른 노예해방이 방해받았다. 이런 제약은 남북전쟁이 일어나기 전 수십 년 동안 미국의 남부에서 점점 강화되었다. 따라서 자기구매를 통해서든 다른 방법으로든 자유를 획득한 흑인들은 때때로 자기 가족들 중 일부를 법률적으로 소유했다. 그 이유는 그들에게 공식적으로 자유를 주는 비용과 어려움이 매우 컸기 때문이었다. 퀘이커교도들과 같이 노예제를 부정했던 일부 남부의 백인들은 형식적으로만 노예를 소유했었고, 이들 노예들이 자유시민으로 살았다는 것은 공공연한 비밀이었다.

간단히 말해, 노예제가 조금씩 자기 파괴적인 것이 되지 않도록 하는 법을 통과시킬 필요가 있다는 바로 그 사실이, 도덕적 그리고 인본주의적 원칙을 위반했다는 점을 제외하더라도, 노예제가 경제적으로 결함이 있다는 증거였다.

Chapter 06

차 별 의 경 제 학

The Economics of Discrimination

역자 들어가기

경제학에서 차별은 보통 가격차별이나 상품차별을 의미한다. 가격차별은 시장지배력이 있는 기업이 동일한 상품을 다른 소비자들에게 다른 가격에 판매하는 것을 말한다. 상품차별은 같은 목적에 기여하지만 서로 다른 속성을 가진 상품들이 시장에서 다른 가격에 거래되는 것을 말한다. 일반택시와 모범택시는 상품차별의 한 예이다. 또 다른 예로 위험의 정도에 차이가 있는 다양한 금융상품이 독립적으로, 또는 결합되어 거래되는 것도 상품차별에 해당한다. 이런 의미에서 시장에서 가장 보편적인 차별은 상품차별이다. 상품차별이 갖는 긍정적인 면은 소비자들에게 다양한 선택의 기회를 제공한다는 데 있다. 따라서 적절한 상품차별은 소비자들의 후생을 위해 매우 중요하다. 이런 차별이 갖는 경제적 가치는 차별화된 개별 상품의 가격에 반영된다. 그러므로 이런 상품을 생산하는 기업에서는 차별에 따른 비용과 시장에서의 반응을 감안해 차별의 정도를 결정하면 된다.

토머스 소웰은 이 장에서 차별에 대해 다루고 있다. 여기에서의 차별은 역자가 앞에서 설명한 의미의 차별은 아니다. 그가 다루고 있는 차별은 인종적, 민족적 차별에 해당한다. 사람을 인종이나 민족에 따라, 그리고 지역에 따라 차별하는 것은 동서고금을 막론하고 항상 존재했던 관습이요, 태도이다. 그런데 소웰은 이런 의미의 차별을 경제학의 관점에서 비용을 가지고 설명하고 있다. 지금까지 그의 논리는 항상 비용에 근거한 것이었다. 사람이나 기관의 행동을 결정하는 가장 중요한 요인은 누가 얼마만큼의 비용을 부담하는가에 있다는 것의 그의 지론이다. 역자 또한 이런 면에서는 그와 입장을 같이 한다. 비용을 부담하지 않는 사람들이 의사결정을 내리는 조직치고 효율적으로 운영되는 경우를 본 적이 없기 때문이다.

이런 관점에서 논의를 전개하기에 앞서 소웰은 차별과 관련된 개념을 명확하게 정의해야 한다는 점을 강조한다. 이런 정의가 없이 진행되는 논의는 공허하다는 것이 그의 입장이다. 역자도 이 점에서 그와 입장을 같이 한다. 이것은 노자가 도덕경에서 말한 "名可名 非常名"이란 구절을 상기시킨다. 이 말의 의미는 "이름을 그렇게 부를 수는 있지만, 반드시 그럴 필요는 없다"는 것이다. 이것은 곧 개념의 의의를 정확하게 이해하는 것이 중요하지, 그 개념을 어떤 이름으로 부르는가는 중요하지 않다는 뜻이다. 소웰도 이런 의미에서 비슷하지만, 다른 개념들에 대한 정확한 이해를 촉구하고 있다. 예를 들어 편견, 편향, 그리고 차별은 명확하게 구분되어야 하는 개념인데, 사람들은 이를 혼동해 사용함으로써 차별에 대한 어떤 논의도 일반적인 결론에 도달하지 못하고 있다고 비판한다.

소웰은 차별을 받는 사람이나 차별을 하는 사람 모두 비용을 부담한다고 지적한다. 이것이 그가 말하는 차별의 비용이다. 그런데 차별의 비용은 차별을 하는 환경이나 경제적 여건에 따라 달라질 수밖에 없다. 따라서 근본적으로 인종차별주의자와 같은 개념은 성립할 수 없다는 것이 그의 시각이다. 왜냐하면 차별의 비용이 달라지면 인종차별주의자들도 변하기 때문이다. 소웰은 그의 주장을 뒷받침하는 여러 가지 사례들을 제시하고 있다. 이런 면에서 그의 주장은 설득력이 있다. 결국, 인간이나 집단의 행동을 결정하는 것은 겉으로 드러난 태도나 습관 등이 아니라 누가 얼마만큼의 비용을 부담하는가이다. 자신이 비용을 부담하지 않는 경우에는 차별을 지속할 수 있다. 그렇지만 이것이 명백하게 자신에게 불리하다면, 누구나 차별을 포기할 것이다. 다른 사람이나 민족에 대한 태도라는 비경제적인 행동조차 경제적 요인에 의해 결정된다는 사실을 부정하기 어렵다. 소웰은 경제논리가 얼마나 광범위하게, 그리고 심오하게 인간의 행동에 영향을 미치는가를 보여주기 위해 차별의 경제학을 다루었다. 역자는 이런 그의 주장이 오늘날 남북으로 갈라지고 동서로 분열된 우리 민족이 나아갈 방향을 진지하게 생각하는 데 하나의 기준을 제공한다고 본다.

차별당하는 사람이 차별로 인한 경제적 비용뿐만 아니라 다른 종류의 비용을 부담한다는 것은 유감스럽지만 명백한 사실이다. 이것만큼 명백하진 않지만 간과하기 쉬운 중요한 점은 차별하는 사람 역시 비용을 부담하게 된다는 것이다. 게다가 차별의 비용은 차별이 발생하는 환경에 따라 다르다. 흑인 선수를 영입하기 싫어하는 프로 농구팀의 구단주는 재정적으로 자살행위를 하는 셈이다. 하지만 상대적으로 수가 적은 흑인 바이올리니스트를 무시하는 오케스트라의 지휘자는 다른 백인 바이올리니스트를 얼마든지 고용할 수 있으므로, 차별 금지법이 존재하지 않는 한 사실상 아무것도 손해 보지 않는다.

차별의 비용이 이처럼 다양하다는 사실은, 북부에서조차 흑인들이 미 해군에 입대할 수 없었고, 흑인 여성들이 대부분의 전화회사에 전화교환원으로 취직이 불가능했던 1920년대 브로드웨이에서는 흑인들이 주연급을 맡는 것과 같은 변칙적인 현상이 나타난 이유를 설명해 준다. 차별의 비용이 다양하다는 것은 또한, 몇 세기 전에 유럽에서 유대인 인구가 늘어남에 따라 유대인 강제거주지역이 초만원이 된 반면, 20세기 미국에서 왜 흑인 빈민가가 흑인 인구 증가와 함께 확대되는 경향이 있었는가를 설명해 준다. 세계 각국에서의 고용차별은 정부부문이나 정부가 규제하는 공익기업에서 가장 심한 경향이 있었다. 이런 상황들의 이면에 있는 경제학적인 측면을 살펴보기 전에 어느 것이 차별이고, 차별이 아닌지를 명확히 정의함으로써 차별에 관한 논의를 할 때 서로 다른 얘기를 하는 것을 피할 수 있다.

편견, 편향, 그리고 차별

편견, 편향, 차별이라는 용어들은 자주 혼동되어 사용된다. 따라서 이 용어들과 관련된 논의가 수사학에 얽매이지 않으려면, 현실에서의 쟁점들을 다루기 전에 각 용어들에 대한 엄밀한 정의가 필요하다.

편견

편견*prejudice*은 미리 판정을 내린다는 뜻이다. 하지만 이 용어는 일반적으로 특정한 인종집단이나 민족집단에 반대하는 견해를 의미하는 것으로 널리 사용되고 있다. 어떤 집단의 능력, 행동, 성과 등과 관련해 그들이 덜 생산적인 노동자나 덜 바람직한 이웃이 될 만한 이유가 있다는 것을 정설로 받아들인다면, 특정 집단에 반대하는 태도나 행동을 편견과 동일한 의미로 사용해선 안 된다. 많은 실증자료들이 이러한 정설을 뒷받침해 주고 있다. 한 예로 미국과 구 소련, 그리고 다른 장소에 있는 다양한 집단을 대상으로 일인당 술 소비량과 알코올 중독자의 비율을 조사한 결과 집단별로 큰 차이를 보였다. 그리고 술과 알코올 중독의 유해성 역시 잘 정리되어 있어 더 이상 설명이 필요 없다. 그 밖에 범죄나 질병률, 그리고 다른 부정적인 상태들은 세계 도처의 여러 집단에서 다양하게 나타난다.

19세기에 아일랜드로부터 대규모 이주민이 이주해 오면서 그 전까지는 미국에서 전혀 알려지지 않았던 콜레라가 보스턴과 필라델피아의 아일랜드 이주민 지역에서 창궐한 것이 우연이었을까? 동남아시아에서의 중국인 비밀결사단체들의 조직범죄 행위가 단순한 "인식"에 불과했을까? 봄베이에 사는 다수의 마하라슈트라인들은 같은 부족 사람이 생산한 것보다 인도 남부지방에서 생산된 물건을 선호하는데, 이것이 단지 편견에서 비롯된 행동일까? 뉴욕에서는 흑인 택시운전자들도 밤에 흑인 남성을 태우길 꺼려하는데, 이것이 단지 인종에 대한 편견의 결과일까?

적대적인 판단과 행동들이 무의식적인 편견 때문에 비롯될 수는 없다. 가장 직접적인 지식을 가진 사람들이 보통 가장 적대적인 판단을 하게 되는데, 외부에서 일부분만 관찰할 수 있거나 전혀 관찰할 수 없는 사람들은 이러한 적대적인 판단과 행동이 편견에서 비롯됐다고 생각한다. 마찬가지 이유로 특정한 소수집단이 우호적으로 판단되는 특정한 속성으로 인해 특정한 일을 요청받을 수 있는데, 이것은 편견과 관계 없다. 한 예로 미국에 고층빌딩이 들어서기 시작하던 시기에 모호크*Mohawk* 인디언들은 위험을 무릅쓰고 작업을 할 수 있다는 이유로 강철 구조물 위의 높은 곳에서 작업해 줄 것을 요청받았다.

또한 몇 세기 전 독일인들은 광산업에 뛰어나다는 평을 받아 영국, 스페인, 노르웨이, 멕시코, 발칸 반도 등에서 채굴작업을 요청받았다. 과거 러시아의 캐서린*Catherine* 대제가 외국으로부터 "어떤 상인들"을 초청할 필요가 있다고 결정했던 18세기에, 캐서린 대제는 한 고위관리에게 유럽의 다른 국가들에서 오는 상인들의 여권을 발급할 때 "그들의 국적을 언급하지 말며, 고해성사를 했는지 묻지 말라"고 귀띔했다. 이는 정치적 지지율을 감안해 유대인들이 러시아로 이민 오는 것을 금지했던 법령을 철폐하기보다는 우회적으로 무효화한 것이다.

요컨대, 특정 집단에 대한 판단이나 행동이 호의적이든 비호의적이든, 이런 행동 자체가 곧 편견을 의미하지는 않는다. 사실 이것은 편견과 개략적으로 흡사하지만, 특히 다른 사람들이 편견에 사로잡혀 있다고 생각하는 사람들은 보통 그 집단에 대해 호의적이거나 비호의적으로 판단하는 사람들에 비해 해당 집단에 대한 지식이 부족한 경우가 많다.

집단에 대한 호의적이거나 비호의적인 판단이 그와 관련된 지식으로부터 비롯된 것일지라도, 이들 집단 내에 있는 특정 개인에 대한 판단은 편견에 근거할 수 있다. 뒤부아는 19세기 흑인 고용에 대해 "흑인 근로자 개개인은 그들의 능력에 의해 평가되는 것이 아니라 그가 속한 흑인 동료들 전체의 능력에 의해 평가되는데, 이것은 보통 개개인의 능력보다 더 낮다"고 지적했다. 그는 또한, "그러므로 만약 백인들이 하룻밤 사이에 인종에 대한 편견을 버린다 해도, 이것이 대부분 흑인들의 경제상황에 즉각적인 변화를 가져다주지는 않을 것이다"라고 덧붙였다. 뒤부아는 1898년 연구에서, 인종장벽이 낮아짐에 따라 새로운 젊은 세대가 직업의 기회를 잘 포착할 수 있게 되기 전까지는 "몇몇은 진급이 될 수도 있고, 몇몇은 새로운 직장을 찾을 수도 있다. 하지만 대부분이 이전과 동일한 상태일 것이다"라고 주장했다.

간단히 말해, 뒤부아는 현재나 미래의 흑인 근로자들까지 면밀하게 고려하지는 않았지만, 그 당시 흑인 근로자들에 대한 백인 고용주의 부정적인 판단을 정확하게 파악했다고 할 수 있다. 그의 평가가 얼마나 현실에

부합했든지 간에 여기서 강조하고 싶은 점은 경험에 바탕을 둔 부정적인 판단과 근거 없는 편견을 매우 분석적으로 구분했다는 것이다. 게다가 한 집단의 이질적인 구성원들을 함께 묶는 것은 그 집단에 속한 특정한 개인이 다른 집단에 있는 대등한 개인보다 왜 임금을 덜 받는지를 설명할 수 있는 반면, 이러한 개인의 이질성은 집단의 이질성을 설명하지 못한다. 이런 이유로 집단의 성과를 일반화해 일률적으로 적용하는 것은 옳지 않다. 하지만 집단에 관한 이런 잘못을 바로잡기 위한 진지한 노력이 거의 이루어지지 않았다. 오히려 어떤 집단에 대해 부정적인 일반화가 이루어졌다는 사실 그 자체가 편견의 증거로 여겨진다.

편향

편향*bias*은 편견과 다르며, 편향에도 서로 다른 두 가지가 있다.

우선, 한 가지는 인지적 편향*cognitive bias*이라 불리는 것이다. 판단을 내리거나 행동을 취하는 사람이 특정한 집단에 대해 처음부터 어떤 특정한 부정적 신념을 가지거나 특별한 호의를 가지지는 않을 것이다. 그러나 스스로의 판단방식에 따라 동일한 능력을 가진 사람을 단지 특정한 집단에서 왔다는 이유로 다르게 평가할 수도 있다. 한 예로, 직장을 구하는 사람이나 대학 응시자를 평가할 때 지원자의 의상에 큰 비중을 두어 평가하는 사람은 아무리 지원자의 자질이 뛰어나다 하더라도 자신의 취향과 다른 옷을 입었거나 다른 지원자와 다른 종류의 옷을 입은 지원자는 무시할 것이다. 어떤 집단에 대해 적대적인 편견이나 부정적인 감정을 갖고 있지 않다 하더라도, 이와 같은 평가자는 그 집단에 속해 있는 개인의 성과나 잠재력을 의도적으로 과소평가한다. 게다가 개인, 즉 평가자에 의해서뿐만 아니라 주변 환경에 의해 편향이 조장될 수도 있다. 인도에 관련된 연구를 살펴보자.

> 과거에 희생당했던 집단의 야심찬 구성원들은 편향된 기대, 그들의 성과에 대한 오해, 선발과정에서의 문화적 편향에 직면하게 된다 ; 그들은 다양한 기회를 제공해 주는 비공식적인 인맥이 없어 고생을 하고, 견고한 연공서열제는 과거의 차별적인 선택의 결과를 구체화하고, 지속적으로 유지되도록 한다. 따라서 현재 차별이 없다 해도 그것이 과거에 일어났던 차별의 누적적인 효과를 없애기에는 불충분하다.

미국에서는 이와 유사한 상황을 개인들에 대한 의도적이고 겉으로 드러난 인종적 편향과 구분해 '제도적 인종차별주의' 라 부른다. 이와 같은 인지적 편향은 좋은 뜻으로 구상된 일반적인 기준으로 나타날 수 있으며, 이런 맥락에서 많은 사람들이 다양한 심리 테스트가 "문화적으로 편향되어" 있다고 주장한다.

이런 주장들을 평가하기 전에 무엇이 충분한 근거가 뒷받침된 주장인지 확실히 해야 한다. 우리는 특정한 집단에 대해 부정적인 결과를 낳는 기준이라고 해서 단순히 "적절하지 않다" 고 버릴 수 없고, 특정 기준과 그에 따른 결과 간에 상관관계가 존재하는지 여부에 관한 실증자료로 그럴싸한 기준을 대신할 수도 없다. 정밀한 실증분석이 필요하긴 하지만, 그런 분석은 반드시 사용되는 용어들이 무엇을 의미하는지 정확히 정의되고 나서 이루어져야 한다.

매우 다른 성격의 또 하나의 편향은, 다른 집단의 열등한 능력에 대한 편향, 가정, 믿음 등과는 무관하게 자신의 집단에 대한 편애에 근거하고 있다. 실제로 이런 유형의 편향은 다른 집단이 대등한 정도를 넘어 우월하다는 믿음과 공존할 수 있다. 세계 도처의 국가에서 이와 같은 현상을 관찰할 수 있다. 한 예로, 말레이시아에서 말레이인들을 위한 적극행동 프로그램[1]*affirmative action program*의 한 대변자는 다음과 같이 말했다 : 말레이인들이 무엇을 할 수 있건 간에 중국인들은 훨씬 적은 비용으로 더 잘 할 수 있다. 같은 사회에서 자신의 집단에 속한 사람이 다른 집단 구성원보다 덜 유능하다는 생각을 가진 사람은 단지 이 대변자만이 아니다. 또 다른 예로, 나이지리아에서 북부 출신자들의 고용을 선호한 것을 들 수 있는데, 이것은 그렇지 않았다면 교육을 잘 받은 소수의 북부 출신들이 밀려오는 남부 출신들에 의해 압도당했을 것이라는 이유로 옹호되었다. 이외에 스리랑카에서 신할리족[2] 지도자들, 사이프러스에서 터키인 지도자들, 피지에서 피지인 지도자들, 자이르에서 룰루족 지도자들, 인도 아삼지방에서 아삼인 지도자들도 마찬가지였다.

20세기 초에 일본인들이 미국으로 이민 오는 것을 금지하는 정치적 행동이 조직적으로 이루어졌는데, 이것은 일본인 이주민들이 훨씬 능력이 뛰어나고 만만치 않은 경쟁상대라는 이유 때문이었다.

> 우리는 줄곧 일본인들이 열등한 민족이라고 생각해 왔으나, 그들은 지금 우리를 위협하고 있다. 일본인들은 창문을 닦는 사람도, 집사도 아니다. 그들은 생각하고, 배우고, 발명할 수 있는 사람들이다. 미국인들은 미국 내 숙련산업의 거점을 일본인들이 점점 더 차지하고 있다는 사실을 갑자기 인식하게 되었다. 그들은 미국인들과 지적인 면에서 동등하고, 노동력도 동등하다. 그들은 자신감 있고, 용감하며, 대담하지만, 미국인보다 못한 대접을 견뎌낼 수 있다. …… 우리가 지금 여기에 모인 이유는 치열한 경쟁을 막기 위해서이다.

자신의 집단에 대한 편애에서 비롯된 편향은 다른 사람들이 열등하다는 주장과는 완전히 무관하며, 다른 사람들이 자신의 집단보다 더 낫다고 판단될 때 가장 강하게 대두된다. 물론 자신의 집단 자체를 우월하다고 생각하는 편애도 있을 수 있다. 흑인을 차별하던 시대의 미국 남부에서 백인들이 그랬고, 인종차별정책이 있던 남아프리카에서 백인들이 그랬으며, 나치 통치 하에서 독일인들이 그랬다. 하지만 편애를 조장하는 프로그램의 이면에 그런 믿음이 깔려 있는 것은 아니다. 편애는, 다른 경쟁자들이 너무 대단해 그들의 능력을 상쇄시킬 만한 공식적인 특권 없이는 그들에 대응하기 어렵다는 정반대의 믿음과 완벽하게 양립할 수 있기 때문이다.

차별

편향과 편견은 태도와 관련된 개념이다. 실질적인 질문은 이런 태도가 어떻게, 그리고 얼마나 차별*discrimination*이라는 행동으로 이어지느냐 하는 것이다. 이 질문에 대답하기 전에 우선 "차별"이 의미하는 바를 짚고 넘어가야 한다.

"차별"은 특정 집단의 구성원들을 다른 집단의 유사한 구성원들보다 덜 호의적으로 취급하는 정책이 우월한 정치권력을 가진 집단에 의해 실시되는 것을 말한다. 우월한 정치권력을 가진 집단의 구성원들에게 불리하게 실시되는 경우는 "역차별" 내지는 "소수민족 우대정책"이라 한다. 차별은 또한 개인 고용주나 지주, 기관 등에 의해서도 실시될 수 있다. 하지만 만약 의미 있는 논의를 위해서 하나의 용어가 하나의 의미만을 가져야 한다면, 차별이라는 용어는 어떤 집단이 다른 집단에 비해 덜 호의적인 결과를 얻게 되는 모든 상황으로 확대될 수 없다.

편향이나 편견이 사람들의 마음 상태와 관련된 반면, 차별은 실제 세계에서 마음 밖으로 드러난 공공연한 행위이다. 하지만 인종차별을 철폐하기 위해 노력하는 사람들이나 소수민족 우대정책에 대해 반대하는 사람들은 편견이나 편향에 사로잡히지 않는다고 주장하는 사람들이 가정하는 것과는 달리, 편향, 편견과 차별이 반드시 일 대 일로 대응될 필요는 없다고 말한다.

편견이나 편향이 덜 하더라도 차별은 더 심할 수 있고, 편견이나 편향이 심하더라도 차별은 덜 할 수 있다는 사실은 이론상으로도 가능할 뿐만 아니라 실제로도 여러 국가에서 관찰된다. 주관적인 태도가 차별이라는 공공연한 행동으로 표현되는 정도는 그렇게 하는 데 드는 비용에 달려 있다. 그런 비용이 매우 큰 경우, 심한 편견이나 편향에 사로잡힌 사람이라도 차별적인 행동을 거의 하지 않거나 아예 하지 않을 것이다. 예컨대, 심한 인종차별의 신념을 가지고 있지만 돈 버는 것을 훨씬 더 중요하게 생각하는 프로 미식축구팀의 구단주를 생각해 보면 된다. 1960년대에 워싱턴 레드스킨[3]*Washington Redskins*에 입단한 최초의 흑인 미식축구 선수는 스포츠 기자들 사이에 인종차별적 성향이 매우 강하다고 알려진 구단주에 의해 고용되었다. 그는 워싱턴 레드스킨이 백인들로만 구성된 미식축구팀이라는 오랜 전통을 깨고 흑인인 러닝백[4]*running back*을 고용했다. 그 당시 리그에서 뛰어난 러닝백들은 대부분 흑인이었고, 워싱턴 레드스킨은 러닝게임에서 매우 취약했기 때문이다.

하지만 인종차별주의자가 흑인을 고용한다거나, 또는 인종차별주의자가 아닌 사람이 흑인을 고용하지 않는다고 해서 모순은 아니다. 어떤 인과분석을 하더라도 그들의 성향과 더불어 의사결정을 내릴 때 예상되는 비용이 함께 고려되어야 한다. 미국 남부에서 흑인을 차별하던 시대가 끝날 무렵 아칸소*Arkansas* 주의 상원의원인 풀브라이트J. William Fulbright와 같은 남부인들은 양심에 반해서 인종분리를 지속할 것을 지지했다. 왜냐하면 그렇게 하지 않을 경우 정치생명이 위협받기 때문이었다. 이처럼 차별적인 행동을 하는 정도는 개인의 믿음이나 감정보다는 그 행위로 인해 지불해야 하는 개인적인 비용에 의해 결정된다.

비용의 차이

고용을 하거나 승진시킬 사람을 결정하는 데 있어 차별의 비용이 낮거나 아예 없다면, 특정 집단의 사람을 고용하지 않거나 승진시키지 않는데 그치지 않고, 그런 차별을 더 많은 집단으로 확대할 수 있다. 즉, 차별이 광범위하게 이루어질 수 있다.

한때 일부 미국 철도회사에서는 가톨릭 신자들만이 고위직까지 진급할 수 있고, 다른 회사에서는 개신교도들만이 그럴 수 있다는 얘기가 있었다. 얼마 전까지만 해도 다수의 유대인 지식인들과 학자들 중 아이비리그의 대학에서 종신교수직을 얻은 유대인은 단 한 명도 없었다. 또한 제2차 세계대전이 발발했을 때 흑인들은 최하위 계급으로도 해병대에 입대할 수 없었다. 마찬가지로 세계의 다른 여러 국가에서도 이와 유사한 차별이 있었고, 어떤 때는 그 범위가 더 넓었다.

차별에 대한 많은 논의들이 차별을 하는 사람이 부담하게 되는 비용을 무시하고 있다. 그러나 가격이 낮으면 수요가 늘어나고, 가격이 비싸면 수요가 감소한다는 경제학의 기본 원리에 따르면, 차별의 정도가 차별을 하는 사람이 부담하게 될 비용에 따라 달라진다는 것을 알 수 있다. 이것은 실제로 우리가 여러 국가와 여러 시대에 걸친 증거를 통해 발견한 것이다.

한 예로, 두 차례의 세계대전이 치뤄지는 사이 폴란드에서 절대다수의 내과의사들은 전체 인구의 6%밖에 안 됐던 유대인들이었다. 민간부문에서는 많은 폴란드인들이 유대인 내과의사를 찾아가 진찰을 받았지만, 폴란드 정부는 유대인 내과의사를 고용하지 않았다. 민간부문에서가 아니었더라면 많은 유대인 의사들은 생계를 잇기 어려웠을 것이다. 이런 점에서 공공부문과 민간부문의 차이점은 무엇일까?

두 부문 모두에서, 유대인 내과의사 고용을 거부하는 데는 재정비용과 의료비용이 발생한다. 내과의사 가운데 유대인이 아닌 사람들은 소수였음에도 불구하고 정부가 운영하는 병원을 유대인이 아닌 의사들로 채우는 것은, 유대인이 아닌 의사를 유치하기 위해 더 많은 보수를 지불했다거나 유대인 의사보다 자질이 떨어지는 의사를 고용했다는 것을 의미한다. 어떤 경우에라도 재정비용이나 의료비용 중 적어도 하나는 발생했다. 하지만 폴란드 정부 내에서 의사결정을 내리는 사람들의 경우 그들이 부담해야 하는 비용은 하나도 없었다. 재정비용은 납세자들로부터 충당되었으며, 그 당시의 민간부문에서 가능했던 것보다 낮은 수준의 의료 서비스를 받았기 때문에 정부가 운영하는 병원의 환자들이 인적 비용을 부담했다. 따라서 재정비용이나 의료비용 가운데 어떤 것도 정부 공무원들에 의한 차별을 저지하는 역할을 하지 못했다.

민간부문에서 두 종류의 비용은 모두 환자가 지불한다. 자신의 건강을 염려하는 사람, 특히 응급상황에 있다거나 심각한 부상이나 치명적인 질병에 직면한 사람은 반유대 감정을 쉽게 극복할 수 있다. 이처럼 정부부문과 민간부문이 각각의 인센티브에 따라 행동할 때, 유대인에 대한 차별의 정도는 예상했던 대로 가장 기본적인 경제원리에 의해 달라진다.

폴란드에서 또 다른 현상을 발견할 수 있다. 적대적 감정은 적지만 차별이 심하게 나타나는 경우와 적대적 감정이 심해도 차별이 덜 발생하는 경우가 그것이다. 반유대 감정은 폴란드 서부보다 동부에서 더 강했다. 그런데 마치 흑인 예술가들이 인종차별이 매우 심했던 미국 남부에서 직장을 얻을 기회가 많았던 것처럼, 폴란드 동부에 오히려 유대인 예술가들이 더 많았다. 이 두 가지 경우 모두에 있어서 노동조합이 차별의 비용에 영향을 미쳤다.

논의되고 있는 시대에 길드의 세력은 폴란드 동부보다 서부에서 더 강했고, 미국 노동조합도 남부보다는 북부에서 더 강했다. 노동조합 덕분에 노동자들은 자유시장에서 수요와 공급에 의해 결정되었을 임금보다 더 높은 임금을 받았는데, 노동을 대체할 수 있는 자본비용과 비교해 노동비용이 상대적으로도, 절대적으로도 비싸졌기 때문에 고용주들은 더 적은 수의 근로자들을 고용할 인센티브를 갖게 됐다. 동시에 수요와 공급에 의해 형성되었을 것보다 더 높은 수준의 임금으로 인해 더 많은 근로자들이 일자리를 원했다. 결과적으로 노동조합은 구직자의 과잉을 초래하는 경향이 있다. 공급 과잉의 상황에서는, "부적당한" 집단에 속했지만 자격을 갖춘 지원자들을 외면하는 경우 고용주가 부담하는 비용은, 자의적으로 배척당했던 사람들을 대체할 수 있는 유사한 자격을 갖춘 사람들을 찾고자 하는 경우 부담해야 하는 비용보다 적다.

길드나 노동조합에 의한 차별이 없는 경우에도 고용주들 스스로 차별하는 것이 여전히 비용이 적게 드는 경우가 많다. 이런 상황을 감안한다면, 유대인 예술가들이 어째서 자신들에게 더 적대적인 폴란드 지방에서 재능을 연마하는 것이 더 쉽다는 것을 알았으며, 어떻게 미국의 흑인 예술가들이 노동조합이 더 많았던 북부보다 흑인을 차별하던 시대의 남부에서 그들의 재능을 연마하는 것이 더 쉽다는 것을 알았는지 그렇게 혼란스럽지만은 않다. 차별의 비용의 차이가 적대적인 성향의 차이를 능가했기 때문이다.

고용에 관한 통계에서도 이와 같은 유형을 발견할 수 있다. 흑인을 차별하던 시대의 미국 남부와 백인들이 지배하던 남아프리카에서 철도회사 직원으로 일했던 흑인의 비율이 20세기 중반보다 20세기 초반에 훨씬 높았다. 두 국가 모두에서 20세기 초의 노동시장이 훨씬 자유로운 경쟁시장이었고, 나중으로 갈수록 통제가 심해졌다. 그리고 두 국가에서 20세기 초반에 인종차별이 훨씬 더 심했다.

노동조합뿐만 아니라 정부의 규제도 차별의 비용을 줄일 수 있다. 독점적인 공익기업이 정부규제기관이 비용에 근거해 책정한 가격을 소비자들에게 부과하는 경우, 그런 기업으로서는 굳이 경쟁시장에서 살아남기 위해 비용을 낮추려는 인센티브가 거의 없다. 다른 비용과 마찬가지로 규제된 독점기업은 차별의 비용을 소비자들에게 전가시킬 수 있다. 미국 전화산업이 규제된 독점이었을 때, 흑인들은 민권법이 시행되기 전까지는 전화교환원과 같은 단순한 직업도 얻을 수가 없었다. 각 지역 전화회사들은 자기 영역 안에서 독점력을 행사하고 있었기 때문에, 이들은 전화를 사용하는 사람들에게 높은 비용을 전가시킬 수 있었다. 만약 전화회사들이 차별을 하지 않았더라면 비용이 더 낮았을 것이고, 이론상으로는 독점이

윤도 더 컸을 것이다. 하지만 사실상 지역 전화회사들의 수익률이 정부에 의해 규제받고 있었기 때문에, 전화회사들은 결코 추가적인 이윤을 얻지 못했다. 대신 전화회사들은 비용 증가에 따른 이윤의 감소를 겪지 않고도 인종차별을 할 수 있었다.

한편 1920년대 초반에 흑인들은 경쟁이 매우 치열해 큰 이윤이나 엄청난 손실이 다반사였던 산업의 메카인 브로드웨이에서 스타로 등장하기 시작했다. 극장을 사람들로 가득 채울 수 있는 흑인 연예인들을 고용하지 않는 데 드는 비용이 너무 커 이 산업은 전화회사와 같이 행동할 수 없었다. 흔히 가정하듯이, 인종차별과 차별을 일 대 일로 대응시키는 것은, 같은 시대에 같은 경제에 속한 다른 부문들에서 발생한 이런 차이를 설명할 수 없다. 이런 가정은 경제 전반에 걸쳐 의사결정자가 완전히 바뀌는데도 불구하고 그런 차이가 지속적으로 유지되고 있다는 사실을 더더욱 설명할 수 없다. 일단의 의사결정자들과 그들의 개인적인 성향이 무대 뒤로 사라진 후에도, 새로운 의사결정자들의 개인적인 성향이 어떻든 간에 동일한 인센티브는 동일한 산업에서 동일한 결과를 초래하는 경향이 있다.

카르텔 형태로 운영되고 있는 메이저리그 야구팀들은 반독점법의 적용을 받지 않기 때문에, 야구팀들 역시 차별을 하는 데 비용이 매우 적게 들었고, 그 결과 모든 팀들이 똑같이 행동하는 한 흑인 선수들을 고용하지 않을 수 있었다. 하지만 1947년에 브루클린 다저스[5]*Brooklyn Dodgers*가 재키 로빈슨Jackie Robinson을 메이저리그의 첫 흑인 선수로 고용하면서부터 상황이 바뀌기 시작했다. 카르텔 내에 있는 여러 팀들 사이에 경쟁이 있었기 때문에 일단 한 팀이라도 흑인 선수를 고용해 유색인종에 대한 장벽이 무너지면, 다른 팀들이 흑인을 고용하지 않는 데 따른 비용이 갑자기 치솟게 된다. 그 결과, 상대적으로 단기간 동안에 다수의 흑인 선수들이 메이저리그에 진출하게 되었다. 연속 7년 동안 내셔널리그*National League*의 최우수선수*MVP*로 뽑힌 백인 선수는 단 한 명도 없었다. 다른 팀들이 다저스가 흑인을 고용한 것을 따라하지 않았더라면 최우수선수들은 모두 다저스가 배출했을 것이고, 그 결과 다저스는 내셔널리그 우승기를 휩쓸었을 것이며, 어쩌면 월드챔피언십도 전부 석권했을지 모른다. 차별의 비용이 너무 커서 메이저리그의 야구팀들은 인종차별을 계속할 수 없었다. 그들의 인종적 태도는 변하지 않았지만, 그 태도를 차별로 드러내는 비용에는 큰 변화가 있었다.

차별의 비용이 실제의 차별 규모에 영향을 미친다는 것을 감안한다면 다른 곤혹스러운 현상을 이해할 수 있다. 예를 들면, 경쟁시장의 압력을 가장 덜 받는 부문들에서 인종정책이 크게 반전된 것을 이해할 수 있다. 이런 부문에는 정부, 정부의 규제를 받는 공익기업, 그리고 학술기관, 병원, 재단과 같은 비영리단체들이 포함된다. 제2차 세계대전 전에는 절대로 흑인을 교수로 채용하지 않았던 미국의 대학들이 1960~1970년대에는 흑인 교수를 채용하고 진급시키는 데 특혜를 주었고, 흑인 학생들에게는 입학 시에 특혜를 줌으로써 소수민족 우대정책에 앞장섰다. 이와 비슷한 시기에 전화회사들의 고용정책도 대반전이 있었다.

특정 집단에 대해 특히 차별적이던 정책들이 특혜를 주는 정책으로 갑작스럽게 변한 것은 단순히 경향만으로는 설명할 수 없다. 왜냐하면 그런 과도기에 의사결정자들이 거의 바뀌지 않았기 때문이다. 그보다는 그들이 활동했던 상황이 제공하는 인센티브와 상황의 제약이라는 관점에서 이해하는 편이 훨씬 쉽다. 좀더 구체적으로 말하면, 자유시장에서 경쟁에 대처하고 조직의 생존을 위해 비용을 낮춰야 하는 경제부문에서는 차별이나 역차별 중 어떤 정책을 택하더라도 비용을 부담하게 되어 있는데, 경쟁 압력을 덜 받는 부문에서는 차별이든 역차별이든 경쟁시장에서만큼 비용을 발생시키지는 않는다. 정치·사회적 풍토가 바뀌면 정부, 정부의 규제를 받는 공익기업, 그리고 비영리단체들은 자신들의 비용부담을 최소화하면서 신속하게 변할 수 있었다.

자유시장의 위력은 인종분리정책*apartheid*이 실행되던 시절 백인들이 지배했던 남아프리카에서 가장 잘 입증되었다. 남아프리카에서의 인종적 성향이나 산업, 농업, 그리고 정부부문에서 대부분의 고용주들이 백인이었다는 사실에는 의문의 여지가 없다. 그런데 인종차별의 대표적인 국가인 이 나라에서조차, 경쟁적인 산업에서 활동하는 백인 고용주들은 법이 허용한 것보다 더 많은 흑인들을 고용하고, 그들을 더 높은 지위에까지 승진시킴으로써 공식적인 정부 정책을 크게 위반했다. 흑인들을 고용한 백인 고용주들이 인종분리정책을 지지하는 정부를 운영했던 백인들과 다른 인종적 성향을 갖고 있었다는 증거는 없다. 다만 차별의 비용에 차이가 있었을 뿐이다.

예를 들어 정부기관이나 정부가 규제하는 철도회사들은 사실상 아무런 비용을 부담하지 않는 가운데 인종분리정책을 유지할 수 있었던 반면, 자기 돈을 지출해야 하는 사람들은 전혀 다른 경제적 상황에 처해 있었다. 주택 건축이 전형적인 예이다.

> 요하네스버그*Johannesburg*에서 집을 지으려면 법이 규정한 대로 임금이 비싼 백인 근로자를 구하기 위해 몇 달을 기다리거나, 아니면 정부에서 검사가 나왔을 때

명목상 보여줄 일부 백인을 제외하고 나머지는 흑인을 고용해서 쓰거나 해야 한다. 그런데 대부분의 소비자들은 건축기간이 짧고 값이 싼 집을 원했다.

이런 관행이 남아프리카에서 빈번하게 있었기 때문에 백인 주도의 인종분리정책을 실시한 정부는 1970년대에 단속을 통해 수백 개의 건설회사에 벌금을 부과했다. 법으로 허용된 것보다 더 많은 흑인들을 고용했던 회사는 단지 건설회사들만이 아니었다. 트란스발*Transvaal*의 의류산업에서는 인종분리법 하에서는 단 한 명의 흑인도 고용할 수 없었다. 하지만 1969년에는 흑인들이 의류산업에서 근로자의 대부분을 차지했다. 남아프리카에는 백인들만이 거주할 수 있도록 법으로 명시된 구역도 있었다. 하지만 다른 인종들도 그 구역에서 살았고(흑인인 미국 경제학자 월터 윌리엄Walter Williams을 포함해서), 적어도 한 구역에서는 백인보다 다른 인종들이 훨씬 많았다. 인종분리법을 어기는 것도 비용이 들긴 했지만, 자유시장에서의 경쟁으로 인해 차별은 많은 사람들에게 매우 비싼 것이 되었다.

미국에서는 흑인 거주지역이 백인 거주지역으로 확장된 경우가 더 빈번하다. 하지만 지속적인 흑인 빈민가의 확장은 몇 세기 전 유럽에서의 유대인 강제거주지역의 역사와는 대조적이었다. 유럽의 유대인 강제거주지역은, 증가하는 유대인 인구를 수용하기 위해 기존의 강제거주지역을 확대시키거나 새로운 강제거주지역을 만들 수 있는 시기와 장소가 주어졌던 적이 있음에도 불구하고, 점점 과밀화되었다. 이 경우에도 차별의 비용에 차이가 있었던 것이다.

흑인 빈민가는 시장을 통해 확대되었다. 그 이유는 흑인 임차인이나 주택을 구입하려는 흑인들을 배척하는 데 비용이 많이 들었기 때문이다.

그렇다고 해서 백인들의 저항이 없었던 것은 아니다. 때로는 심한 폭력을 동원한 조직적인 저항이 있었다. 하지만 핵심적인 질문은 결과적으로 어떻게 되었는가 하는 것이다. 통상적인 결과는 흑인 거주지역이 국가 전역의 도시로 확대되었다는 것이다. 게다가 정부 정책이나 법, 또는 제한적인 계약을 통해, 혹은 폭력을 동원해 이런 확대를 중단시키려 했던 곳에서는 오히려 차별의 비용이 너무 커서 시장에서 흑인 빈민가의 확대를 중단시킬 수 없다는 사실을 확인시켜 주었을 뿐이다. 대체로 흑인 빈민가는 흑인 인구 증가와 더불어 계속 확대되었다.

유럽에서는 유대인 강제거주지역의 경계가 시장에 의해서가 아니라 정치권력에 의해 결정되었다. 정치 지도자들이 정략적으로 필요하다고 생각했을 때에만 강제거주지역의 경계가 확대되었다. 이런 이유 때문에 유대인 강제거주지역은 시간이 지나고 인구가 증가함에 따라 과밀화되었던 것이다. 정치 지도자들이 유대인들을 차별하는 데에는 보통 아무런 비용도 들지 않았다. 그래서 전쟁이 나서 통치자들이 유대인의 재정적 지원을 필요로 하는 특별한 상황에서만 여러 가지 금지령들이 완화될 수 있었으며, 과밀해소를 위해 더 많은 강제거주지역을 만들 수 있었다. 한 예로 1618년부터 1648년까지 지속된 30년 전쟁 동안에 새로운 유대인 지역이 허가되었고, 그 안에 유대인들에게 새로운 직업과 시장이 생겨났다. 또한 비엔나에서는 2백 년만에 처음으로, 덴마크에서는 최초로 유대교회당 *synagogue*이 설립될 수 있었다.

요컨대 차별의 비용은 일상적이었을 뿐만 아니라 인종적, 민족적, 그리고 종교적 성향이 강한 국가에서조차 실제 의사결정에 영향을 미쳤다. 그 영향력이 얼마나 큰지는 특정 부문에 존재하는 경제적 인센티브와 제약에 의해 결정된다. 이것이 의미하는 바는, 인종차별과 차별을 일 대 일로 대응시키는 것이 틀렸을 뿐만 아니라, 차별을 줄이고자 하는 사람들은 의사결정자가 차별하는 데 비용이 많이 들거나 적게 들도록 하는 경제적 조건들에 주의를 기울일 필요가 있다는 것이다. 차별을 반대하는 사람들은 흔히 차별을 더욱 비싸게 만드는 자유경쟁시장에도 반대한다. 그들은 일 단계 이상을 생각하지 않는다.

예를 들어 주택시장과 같은 시장에서조차 가격이 수요와 공급에 의해 결정되는지, 아니면 정부나 노동조합, 카르텔과 같은 외부기관에 의해 결정되는지에 따라 차별의 정도가 달라질 수 있다. 예컨대, 집주인이 "부적당한" 집단에 속해 있는 사람들에게는 집을 빌려주지 않으려는 경우 그 집은 더 오랫동안 임대되지 않은 채로 있을 것이다. 자유시장에서라면 이것은 임대료 손실로 나타난다. 하지만 만약 임대료 통제가 있어서 집을 빌리고자 하는 사람들이 넘쳐난다면, 집주인은 차별을 하는 데 아무런 비용도 부담하지 않게 된다.

비슷한 원리가 취업시장에도 적용된다. 어떤 고용주가 자격을 갖춘 지원자라 하더라도 "부적당한" 집단의 사람이라고 해서 고용하지 않는다면, 자유시장에서 그 자리를 오랫동안 공석으로 비워둬야 하는 위험에 처한다. 그 결과 고용주는 어떤 작업을 할 수 없게 되거나, 주문을 다 소화시키지 못하거나, 기존 종업원들에게 추가로 작업을 시키기 위해 초과근무수당을 지급해야 하는데, 어떤 경우라도 고용주는 손해를 보게 된다. 그렇지만 수요와 공급에 의해 결정되는 임금보다 더 높은 수준에서 임금이 인위적으로 책정되는 시장에서는 노동의 초과공급이 발생하기 때문에 고용주가 차별을 하는 데 비용이 들지 않는다. 인위적으로 높은 임금수준이 노동조합에 의해 책정되든, 최저임금제에 의해 책정되든 기본 원리는 마찬가지이다.

이 모든 사례들에서 알 수 있듯이, 차별의 비용을 결정하는 중요한 요인은 시장이 경쟁적인지 아닌지, 의사결정자가 차별을 할 때 자신의 돈으로 비용을 지불하는지, 아니면 타인의 돈으로 지불하는지 여부이다. 의사결정자는 자신의 돈이 걸려 있는 경우 서로 적대적인 집단일지라도 차별을 하지 않게 된다. 이들은 실질적으로 서로를 필요로 한다. 20세기 초 시카고에 거주하던 폴란드인 이주민들과 유대인 이주민들이 그랬다.

> 시카고의 폴란드인과 유대인들은 서로 인접한 곳에서 성장했고, 경계를 놓고 역사적으로 마찰이 있었기 때문에 서로를 매우 싫어하고 경멸한다. 하지만 밀워키 *Milwaukee* 가와 맥스웰*Maxwell* 가에 가면 그들끼리 거래하는 것을 볼 수 있다. 여러 가지 경우에 대한 연구에 의하면, 유대인들은 밀워키 가와 디비전*Division* 가 주변이 주로 폴란드인 거주지역임을 알면서도 그 부근에 가게를 차릴 뿐만 아니라, 폴란드인들은 유대인들이 소유한 친근한 노점들을 발견할 수 있다는 것을 알기 때문에 거래를 하기 위해 도시 여러 곳에서 맥스웰 가로 온다.

실증자료

차별과 생애기회의 차이를 동일하게 여기는 사람은 여러 집단에서 관찰되는 결과의 차이로 인해 매우 다른 이유들을 혼동한다. 차별보다 생애기회의 차이를 더 중요하게 여긴다 하더라도, 이 두 가지 사회현상을 진지하게 다루기 위해서는 둘을 구분해야 한다.

생애기회

어떤 면에서는 차별보다 생애기회*life chances*가 더 파악하기 쉽다. 과거에는 흑인 어린이가 내과의사나 국회의원이 될 가능성을 전체 흑인 인구 수와 과거에 이 직업을 가졌던 흑인 인구의 통계자료로부터 수학적으로 도출해 냈다. 하지만 이 간단한 경우에서조차 복잡한 요소가 많다.

우리가 생애기회라고 할 때, 이것이 단순히 통계적 확률을 의미하는 걸까, 아니면 일정한 횟수만큼 시도하고 일정한 노력을 기울였을 때에 성공할 가능성을 의미하는 걸까? 만약 발레리나가 되기를 희망하거나 반대를 무릅쓰고라도 발레리나가 되려고 마음먹은 흑인 어린이가 거의 없다면 어떨까? 다시 말해, 생애기회를 결정하는 것과 같은 단순한 문제라도 집단별로 발생하는 다른 결과와 확률상으로 차이를 발생시키는 원천에 대해 복잡한 질문을 제기할 수 있다. 그 원천이 내부적인지, 아니면 외부적인지 여부도 차별의 정도와 차별의 유무를 결정하고자 할 때 문제를 더욱 복잡하게 만든다.

차별이 생애기회의 차이와 구분되는 경우, 서로 다른 집단에서 왔지만 비슷한 자격을 갖춘 개인들이 고용이나 대학 입학, 그리고 다른 혜택을 누리는 데 있어 비슷한 기회를 가질 수 있을까 하는 실증적인 의문이 제기된다. 가끔 그렇듯이, 집단에 따라 자격요건에 상당한 차이가 있는 경우 이 질문은 다음과 같이 바뀐다 : 어떤 특정한 사람이 다른 집단의 구성원으로서 동일한 자격요건을 갖추고 있다면 어떻게 될까? 그들은 동일한 전망이나 결과를 기대할 수 있을까?

비교 가능성

집단 간의 전체적인 비교는 개인들을 비교했을 때와는 상당히 다른 결과를 보여줄지도 모른다. 한 예로, 과거에 미국 흑인의 평균소득이 백인의 평균소득보다 높았던 적이 단 한 번도 없었으며, 그 격차는 지금보다 훨씬 컸다. 하지만 1969년으로 돌아가서 보면, 뉴스와 잡지를 구독하고 도서관에서 책을 대여해 보는 가정에서 자란 젊은 흑인 남성들은 비슷한 가정에서 자란 비슷한 교육수준의 백인 남성들과 거의 같은 수준의 소득을 얻었다. 1989년에 같은 연령(29세)에 같은 IQ 수준(100)인 흑인, 백인, 스페인계 미국인들의 연평균 소득은 모두 2만 5천 달러에서 2만 6천 달러 사이였다.

미국 여성의 소득은 남성의 소득보다 높았던 적이 없었지만, 1971년의 자료에 따르면, 그 당시 고등학교 졸업 후에 계속 일을 해왔던 30대 미혼 여성의 경우 같은 업무를 담당하는 남성들보다 소득이 조금 많았다. 캐나다에서는 미혼 여성들의 소득이 미혼 남성들의 소득의 99%를 웃돌았다. 1969년으로 거슬러 가서 보면, 대학교수진 가운데 미혼인 여자 교수들의 소득이 미혼인 남자 교수들의 소득보다 실질적으로 더 높았다.

이들 자료 중 어느 것도 생애기회에 대해 말하고 있지는 않지만, 고용주의 차별에 대한 질문과는 관련이 있을 것이다. 앞에서 언급한 것과 같이 교육수준이 높은 가정에서 자란 흑인들의 비율은 비슷한 환경에서 자란 백인들이 전체 백인 중에 차지하는 비율과 커다란 차이를 보인다. IQ 점수도 흑인인지, 백인인지, 스페인계인지에 따라 매우 다르게 분포되어 있다. 미국을 비롯한 다른 국가에서도 한 인종집단이나 민족집단이 다른 집단과 연령 면에서 10년 내지는 그 이상 차이가 날 수 있으며, 연령에 따라

받는 소득에 큰 차이가 있다. 결혼도 마찬가지이다. 결혼한 남자가 독신인 남자보다 소득이 더 많고, 결혼한 남자 중에서도 아이가 있는 남자의 소득이 더 많지만, 여성의 경우에는 완전히 반대다. 결혼과 출산은 남성보다는 여성에게 매우 다른 인센티브와 제약을 만들어 내기 때문에 그 이유가 특별히 애매하다고는 할 수 없다.

결혼에서 전통적인 성의 역할과 관련해 그 정당성이나 사회적으로 바람직한 점이 논의의 대상이 될 수 있다. 하지만 이 논의는 고용주 차별과 관련된 것도 아니고, 고용주의 성향과는 훨씬 더 관련이 없다. 고용주 차별의 유무나 차별 정도에 관한 질문은 같은 능력과 책임을 가진 개인이 작업현장에서 동일한 대우를 받을 것인가 하는 데 있다. 따라서 사람들이 그 고용주를 만나기 전에 공평한 삶을 살았는지 여부는 다른 문제들을 다룰 때는 중요할 수 있지만, 여기서는 문제가 안 된다. 그런데 점점 많은 법과 제도들이 임신한 근로자나 정신병을 앓고 있는 근로자, 혹은 전과기록을 갖고 있어 위험한 사람, 나이가 들어 건강이 좋지 못한 사람들에 대해 추가적인 비용을 부담하지 않는 것을 고용주의 차별이라고 단정지어 왔다. 비록 법과 정부 정책을 만들고 옹호하는 사람들은 그렇지 않더라도, 사람을 고용을 할 때 고용주들은 일 단계 이상을 생각할 인센티브를 갖고 있다.

고용주나 정부, 또는 다른 누군가가 그런 추가비용을 지불하는 것의 장점이나 단점이 무엇이든지 간에 그렇게 하지 못하는 것은, 근로자들이 다른 집단 출신이기 때문에 동등한 가치가 있음에도 달리 취급하는 것과는 다르다. 근로자들이 기업에 기여하는 정도에 따라 고용되고 보수를 받으며 승진하는 경우, 이것은 어떤 경우에도 고용주 차별이 아니다. 이것은 심지어는 바람직한 사회정책에 관한 질문도 아니다. 이것은 특별한 감정을 자극하는 단순한 말이라기보다 어떤 특별한 의미를 지닌 용어들을 사용하는 것과 관련된 질문이다. 쟁점의 양측에 있는 사람들이 이해하는 가운데 용어들이 어떤 특별한 의미를 가질 때만, 우리는 바람직한 사회정책이 무엇인지에 대해 합리적으로 토론할 수 있다. 그렇지 않으면 우리는 단순히 서로 다른 얘기를 하는 셈이다.

독립된 자료가 서로 다른 생애기회들과 차별 간의 차이를 극명하게 보여줄 수 있는 반면, 특별한 상황에서 어떤 현상이 발생하는가 하는 보다 일반적인 문제에 답하기 위해서는 더 복잡하고 그래서 때로는 엄밀성이 떨어지는 그런 방법을 사용해야 한다. 예컨대 서로 다른 집단에 속한 개인들의 특정 요인을 통제한 상태에서의 결과와 통제하지 않은 상태에서의 결과가 유사한지 살펴보는 것이 보통이다. 그런데 이것은 이론상으로나 쉽지 현실에서는 적용하기 힘들다.

현실에서는 실제로 영향을 미치는 다른 요인들이 있고, 그런 요인들에 대한 자료가 없거나 계량화가 불가능하더라도 관련된 모든 요인들을 고려했다고 가정하는 것은 어렵지 않다. 알려진 요인들에서 한 집단과 다른 집단 간에 중대한 차이가 있는 경우, 나머지 알려지지 않은 요인들도 마찬가지라고 가정하는 것은 무모한 일이다. 그럼에도 차별에 관해 논의할 때 그런 일이 거듭 반복되고 있다.

예를 들어 인도의 한 학자는 아버지의 소득이나 직업과 같이 비교 가능한 사회적 특성들을 가지고 봄베이 의과대학 학생들을 비교하려 했었다. 그러나 그는 나중에 인터뷰를 통해, 그런 면에서는 유사한 학생들이라 하더라도, 최하층 천민 출신인 경우에는 그들의 출신학교나 그들이 자란 집에 있던 서적의 양이나 아버지와 할아버지의 문맹률 등 다른 변수들에 관해서는 비교할 수 없다는 걸 알게 되었다.

이와 유사하게, 미국에서 백인과 흑인 교수들에 대한 한 연구에서 어떤 변수들의 경우에는 서로 비교 가능하더라도 다른 변수들의 경우에는 그렇지 않다는 것이 밝혀졌다. 흑인 교수들은 보통 각 분야에서 순위가 낮은 기관으로부터 나이가 들어서 박사학위를 받는 경우가 흔하고, 논문도 더 적게 발표했다. 하지만 발표한 논문의 수나 박사학위를 받은 기관의 순위, 교수로서의 경력과 같은 변수들을 동일하게 통제했을 때, 연방정부가 소수민족 우대정책을 강제하기 일 년 전인 1970년에 박사학위를 받은 흑인 교수들이 박사학위를 갖고 있는 백인 교수들보다 소득이 높았다.

이런 경우는 흔하다. 전 세계적으로 교육의 양이 다른 집단들은 그들이 받는 교육의 질도 다른 것이 공통된 현상이다. 그렇기 때문에 단지 표면상으로 "동일한" 교육을 받았다 하더라도 서로 다른 집단에서 온 개인들을 비교하는 것은 사과와 오렌지를 비교하는 것과 마찬가지이다. 그러므로 "동일한" 교육을 받았지만 다른 집단에 속해 있는 개인들이 받는 보수의 차이를 차별과 동일시하는 것은 그릇된 결론이다.

교육의 질은 교육기관의 순위, 개인의 성과, 전공분야 등을 포함해 여러 차원에서 다를 수 있다. 이런 차이는 말레이시아의 말레이인과 중국인 사이에 존재했으며, 스리랑카의 타밀족과 신할리족 사이에, 유럽이나 미국에 있는 유대인과 중동의 유대인 사이에, 그리고 인도에서 카스트 제도하에 있는 힌두교도와 천민층 사이에 존재했고, 미국의 흑인, 백인, 스페인계 사람들 사이에도 존재했다. 미국 대학을 다닌 여성과 남성들 역시 대학을 졸업했다는 이유로 이들의 교육이 "동일하다"고 간주되지만, 이들이 받은 교육 역시 전공분야와 추가적으로 대학원 교육을 받았는지의 여부에 따라 달라진다.

다른 집단에 속한 유사한 개인들 사이에 이와 같은 차이가 있는 경우는 비단 교육만이 아니다. 잘 알려진 연구에 의하면, 미국에서 은행의 주택융자를 받을 때에 소수민족과 백인 간에 인종차별이 있었다고 한다. 하지만 이 연구는 소수민족 지원자들이 부채가 더 많았고, 열악한 신용경력을 가졌으며, 구입하려는 자산의 가치에 비해 과도한 융자를 요구했고, 주거용 목적보다는 재산증식을 위해 주택융자를 받으려 했다는 사실을 간과했다.

이런 요인들을 모두 고려하는 경우, 은행의 주택융자 승인율에서의 차이는 크게 줄어든다. 6% 정도 차이가 나는 건 차별 때문이라고 할 수 있지만, 연구되지 않은 요인들을 감안한다면 이미 연구된 변수들에서의 차이는 대수롭지 않을지도 모른다. 예컨대 미국 인구조사 자료에 의하면 소득이 같은 흑인과 백인이라 할지라도 그들이 보유하고 있는 순자산의 평균치는 차이가 많이 났다. 주택융자를 허가해 줄 때 은행들은 지원자의 순자산이 얼마나 되는지를 중요하게 본다.

많은 통계자료들이 1970년대 대학의 흑인과 백인 교수진들을 비교한 연구나 그 뒤를 이은 주택융자에 대한 연구처럼 그렇게 세밀하게 분류되지 않는다. 대부분의 미디어에 의하면, 그리고 어떤 때는 학계에서조차, 차별이 있었다는 결론을 내리기 위해서는 결과에 있어 집단 간에 차이가 있다는 것을 밝히는 것으로 충분하다고 한다. 그렇지만 이것은 연구결과가 기존의 선입견과 일치할 때에만 가능하다. 통계자료에 의하면, 미국 내 아시아인들은 백인들보다 소득이 높고, 영아 사망률이 적으며, 주택융자를 신청했을 때 승인을 더 잘 받는다. 하지만 이런 결과가 백인에 대한 차별을 보여주는 것으로 간주되지는 않는다. 그렇지만 때로는 동일한 연구로부터 얻은 동일한 자료가 흑인에 대한 차별이 있다는 증거로 간주된다.

특정 직업이나 기관, 또는 소득수준 면에서 서로 다른 집단들을 "대표"하는 데 있어 총체적인 통계적 차이는, 보통 "낮게 대표된" 집단들이 얼마나 미묘하고 은밀하며 무의식적인지 모르겠지만, 차별적인 정책이나 개인, 또는 기관의 편향이나 편견에 의해 "배척"되었다고 결론을 내리기에 충분한 것으로 간주되었다. 그럼에도 더 운이 좋은 집단이 덜 운이 좋은 집단을 차별할 수 있는 입장에 있지 않은 경우조차, 세계 곳곳에서 집단들을 대표하는 데 있어서의 큰 차이만큼 흔한 것을 찾아보기 어렵다. 이런 경우에는 다수민족에 대해 아무런 제도적, 정치적 힘이 없는 소수민족이 더 운이 좋은 집단인 상황이 포함된다.

예를 들어 1960년대 말레이시아에서 소수민족인 중국인들은 공학분야에서 4백 개 이상의 학위를 받은 반면, 말레이 출신 다수민족 가운데 단지 네 명만 학위를 받았을 뿐이다. 말레이시아에서는 대학에 대한 통제권이 정부에게 있고, 정부는 다수의 말레이인들이 통제하고 있는데도 불구하고 이런 결과가 발생했다.

이 경우 말고도 다른 예가 있다. 재정 러시아시대에 전체 인구의 1% 정도를 차지했던 소수의 독일인들이 러시아의 상트 페테르부르크 *St.Petersburg* 과학원의 절대다수를 차지했었다. 두 번의 세계대전 사이에 폴란드와 헝가리에서는 내과의사의 대부분이 유대인이었는데, 두 국가에서 유대인 인구는 12%도 안 됐었다. 나이지리아가 독립되었을 때 남부 출신의 나이지리아 사람들이 북부 나이지리아 전문직의 대다수를 차지했다. 이런 사례는 끝도 없이 계속된다.

하지만 이 중 어느 것도 차별이 있었다는 것에 대한 반증이 되지 못하며, 차별의 정도가 적었다는 걸 보여주지도 않는다. 이 예들은 차별이 있었다고 주장하는 사람들이 정밀한 조사를 거친 증거에 근거해 차별이 있었음을 입증해야 한다는 것을 요구할 뿐이다.

반차별법

차별과 소수민족 우대정책은 모두 비용을 수반한다. 다른 집단들에 대해 다른 특혜를 주더라도 두 가지 모두 본질적으로 특혜정책이므로 비용이 없을 수가 없다. 이 정책들의 근거나 목적이 무엇이든지 간에 경제학적 질문은 다음과 같다 : 단지 일 단계에서가 아니라 그런 정책들의 실제 결과는 무엇인가?

이론상으로 반차별법은 다수나 소수에 대한 특혜적 대우를 금지하기 위해 만들어졌다. 하지만 이 정책 역시 의도나 목적, 또는 이론적 근거가 명확하지 않다. 따라서 진정한 질문은 다음과 같다 : 이런 정책의 특별한 특성은 무엇이며, 단지 일 단계에서가 아니라 그 최종 결과는 무엇인가?

차별을 금지하는 정책이나 법이 달성할 결과는 법을 제정하고 집행하는 사람들이 차별을 어떻게 정의했으며, 어떻게 결정하는가에 달려 있다. 차별이 존재하는지 여부를 결정하는 방법과 정의에 의해 생성된 인센티브와 제약은 정책의 목적이나 이론적 근거보다 어떤 결과가 발생할지에 대해 더 많은 단서를 제공해 준다. 따라서 결정적으로 중요한 것은 실제로 일어난 일에 대한 실증적인 증거이다.

법적 정의

미국에서 1960년대 연방 민권법이 제정되기 시작할 때 "차별"이란 단어는 매우 간단명료한 법적 의미를 갖고 있었다. 그 당시 "차별"은 사람들을 분류된 인종집단이나 민족집단에 따라 다르게 취급하는 것을 의미했다. 1961년 케네디 대통령의 대통령령에 의해 최초로 사용된 "소수민족 우대정책"이란 용어도 고용주가 구직자들과 근로자들이 "그들의 인종, 신앙, 피부색, 국적"과 상관없이 모두 동일하게 대우받고 있다는 것을 적극적으로 믿도록 해야 한다는 것을 의미했다. 1964년에 제정된 민권법과 같은 반차별법 역시 고용이나 공공시설에 대한 접근 및 그 외에 다양한 측면에서 존재하는 차별적 대우를 없애려고 만들어진 법이었다. 하지만 1964년 민권법이 통과되기도 전에 차별에 대한 다양한 정의가 등장하기 시작했다.

그 해 초에 일리노이 주의 "평등고용 실천위원회"는 모토롤라*Motorola*가 한 흑인 지원자에게 다른 지원자들이 받는 것과 동일한 테스트를 받도록 요구함으로써 흑인 지원자를 차별했다고 제재했다. 보통 흑인들은 백인만큼 교육수준이 높지 않기 때문에 그 테스트를 통과하기 어렵다는 이유에서 차별이 있었다고 판단한 것이다. 한 위원회 멤버는 그 시험이 "문화적으로 불이익을 받고 박탈당했던 집단에게는 불공정한 시험"이라고 말했다. 이 말은 암묵적으로 차별의 실제적인 정의를 동등한 대우를 하지 않는다는 의미로부터 동등한 성공 가능성을 제공하지 않는다는 의미로 바꾸었다.

의회에서 검토되고 있던 연방 민권법 제정에 대해 비판했던 사람들은 모토롤라 사례가 1964년 민권법이 제정될 경우 예상되는 결과를 보여주는 예라고 지적했던 반면, 민권법을 지지하는 사람들은 이에 대해 격렬하게 반대했다. 비록 민권법이 포함하고 있는 어떤 내용도 차별의 정의를 공인하지는 않았지만, 그 이후에 대법원을 포함해서 연방 법원의 해석을 통해 넓은 의미에서의 차별의 정의가 확립되었다. 그것은 소수민족 집단들의 성공 가능성에 "본질적으로 다른 영향"을 미치는 기준들을 사용하는 것이었다. 다시 말해, 지역사회의 인구통계학적인 특징을 반영해 노동력을 고용하지 않는 것은 차별의 추정적 증거로 간주되었으며, 고용주는 그렇지 않다는 것을 입증할 의무를 지게 되었다.

이런 정책들을 둘러싼 쟁점들은 정치적, 도덕적, 법적, 사회학적 측면에서 이미 많은 지지자들과 반대자들에 의해 충분히 논의되어 왔다. 하지만 경제학적으로는 다음과 같은 질문을 던질 수 있다 : 차별의 정의에 따라 어떤 인센티브와 제약이 생기며, 이런 인센티브와 제약으로부터 어떤 결과가 발생하게 될까?

경제적 결과

가장 확실하고 즉각적인 결과는 소수민족을 차별하던 고용주들이 반차별법으로 인해 법적 조치가 취해지는 경우 예상되는 비용을 피하기 위해 차별을 중단할 인센티브를 갖게 되었다는 것이다.

하지만 실증적인 증거에 의하면, 인종 때문에 동일한 능력을 가진 개인들을 다르게 취급한다는 의미에서 차별의 범위를 정하면, 다른 집단이 다른 결과를 얻는 것을 차별이라고 가정하는 경우보다 차별의 정도가 상당히 낮아질 수 있었다. 그럼에도 불구하고 차별의 정도가 심하든 아니든 간에 반차별법의 즉각적이고 일 단계적인 효과는 차별을 줄이는 것이다.

시간이 지남에 따라 다른 결과는 어떻게 드러났는가? 민간기구나 정부기관들이 실제로는 차별을 하고 있지 않지만, 근로자들이 지역의 인구 특성을 반영하고 있지 않은 고용주들에 대해 차별을 했다고 쉽게 몰아세울 수 있었기 때문에 소수민족이 밀집한 지역에서 사업을 하는 것을 법적으로 더욱 위험하게 만들었다.

이런 위험한 지역에 있는 고용주들은 단기적으로 이 문제를 해결할 별다른 방법이 없다. 하지만 시간이 지나면서 신규 사업자들은 어디에 위치를 정할 것인가를 선택할 수 있으며, 한 지역 이상의 곳에 지점들을 보유하고 있는 기존 사업자들은 차별을 한다고 고소당할 법적 위험을 줄이기 위해 소수민족이 밀집한 지역에서 멀리 떨어진 곳으로 영업근거지를 옮길 수 있을 것이다. 궁극적으로 하나의 공장이나 사무실만을 운영하는 고용주들도 다른 곳으로 옮겨갈 기회를 찾게 될 것이다.

소수민족의 근로자들이 차별을 줄여주는 반차별법의 효과를 누려서 더 많은 직장을 얻을지, 아니면 이런 법이 고용주들에게 다른 곳으로 사업체를 이전시키도록 하는 인센티브 때문에 직장을 더 많이 잃게 될지는 실증적으로 살펴봐야 할 문제이다. 하지만 어느 누구도 좀처럼 이런 질문을 제기하지 않는다.

고용주들이 소수민족의 종업원들이나 구직자들로부터 자신들을 차별했다고 고발당하는 것을 피하기 위한 한 가지 방법은 지역 인구의 인종적 구성을 반영한 표본에 따라 종업원을 고용하는 것이다. 하지만 이렇게 할 경우 고용되지 않은 백인 구직자나 승진에서 누락된 백인 근로자로부터 고용주가 자신들을 "역차별" 했다고 고발당할 위험이 존재한다. 인종집단이나 민족집단에 따라 특별한 기술이나 경험 면에서 다른 경향이 있기 때문에 일정한 지역에 살고 있는 서로 다른 집단의 구성원들의 자격요건이 같을 가능성은 거의 없다. 그런데 오직 이런 사실을 감안하는 경우에만 그 지역의 인종적, 민족적 구성비대로 인구통계학적 대표성을 띠도록 노동력을 고용하면서 동시에 차별이 없는 고용을 할 수 있다.

많은 고용주들이 이런 딜레마로부터 벗어날 수 있는 한 가지 방법은 인구통계학적 대표성을 감안해 고용하는 것이다. 또 동시에 "다양성"을 강조한 소수민족 우대정책에 따라 차등적으로 고용을 하면 "역차별"을 한다는 비난을 피할 수 있다. 소수민족과 다수민족에 속한 개인들로부터, 또는 정부기관으로부터 법적 소송을 피할 수 있는지는 법원이 이런 논리를 수용하는 경우에만 가능하다. 따라서 대법원에서 소수민족 우대정책에 대한 이의가 제기되었을 때, 그리고 심지어는 대학 입학과 관련된 사례에서 같은 이의가 제기되었을 때, 많은 기업들은 입학 허가 기준에 인종에 따른 선호가 반영되어 있는 대학들을 옹호하는 입장을 취했다. 이런 행동에 깔려 있는 원칙은 고용주들이 절대로 잃고 싶지 않은 법적 피난처를 확보하는 것이다.

시사점

차별에 관한 대부분의 논의의 한계는, 상반된 견해를 가진 사람들이 증거를 직시하기는커녕 그들 간의 본질적인 차이조차 직시하지 못한다는 점이다. 왜냐하면 사용되는 어휘들이 애매모호한데다 맥락에 따라 의미가 바뀌기 때문이다. 특히 이런 논의에는 능력, 교육, 경력과 같이 사람의 내적 자질의 차이와 고용, 입학 허가, 그리고 다른 바람직한 목표에 대해 외부에서 부과되는 장벽이 있는 상황에서 얻은 경험을 혼동하는 용어들이 많이 등장한다. 따라서 특정한 혜택을 받을 수 있는 자격을 갖추지 못한 사람들은, 실제로는 다른 사람들 못지않게 접근할 수 있었거나 기회를 얻을 수 있던 경우에도, "접근"이나 "기회"가 거부되었다고 말한다. 그러나 이것은 단순히 요구되는 자격을 갖추지 못했기 때문이다.

물론 개인에 따라, 또는 집단에 따라 사실에는 차이가 있을 것이다. 그러나 우리가 사용하는 용어들이 그와 같이 명확히 구분되지 않는다면, 우리는 차별과 관련된 쟁점들을 다룰 때 어떤 사실들을 조사해야 하는지조차 알 수 없게 된다. 이와 마찬가지로, 한 심리 테스트에서 한 집단이 다른 집단보다 높은 점수를 받는다면, 단순히 편향된 평가가 이루어졌다기보다는, 마치 다른 집단들이 실질적인 차이를 초래하는 다른 관심영역이나 경험, 성장과정, 교육 및 다른 요인들을 갖는 것이 불가능하기라도 한 것처럼 그 테스트를 "문화적으로 편향된" 것이라고 규정할지 모른다.[6]

흑인들이 일반적으로 백인보다 농구를 잘 한다고 해서 농구가 문화적으로 편향된 게임이라고 생각하는 사람이 있을까? 만약 백인들이 시합에 관심이 많고 자주 게임을 했다면, 백인들도 흑인처럼 잘 하게 되었을 것이다. 하지만 실제 세계에서 사람들의 행동을 측정하는 것은 다른 가상의 조건 하에서 사람들이 할 행동을 평가하는 것과 큰 차이가 있다. 백인이 흑인보다 많은 국가에서 흑인을 더 많이 고용하는 프로 농구단의 구단주는 인종차별을 하고 있는 것이 아니다.

이 모든 것이 차별이 얼마나 많이 존재하는지에 대해서는 아무것도 말하지 않는다. 다만 여기서는 차별에 대해 논할 때 쓰이는 용어들 때문에 차별이 얼마나 존재하는지를 결정하기가 현실적으로 거의 불가능하다는 것을 지적할 뿐이다. 왜냐하면 차별의 결과와 다른 여러 요인들 때문에 발생한 결과가 모두 같은 용어로 뭉뚱그려져 표현되었기 때문이다. 일 단계 이상을 생각하지 않는 사람들은 차별의 정도가 어떻든지 간에 반차별법이 차별을 완화시켜 준다고 생각할지 모른다. 하지만 반차별법과 같은 법으로 인해 생성된 인센티브와 제약으로 인해 궁극적으로 소수민족 집단의 고용이나 다른 기회들이 늘어날 수도 있고 줄어들 수도 있다.

최종 결과가 무엇이 될 것인가에 대해 견해차이가 있을 수 있다. 그러나 우리가 일 단계 이상을 생각하지 않는다면 질문 자체가 성립하지 않는다. 용어를 더욱 명확하게 정의하거나 통계자료를 더욱 세분화하면 차별의 정도에 대해 매우 다른 추정치가 나올 수 있다. 하지만 중요한 점은, 실제로 사용되는 용어들이 정치적 목적에 맞춰 아무리 적절하게 변형되었다 하더라도 차별이 얼마나 존재하는지를 밝혀내기에 적합하지 않다는 것이다.

Chapter 07

국가의 경제발전

The Economic Development of Nations

역자 들어가기

경제발전은 모든 국가의 목표이다. 그것도 일시적인 경제발전이 아니라 지속 가능한 경제발전 *sustainable economic development*이 목표이다. 오늘날 서구의 일부 국가들과 아시아의 일본 정도가 지속 가능한 경제발전을 통해 선진국의 대열에 올라섰다. 우리나라가 선진국의 대열에 합류할지 여부는 아직 장담할 수 없는 실정이다. 왜냐하면 경제발전을 결정하는 요인들은 다양하고, 이 가운데 국가가 통제할 수 있는 것도 있고 그렇지 않은 것도 있기 때문이다.

토머스 소웰은 이 장에서 과거 여러 국가에서 경제발전에 결정적인 영향을 미쳤던 요인들을 다소 독특한 시각에서 다루고 있다. 이런 의미에서 그는 경제발전의 역사를 다루고 있는 셈이다. 경제발전을 위해 중요한 요인들로는 인적 · 물적 자본의 축적, 장기적인 생산성의 향상, 합리적인 제도, 효율적이고 깨끗한 정부 등을 들 수 있다. 그런데 소웰은 이런 요인들 대신 과거에 중요했다고 간주되는 "항행 가능한 수로" 나 "기후" 와 같은 지리적 이점, 그리고 "인구" 에 관해 언급하고 있다. 이것이 그의 독특한 관점이다. 이를테면, 그는 항행 가능한 수로가 여러 도시들의 발전에 얼마나 결정적이었는가를 구체적인 사례를 들어 설명하고 있다. 또한 지역마다 기후가 달라 경제활동의 내용이 다를 수밖에 없으며, 이로 인해 경제발전의 격차가 발생한다고 말한다. 어느 것 하나 틀린 것은 없다. 그런데 인구와 경제발전 간의 관계에 대한 그의 설명은 설득력이 떨어진다는 것이 역자의 생각이다. 인구가 경제발전에 어떻게, 그리고 어느 정도 중요했는가에 대한 설명이 충분치 않기 때문이다. 따라서 역자는 독자들이 그의 설명을 모두 수용할 필요는 없으며, 현재의 관점에서 새롭게 해석할 수 있는 부분만을 선별적으로 수용하면 족하다고 생각한다.

과거 여러 도시 및 국가들의 발전에 항행 가능한 수로가 어떻게 결정적인 역할을 했는가에 대한 그의 설명은 다소 장황하지만 꽤 흥미롭다. 여러 도시들의 흥망성쇠의 이면에는 그런 요인이 결정적이었다는 시각은 나름대로 음미할 만하다. 왜냐하면 항행 가능한 수로는 다른 수단에 비해 엄청나게 비용을 절약해 주는 운송을 가능케 했으며, 이를 바탕으로 다른 지역 간의 교역이 활발하게 이루어질 수 있었을 뿐만 아니라 지식과 경험, 그리고 활발한 문화적 교류까지 가능케 했기 때문이다. 결국 모든 경제활동의 이면에는 비용이라는 핵심적인 요인이 자리 잡고 있다는 그의 주장을 다시 한번 확인하는 셈이다. 이런 면에서는 그는 일관된 주장을 펼치고 있다.

역자는 과거 항행 가능한 수로의 역할을 현재 대신하고 있는 것이 바로 인터넷이라 생각한다. 인터넷의 바다를 안전하고 신속하게 항해하는 가운데 각자가 필요로 하는 정보와 지식을 최대한 습득해 활용하고, 전자상거래를 통해 지역과 시간의 한계를 넘어 거래가 활발하게, 그리고 효율적으로 이루어지면 경제는 저절로 발전의 궤도에 진입할 수 있다. 이런 의미에서 과거의 경험은 항상 새롭게 해석되어 우리에게 교훈을 준다. 역자는 소웰이 항행 가능한 수로의 경제적 역할에 대해 자세히 설명한 것은 바로 이런 교훈을 얻으라는 암시로 해석하고 싶다.

영국령이었던 서아프리카에 1886년까지는 코코아나무가 없었다. 그런데 1930년대에는 수백만 에이커의 땅이 아프리카인들이 소유하고 관리하는 코코아나무로 뒤덮였다. — 피터 바우어

전 세계 각국의 국민경제는 최근 몇 세기 동안 대체로 진보해 왔으며, 일인당 생산량이 늘었고, 그 결과 사람들의 생활수준도 향상되었다. 이런 기술과 부의 진보는 다른 지역보다 특정한 지역에서, 그리고 다른 기간보다 특정한 기간에 더 크게 이루어졌다. 그렇지만 때로는 전쟁으로 인한 혼란과 파괴 때문에, 때로는 전염병이나 다른 자연재해, 그리고 때로는 잘못된 경제정책으로 인해 경기침체와 쇠퇴의 기간들도 있었다.

20세기 초 아르헨티나는 프랑스나 독일보다도 더 앞서 있었으며, 세계 10대 부자국가 가운데 하나였다. 하지만 21세기 초 아르헨티나 경제는 문제가 많고 혼란스러워 프랑스나 독일 경제와 비교조차 되지 않는다. 천연자원이 풍부했으며, 20세기에 일어난 전쟁들로부터 안전했던 이 국가는 그 사이에 있었던 많은 잘못된 정책들 때문에 점점 몰락했다. 1998년과 2002년 사이에 아르헨티나의 일인당 국민소득은 2/3 수준으로 감소했다.[1]

국가들의 상대적 지위가 급격히 변하는 데에는 한 세기도 채 걸리지 않았다. 1991년에 인도와 중국의 일인당 생산량은 비슷한 수준이었다. 하지만 10년 후, 중국의 일인당 생산량은 인도의 두 배가 되었다. 중국은 정부 주도의 경제에서 벗어나 시장경제에 가깝게 전환하기 시작했다. 인도 역시 1990년대에 비슷한 변화를 시작하면서 급속한 경제발전을 이루고 있다.

18세기와 19세기에 서구에서 일어난 산업혁명으로 인해 서구의 국가들이 경제발전을 주도했다고 당연시 하지만, 언제 어디서나 그랬던 것은 아니다. 특히 산업혁명이 있기 몇 세기 전에는 서구도 그렇지 않았다. 20세기에조차도 세계의 일부 지역에서는 몇 세기 전부터 조상들이 해오던 방식대로 농사를 짓고, 물고기를 잡으며 살고 있고, 생활수준은 과거에 비해 크게 달라지지 않았다.

다시 말해, 경제발전은 자동적으로 일어난 것이 아니다. 왜 어떤 지역에서는 다른 지역보다 급속한 경제발전이 있었는지, 왜 어떤 시점에서는 더 빠른 발전이 있었는지에 대한 질문이 오늘날 수십억 인구의 경제적 운명을 위해 고민해야 하는 현실적이고도 중요한 과제이다. 비록 이 질문에 대한 답이 하나가 아니고, 모든 것을 설명해 줄 수도 없긴 하지만 말이다. 모든 것을 설명해 주지는 못하지만 기술이 지역별, 시대별 차이를 가져온 중요한 원인임은 확실하다. 지리적 위치나 천연자원, 그리고 인적 자원을 포함한 다른 요인들도 마찬가지이다. 다른 경제학 분야에서와 같이 널리 알려진 통념이나 오해로 인해 기본적인 진실을 파악하려는 시도가 더욱 어려워진다.

발전의 차이

같은 시대 세계 곳곳에서 발견되는 경제발전에 있어서의 충격적이고 놀라운 차이 때문에 많은 사람들이 그와 같이 경제적으로 대비되는 것을 설명하려고 포괄적이고 과장된 이론들을 전개했다. 하지만 그런 경제적인 대비는 역사적으로 흔히 있어 왔다. 고대 중국은 그 시대의 유럽에 비해 훨씬 앞서 있었다. 많은 유럽 사람들이 비단과 도자기 제품들, 그 외에 이국적인 여러 제품들을 원했으나, 정작 유럽 사람들은 그에 비길 만한 수출품이 없었기 때문에 중국에서 사오는 물품에 대해 전부 금으로 결제해야만 했다.

유럽 내에서도 마찬가지로 국가별 차이가 컸다. 고대 그리스는 오늘날에도 모방되고 있는 기념적인 건축물들을 갖고 있었고, 플라톤과 아리스토텔레스와 같이 학문적으로 매우 뛰어난 업적을 이룬 인물들을 배출했다. 하지만 북유럽에서는 문맹인 사람이 매우 많았고 기원 후 2세기에 로마인들이 영국을 침공했을 때 영국 땅엔 이렇다할 만한 건축물이 없었다. 뿐만 아니라 영국인의 이름은 역사에 등장하지도 않았다. 오늘날 서구 여러 국가의 부와 제3세계의 빈곤 간의 대비는 전혀 새로운 일이 아니다.

경제발전의 차이는 오랫동안 보편적이었던 반면, 한 국가가 어떤 특정한 기간 동안 다른 국가에 가졌던 이점이 영원하지는 않았다. 유럽은 결국 몇 세기 후에 중국을 추월했으며, 일본도 그러했다. 더 중요한 것은 한 국가가 달성한 진보가 종종 다른 국가로 퍼져나갔다는 사실이다. 인류 역사상 가장 큰 경제적 진보라 할 수 있는 농업은 중동에서 시작되었으며, 같은 지역 내에서 토지를 경작하던 사람들이 사냥과 채집을 하던 사람들을 대체하면서 농업이 점점 외부로 퍼져나갔다. 농업은 일정 면적의 토지로 훨씬 더 많은 사람들을 부양할 수 있게 만들었기 때문에 사냥을 하거나 토지에서 자생적으로 생산된 것을 채집하면서 살았던 사회에 비해 더 많은 전사들을 가진 더 큰 사회를 형성하게 했다. 왜냐하면 채집하던 사회에서는 사람들이 충분히 먹을 것을 확보하기 위해 더 넓게 흩어져 살아야 했기 때문이다.

일정 시점에서 한 사회가 다른 사회보다 모든 면에서 항상 더 진보했던 것은 아니며, 지역에 따라 나름대로의 진보가 있었다. 예컨대, 오늘날 전 세계에서 사용되고 있는 수의 체계는 오래 전에 인도인들에 의해 발명되었으며, 서양에서 사용되던 로마숫자뿐만 아니라 다른 지역에서 사용되던 다른 수의 체계들을 모두 대체했다. 유럽 사람들은 아랍인들과 교류하면서 처음으로 이 수의 체계에 대해 알게 되었기 때문에 이 숫자를 "아라비아숫자"라 불렀다. 하지만 이 숫자들의 근원은 아랍이 아니다.

한 문명이 다른 문명으로부터 수많은 것들을 도입하는 일은 수천 년 동안 끊이지 않고 일어났다. 하지만 이와 같은 도입의 속도와 기회는 지역마다, 시대마다 달랐다. 멀리 떨어진 산속 계곡이나 망망대해의 한가운데 고립되어 있는 섬에 사는 사람들은 다른 사회에서 이룩한 기술진보나 다른 발전을 따라잡을 수 없었다. 15세기에 스페인 사람들이 카나리 섬 *Canary island*을 발견했을 때, 그 섬에 살고 있던 백인들은 석기시대 수준의 생활을 하고 있었다. 영국인들이 호주를 발견했을 때, 그곳에 있던 원주민도 마찬가지였다. 두 사례 모두 고립으로 인해 세계 곳곳에서 인류가 이루어낸 진보가 전해지지 않은 경우를 보여준다.

기술과 천연자원 같은 것들이 경제발전에 영향을 미치는 명백한 요인이긴 하지만, 덜 명백한 요인들이 대등하거나 더 중요할 수도 있다. 예컨대 정부의 역할이 결정적일 수 있다. 기원 후 5세기 로마 제국이 붕괴되자 로마가 유지했던 제도들도 함께 붕괴했다. 한때 영국에서부터 북아프리카에 이르는 지역으로 상호 연결된 경제와 법체계였던 것이 이제는 종종 어떤 정부에 의해서도 효과적으로 통제되지 않으며, 여행이나 교역을 하기에 불안정한 여러 개의 독립적인 지방 사법체계로 분리되었다.

교역이 감소하고 시장이 없어 특화의 이점이 사라지면서 도시들도 더불어 쇠퇴하기 시작했고, 도로는 낙후되었고, 교육기관들도 점점 사라졌으며, 법과 질서는 지켜지지 않았다. 유럽의 생활수준이 로마시대 수준으로 향상되는 데에는 로마 제국 붕괴 이후 천 년이 걸린 것으로 추정되었다. 효율적인 정부의 존재는 경제발전에 주요한 요인이 될 수 있는 것이다.

넓은 지역에 걸쳐 법과 질서가 확립되면, 생산자들은 큰 시장을 발견할 수 있고, 그 결과 생산에서 규모의 경제의 이점을 활용할 수 있다. 또한 법과 질서의 확립은 사람들뿐만 아니라 생산물들도 수요가 많은 곳으로 이동하도록 고무시킨다. 영국이 전에는 다른 부족들과 통치자들에 의해 통치되던 서아프리카를 통치하게 되자, 남부 나이지리아에 있던 이보족들이 북부 나이지리아로 안전하게 이주할 수 있었으며, 전에는 감히 상상도 할 수 없었던 지역에서 다른 외국인들과 더불어 사업도 시작하고 직장도 찾을 수 있게 되었다. 유럽 제국주의 시대에 제국주의 법의 보호를 받는 전 세계 여러 곳에서는 중국, 인도, 레바논 등에서 많은 이주민들이 이주해 와, 그들이 속한 사회를 현대화시키는 데 기여한 기업들을 설립하고 산업들을 창출했다.

정부가 경제발전에 영향을 미치는 또 다른 기능으로는 재산권 보호가 있다. 제3세계의 여러 국가에서는 재산권이 존재한다 하더라도 대다수가 그 권리를 누리지 못하기 때문에 고통을 받고 있다. 이들 국가들 중 몇 곳에서는 대부분의 경제활동이 지하경제에서 "비공식적"으로 이루어지고 있다. 예컨대 이집트나 페루에서는 주택을 건설하는 데 많은 제약이 따라서인지, 아니면 법적 절차를 밟는 데 너무 많은 비용이 들어서인지는 몰라도 다수의 주택들이 불법적으로 건설되었다. 이집트에서는 4백70만 채의 집들이 불법적으로 건설되었는데, 정부 소유의 사막에 있는 한 지역을 합법적으로 등록하기 위해서는 31개 부서에서 77가지의 행정절차를 밟아야 하고, 이 절차는 적어도 5년 이상 걸린다. 아이티*Haiti*에서는 재산권을 얻는 데 19년이 걸린다. 어떤 국가에서는 관리들에게 뇌물을 주어야만 법적 절차를 밟을 수 있는데, 가난한 사람들은 그런 뇌물을 바칠 능력이 없다.

이런 환경에서는 국가 전체 부의 상당 부분이 재산권으로 보호되지 않는다. 페루에서 법체계 밖에 있는, 즉 재산권에 의해 보호되지 않는 부동산의 가치는 이제까지 페루에 투자되었던 모든 외국인 투자의 열두 배 이상인 것으로 추정되었다. 아이티와 같이 몹시 가난한 국가의 경우에도 도시의 불법적인 부동산의 가치는 국내에서 합법적으로 운영되는 모든 사업의 가치보다 네 배 이상 큰 것으로 추정되었으며, 정부 소유의 자산보다는 아홉 배, 이제까지 아이티에 투자된 외국인 자본에 비해서는 150배 큰 것으로 드러났다. 제3세계 국가에서 전반적으로, 그리고 또한 전에 공산주의 국가에서 불법적으로 소유된 부동산의 가치는 30년간 모든 제3세계 국가에 유입된 외국 원조액의 90배가 넘는 것으로 추정된다.

이것이 경제학적으로 의미하는 바는, 법적으로 인정받지 못한 방대한 자산들이 선진국에서와 같이 경제발전을 위해 이용될 수 없다는 사실이다. 많은 미국인들은 그들 자신의 사업을 추진했는데, 이 중 몇몇은 초기 자본금 마련을 위해 그들의 집, 농장, 다른 부동산 등을 저당잡히면서 사업자금을 빌렸고, 나중에 거대기업으로 성장했다.[2] 하지만 이집트나 페루, 다른 제3세계 국가의 사람들이 똑같은 일을 하려 해도 법적으로 재산을 인정받지 못하기 때문에 집을 담보로 융자를 받을 수 없다. 왜냐하면 은행과 다른 금융기관들은 개인이 파산했을 경우 소유주가 불분명해 압류할 수 없는 자산을 담보로 돈을 빌려주지 않으려 하기 때문이다. 빌려주는 사람은 일 단계 이상을 생각해야 하는데, 빌려준 돈을 상환받을 가능성을 생각해야 할 뿐만 아니라, 상환받지 못하는 경우 상환청구권을 행사할 수 있는지도 생각해야 한다. 재산권 확립을 어렵게 만듦으로써 한 국가의 법체계는 사실상 국내에 있는 자산들을 동결시켜 버렸고, 그럼으로써 경제발전을 저해했다.

제3세계 국가들에서 부동산은 단지 재산권이 확립되지 않은 수많은 경제적 자산들 가운데 하나일 뿐이다. 제3세계의 여러 국가들에서는 허가를 받지 않은 버스와 택시들이 주로 대중교통을 담당하고 있고, 시장이나 거리에서는 허가를 받지 않은 상인들이 대부분 음식을 공급하고 있다. 영국 잡지 『이코노미스트』에 따르면 전형적인 아프리카 국가에서는 공식적으로 집에 사는 사람, 즉 재산권이 등록된 집에 사는 사람은 열 명 중 한 명이 채 안 되고, 열 명 중 한 명만이 공식적인 직업을 갖고 있다고 한다. 이런 경제활동들은 재산권 없이 이루어질 수 있는 반면, 그런 자산들은 미국이나 서구의 산업국가에서와 같이 새로운 기업이나 벤처 캐피털을 창업하기 위한 밑천으로 사용될 수 없다. 재산권이 없는 자산은 법적으로 존재하지 않는 것과 마찬가지이며, 이것은 곧 이런 자산들이 경제발전을 위해 사용될 잠재력이 줄어든다는 것을 의미한다.

일 단계 이상을 생각하지 않는 사람들은 종종 재산권을 단순히 운이 좋아 재산을 소유하게 된 사람을 위한 혜택이라고 생각한다. 이것은 재산이 없는 사람들이 자신들과 사회 전체를 위해 부를 창출할 수 있도록 해주는 일련의 사건들을 연결시켜 주는 핵심으로서 재산권의 역할을 간과하고 있는 셈이다.

이것이 시사하는 점 가운데 하나는, 제3세계 국가들은 외국으로부터 받는 원조액을 열 배 증가시키는 것보다 국내에서 재산권을 확립함으로써 더 많은 자본을 확보할 수 있다는 것이다. 게다가 이렇게 증가한 자본은 수백만의 보통 사람들의 수중에 들어가지만, 해외로부터의 원조는 단지 몇몇 정치 엘리트들의 수중에 들어갈 뿐이다. 요컨대 재산권에 대한 인식이 보통 부자들한테만 우선적으로 중요한 것으로 간주되지만, 기존의 자산들에 대한 이런 인식은 특히 가난한 국가의 가난한 사람들에게 필요하다. 비록 제3세계 국가의 혼란스러운 법체제로 인해 개인 소유의 부가 지속적인 경제발전에 사용될 수 있는 재산권으로 보호받지 못했음에도 불구하고, 제3세계의 수많은 사람들은 이미 총체적으로 방대한 규모의 부를 창출할 능력이 있음을 보여주었다. 이런 현상에 대한 세계적 규모의 연구를 한 뒤에 페루 경제학자 에르난도 데 소토Hernando de Soto는 다음과 같이 결론을 내렸다.

> 개발도상국이나 이전 공산주의 국가들의 시민들은 법적 재산권이 없기 때문에 처음 만난 사람과는 이익이 나는 계약을 맺지 못하며, 신용대출을 받지 못하고, 보험

가입이 안 되거나 공공 서비스를 받을 수 없다. 그들은 잃을 게 없다. 잃을 재산이 없기 때문에 그들을 계약의 파트너로서 진지하게 받아주는 사람들은 오직 가까운 가족과 이웃뿐이다. 잃을 것이 없는 사람들은 자본주의 이전 시대의 게으른 사고방식에 갇히게 된다.

달리 표현하면, 재산권이 잘 발달된 국가에서 재산권이 제공하는 이점은 사람들이 실물자산을 금융자산으로 전환할 수 있다는 데 있다. 그리고 이것은 사람들이 개인적으로든, 아니면 다른 사람들과 공동으로든 추가적인 부를 창출할 수 있도록 해준다. 재산권은 낯선 사람들끼리 모험적 사업을 추진할 때 서로 협력하도록 해준다. 그중 어떤 사업은 특정 개인의 능력밖에 있으며, 서로 알지 못하는 수천, 수백만 명의 사람들의 부를 동원할 수 있는 기업들만이 추진할 수 있다. 더욱이 재산권은 정부관리들이 할 수 있는 것보다 더 꼼꼼하게 자신들의 경제활동을 감시할 인센티브를 제공하며, 관리들의 지나친 변덕과 부패로부터 자신들을 보호해 준다. 다시 말해, 재산권은 가격에 의해 조정되는 경제에 있어 없어서는 안 되는 부분이며, 재산권이 없이는 경제가 효율적으로 작동할 수 없다. 이것은 곧 부자가 아닌 일반인들도 경제가 효율적으로 작동할 때만큼 잘 살지 못하게 된다는 것을 의미한다.

지리적 이점

인류가 진화해 오면서 지리적 배경이 미치는 영향은 이런저런 각도에서 널리 인식되었던 반면, 그런 영향의 특성은 많이 달랐다. 중동에 매장된 엄청난 양의 석유나 서유럽의 철광석, 말레이시아의 주석, 남아프리카의 금이 경제적으로 의미하는 바를 이해하기는 비교적 쉽다. 한편 그렇게 명백하지는 않지만, 그 이상 중요한 것이 항행航行 가능한 수로水路였다. 여러 가지 천연자원들과 이들을 이용해 만든 생산물들을 세계 곳곳으로 운반하고, 그 과정에서 광범위한 문화적 교류가 이루어지도록 했던 것이 바로 항행 가능한 수로였다.

이것은 단순히 어떤 사람들이 일정 시점에 우연히 살게 된 지리적 배경 덕분에 다른 사람보다 경제적으로 운이 더 좋았다거나 하는 문제가 아니다. 보다 근본적으로, 그런 사람들은 광범위한 문화적 접촉이 가능하고, 인류의 다양한 경험을 이용할 수 있기 때문에 타지역 사람들과는 영원히 다른 사람이 될 수 있었다. 몇 세기 전 영국 사람들이 북아메리카의 동해안에서 이로쿼이족[3]*Iroquois*을 처음 만났을 때 두 집단 간에 충돌이 있었다. 이것은 단순히 영국이라는 섬나라의 문화와 이로쿼이족의 문화 간의 충돌이 아니었다. 그것은 규모가 너무나도 다른 문화집단 간의 충돌이었다. 영국인들은 이집트에서 발명된 삼각법과 중국에서 발명된 나침반, 그리고 중동에서 개발된 천문학 지식을 사용했으며, 인도에서 고안된 숫자를 이용해 계산을 하고, 로마인들이 고안한 문자로 기록된 다른 지식들을 끌어들여 최초로 대서양을 건넜다. 해안에 착륙한 후, 영국인들은 화약을 사용하는 무기들과 말의 이점을 이용했다. 화약을 사용하는 무기들은 아시아에서 유래했으며, 말을 군사적 목적으로 사용하는 것은 중앙아시아와 중동에서 개발되었다.

한편 이로쿼이족은 아즈텍과 잉카문명으로부터 차단되어 있어 그런 문명이 존재하는지조차 알지 못했다. 따라서 그 문명의 경제적, 문화적,

군사적 발전을 이용하지 못했음은 말할 것도 없다. 게다가 태평양과 대서양이라는 두 개의 대양 때문에 서반구[4]는 다른 지역의 발전된 문명을 접할 수 없었다. 그런데 서반구의 사람들은 여러 지역들 간에 어느 정도 교류가 있었기에 카나리 섬의 사람들이나 호주 원주민들만큼 고립되지는 않았다. 그러나 그들이 접할 수 있었던 문명의 범위는, 역사가 기록된 이래 인류의 대부분이 살았던 방대한 유라시아 지역에 비하면 아무것도 아니었다.

항행 가능한 수로

항행 가능한 수로는 외부세계와의 접촉을 촉진시켰으며, 이런 수로를 이용할 수 있는 여건은 지역적으로 큰 차이가 있었다. 아프리카는 유럽보다 두 배 이상 크지만, 아프리카의 해안선은 유럽의 해안선보다 짧다. 왜냐하면 유럽의 해안선은 구불구불하고 들쑥날쑥해 거친 파도를 피해 배가 정박할 수 있는 항구가 발달하기 쉬웠던 반면, 아프리카의 해안선은 훨씬 단조로워 항구가 잘 발달할 수 없었기 때문이다. 철도나 자동차가 등장해 육상수송의 비용을 낮추기 전 천 년 동안 거의 모든 대도시들이 강이나 항구를 중심으로 발전했다. 이 사실로부터 경제적, 문화적 발전에 강과 항구가 얼마나 중요한지 알 수 있다.

전 세계적으로 많은 도시들이 항행 가능한 수로를 중심으로 등장했다는 사실은, 수로를 이용해 상품을 수송하는 것과 육로를 이용해 상품을 수송하는 것 사이에 비용 차이가 많았다는 것을 나타낸다. 일례로 19세기 중반 미국에 대륙횡단철도가 건설되기 전에는, 중국의 항구에서 샌프란시스코에 가는 것이 육로로 미주리 주에서 샌프란시스코까지 가는 것보다 더 빠르고 저렴했다. 카프카스[5]*Caucasus*에 있는 티플리스[6]*Tiflis*라는 도시에서 육로로는 640km도 안 되는 거리에 있는 바쿠[7]*Baku*에서 등유를 가져오는 것보다 해상으로 1만 2,800km 떨어진 텍사스에서 수입하는 편이 더 저렴했다. 이와 같은 육로와 수로를 이용한 운송비용의 격차는 철도가 등장하기 전 아프리카나 일본, 영국에서는 흔한 일이었다. 오토만 제국에서는 밀을 100km 이상 운송할 경우의 비용이 밀 값 자체를 초과했다.

도로가 발달하고 동력수송장비, 기차, 그리고 비행기가 발달한 후에도 해상수송은 육상수송보다 일반적으로 더 저렴했다. 예컨대 배를 이용해 석유를 수송할 경우에는 송유관을 통해 수송하는 비용의 25%, 철도를 이용해 수송하는 비용의 20%, 트럭으로 수송하는 데 드는 비용의 1% 정도밖에 들지 않는다.

도시 거주자들이 일상 생활을 영위하기 위해서는 많은 양의 식량과 다른 제품들이 지속적으로 도시로 유입되어야 하고, 이들이 소비활동을 위한 돈을 벌기 위해서는 많은 양의 원자재와 최종재가 도시로 들락날락해야 한다. 이러한 물품과 자재들의 수송에는 수로를 이용하는 것이 가장 저렴했다. 따라서 많은 도시들이 강을 중심으로 형성된 것은 그다지 놀랄 만한 일이 아니다. 런던은 템스 강, 카이로는 나일 강, 파리는 센 강, 뉴욕은 허드슨 강을 배경으로 형성되었다. 싱가포르나 시드니, 스톡홀름과 같은 도시들 역시 항구를 끼고 발달한 도시들이며, 시카고나 오데사[8]*Odessa*, 세바스토폴[9]*Sevastopol*과 같은 도시들도 큰 호수나 내해를 끼고 발달했다. 강들이 십자모양으로 흐르고 있는 서유럽은 세계에서 도시가 밀집한 지역 중 하나이며, 항행 가능한 수로가 드문 열대 아프리카 지역이 도시화가 가장 덜 된 곳으로 남아 있는 것도 놀랄 일이 아니다.

수로와 관계없이 형성된 몇몇 도시들은 보통 다른 운송의 이점을 갖고 있었다. 예를 들어 사막 지역에서는 식수 공급원들 간의 거리—낙타가 물 없이 여행할 수 있는 거리—가 사람이 지나간 흔적이 없는 모래밭이나 건조한 대초원을 가로지르는 길들 가운데 어떤 것이 가능한지 아닌지를 결정한다. 다시 말해, 어떤 오아시스가 항구적인 정착지가 될 수 있을 만큼 충분한 경제활동을 유지하는지 여부는 이런 길들과 여기에 사용되는 교통수단에 의해 결정된다. 예를 들어 중앙아시아의 사마르칸트[10] *Samarkand*처럼 몇 개의 길이 교차하는 곳에 위치한 정착지들은, 다른 지역에서 강이나 항구가 도시의 중심이 된 것처럼, 큰 도시로 발전할 수 있었다. 철도와 자동차, 트럭의 발달은 육상수송에 혁신을 가져왔고, 주요 도시들이 반드시 수상교통의 중심지에서 생겨날 필요가 없게 되었다. 대신 애틀랜타[11]와 같이 철도의 접속점이나 자동차를 바탕으로 한 로스엔젤레스와 같은 도시들이 등장했다.

철도혁명은 수로도 없고 운송수단으로 쓸 만한 동물은 체체파리[12] *tsetse fly*한테 희생당해 그마저도 없는 아프리카의 사하라 지역에서 특히 중요했다. 유럽이 식민통치를 하면서 철도를 건설하기 전까지 아프리카 사람들은 보통 머리에 짐을 이고 운반했다. 이 때문에 다양한 대상隊商들이 생겨났지만, 이 방법은 매우 비싼 운송수단이었다. 영국령 하에 있던 서아프리카에서는 코코아 1톤을 운반하기 위해 37명의 사람들이 하루를 꼬박 걸어야 했다. 철도를 이용하면 무게가 천 배가 더 되는 짐을 열 배가 넘게 떨어진 곳으로 운반하는 데 여섯 명의 사람만 있으면 된다.

철도와 같은 근대적 발전도 중요하지만, 대부분의 국가에서는 역사적으로 수로가 결정적으로 중요했다. 19세기 유럽의 산업화 과정에서 일찍이 산업이 발달한 지역에 살던 사람들은 모두 항행 가능한 수로의 혜택을 받았다. 동유럽이나 지중해 근방의 유럽, 그중에서도 특히 발칸 지역처럼 이런 이점이 없던 곳은 영국이나 프랑스, 독일에 비해 경제발전이 뒤처졌다. 유럽에서도 수로의 혜택이 덜한 곳의 생활수준은 유럽이 아닌 국가들의 생활수준과 비슷했다. 예컨대, 화석연료가 별로 없는 남유럽에서는 수로를 이용하는 것이 경제적으로 화석연료를 운반해 올 수 있는 유일한 수단이었지만, 그럴 수가 없었다.

19세기 유럽의 대부분 지역에서 도시들이 급속히 성장했지만, 발칸 지역에서는 마을이 거의 발전하지 못했다. 유럽의 다른 발달된 지역에서는 도로와 철도가 새로 생겨나고 개선되는 데 반해, 발칸 지역에서는 그러지 않았다. 그 결과 발칸 지역에 사는 사람들은 36km도 떨어지지 않은 다른 마을의 사람들과도 교류할 수 없었다. 발칸 지역의 산들은 반도를 문화적으로 분리시켜 놓았을 뿐만 아니라 경제적으로도 고립시켰다. 그 결과 잘 알려져 있듯이, 발칸 지역은 부족단위로 분리되었으며, 오랫동안 그 지역을 멍들게 한 파괴적인 원한관계가 생겨났다. 발칸 지역에는 천연의 항구가 많긴 했지만, 이 항구들을 내륙지역과 연결시켜 주는 강이 거의 없었고, 대부분 산으로 막혀 있었다. 19세기 유럽의 대부분 지역이 경제적으로 성장했을 뿐만 아니라 같은 대륙 내에서의 교류 및 외국과의 교류도 많아진 반면, 대부분의 동유럽과 남동부 유럽은 "자급자족"에 가까운 삶을 살았다. 즉, 고립되고 가난하며 후진적인 삶을 살았다.

단지 수로 근처에 있다고 해서 대규모의 경제적, 문화적 집단을 형성할 수 있는 것은 아니다. 중요한 것은 수로들이 얼마나 항행 가능한가이다. 아프리카에는 나일 강과 다른 큰 강들이 있지만, 이 강들에는 항행에 심각한 장애물들이 있었다. 따라서 이집트와 비교할 만한 도시나 문명이 거의 발달하지 않았다. 아프리카의 사하라 남부지역 대부분은 해수면보다 300m 이상 높기 때문에 강물은 이 높이에서 출발해 바다로 흘러들어갈 수밖에 없다. 그 결과 급류와 크고 작은 폭포들이 생겼으며, 이 때문에 사하라 남부의 가장 큰 강을 이용하더라도 허드슨 강이나 양쯔 강, 다뉴브강, 아니면 상품을 수송할 수 있는 다른 큰 수로들처럼 항행을 해서 바다까지 왕래할 수 없다. 또한 아프리카의 자이르 강은 위에서 언급한 세 강보다 더 수량이 풍부하지만, 폭포들 때문에 도시가 자리하거나 무역을 하는 항로로 이용할 수 없다. 아프리카의 강들은 항행이 가능하다 해도 단지 폭포와 폭포 사이와 같은 제한된 거리만을 항행할 수 있거나, 크기가 제한된 배만 가능하다든지, 아니면 우기와 같은 특정한 시기에만 항행할 수 있다. 건기에는 물론 항행이 불가능해진다. 다른 지역에서는 건기에 산에 쌓였던 눈이 녹으면서 그 물이 강으로 흘러들어가 건기에도 배가 다닐 수 있는데, 사하라 남부지역에는 눈이 쌓일 산악지역이 없다.

아프리카의 항구도 수로보다 상황이 낫지 않다. 아프리카의 단조로운 해안선 때문에 항구가 거의 없을 뿐더러, 해안 가까이는 물이 너무 얕아 대양을 운항하는 큰 배가 육지 가까이 정박할 수 없다. 그 결과 유럽과 아시아 간의 국제무역이 활발하던 시기에 다른 쪽에 도달하기 위해서는 아프리카를 꼭 거쳐 가야 했음에도 불구하고, 이 근처를 지나는 배들 중에 아프리카에 들러 거래를 하려던 배는 매우 적었다. 이 선박들이 정박할 수 있는 곳은 항구가 있거나, 해안과 떨어진 곳에 닻을 내린 다음 작은 배에 짐을 옮겨 실어 얕은 해안가를 지나 육지에 닿을 수 있다거나 한 경우였는데, 이런 곳조차 거의 없었다. 또한 일정한 양의 짐을 하역하는 데 시간이 오래 걸려 비용이 비싸기 때문에, 아프리카의 해안가에 사는 사람들조차도 국제무역을 하는 데 심각한 제약이 있었다. 대평원의 중심부에 사는 사람이나 고도가 높은 곳에 사는 사람들의 경우는 말할 것도 없다. 게다가 아프리카의 해안가는 평균 너비가 32km 정도이고, 보통 그 뒤로는 급경사가 이어진다.

다시 말해, 강이 있는 경우와 마찬가지로 항구 근처라 하더라도 아프리카에서는 도시가 발달할 지리적 여건을 거의 갖추고 있지 않았다. 열대 아프리카 지역 중 도시나 대규모의 집단이 발달한 곳은 그중에서도 이와 같은 지리적 불이익이 크지 않은 곳이었다.

육상수송과 수상수송 간의 비용에 차이가 있다 보니 항행 가능한 수로 근처에 있는 국가인지 아닌지에 따라 거래하는 물건의 종류와 거래가 형성되는 범위가 달라진다. 막대한 운송비용으로 인해 재화들이 운반될 수 있는 거리가 심각하게 제한되며, 금이나 다이아몬드와 같이 작은 크기와 무게로 압축된 상태로 충분한 가치를 가져서 육로로 멀리 떨어진 곳까지 운반될 수 있는 재화들에 한해 거래가 이루어지는 등 교역지역의 범위가 축소된다. 막대한 운송비용은 또한 문화적 영역도 축소시킨다. 그 결과 경제발전이 방해받을 뿐만 아니라, 더 중요한 점은 문화적 접경지대나 항구 도시에 사는 사람들과는 달리 광범위한 분야의 지식과 기술을 접할 기회가 적어져 사람들 자체의 발전이 방해받는다는 사실이다.

산이나 강, 기후, 토양과 같은 특정한 지리적 특성의 중요성은 이 요소들이 결합되었을 때 훨씬 크게 나타난다. 예를 들어 강우량이 농사에 미치는 영향은 그 지역에 얼마나 많은 비가 내렸는지 뿐만 아니라, 토양이 빗물을 얼마나 잘 저장할 수 있는지에 따라 달라진다. 따라서 중국 북부의 황토처럼 물을 잘 흡수하는 곳에서는 비가 적당히 오더라도 농사를 짓기에 충분하지만, 발칸 반도의 석회석 토질에서는 비가 오더라도 물이 지하로 다 빠져버린다. 마찬가지로 항행 가능한 수로의 경제적 가치는 수로에 인접한 육지에 달려 있다. 산업이나 농업에 쓸 자원이 없는 지역, 예를 들어 아마존 같은 지역을 관통하는 항행 가능한 수로는 경제적 가치가 거의 없다.[13] 그렇지만 항행 가능한 수로는 다른 자원들을 충분히 보유하고 있는 지역의 경제적, 문화적 발전에 결정적으로 중요했다.

러시아도 마찬가지로, 주요 천연자원이 매장된 곳 근처에는 수로가 없으며, 강들끼리도 연결되어 있지 않다. 그렇기 때문에 러시아에 있는 강들은 서유럽의 강처럼 농산물이나 공산품이 생산되는 지역을 거쳐 바다로 흘러들어 가는 경제적 역할을 하지 못한다. 볼가*Volga* 강은 자원과 사람이 많은 지역을 흐르기 때문에 유량이 두 배가 넘는 다른 강들이 있음에도 불구하고 러시아에서 운송에 이용된 최초의 강이었다. 시베리아에 있는 더 큰 강들은 북쪽으로 흘러 북극해로 빠지므로 볼가 강만큼 경제적으로 중요하지 않다.

이와 유사하게, 다른 항구처럼 깊지도, 넓지도 않고, 파도로부터 잘 보호받지 않더라도 북서부 이탈리아의 제노아*Genoa*나 동아프리카의 몸바사*Mombasa*처럼 생산이 활발한 지역 근처에 자리 잡은 유일한 출구라면 그런 항구는 매우 붐빌 수 있다. 달마티안[14] 해안에 있는 두브로브니크*Dubrovnik* 항 역시 중세시대에 국제무역을 위해 전략적인 위치에 자리했기에, 특별한 점이 없었는데도 불구하고 매우 번성했었다. 런던은 템스 강이 있었기 때문에 역사적으로 큰 역할을 했다. 템스 강은 그 자체로는 특별히 인상적인 것은 아니었지만, 강 근처에 자리 잡은 산업시설과 상업

시설에 출구를 제공해 주었다.

때로는 북서부 유럽에서처럼 유리한 지리적 특징들이 한 지역에 혼재하기도 한다. 그리고 열대 아프리카 지역처럼 어떤 지리적 특징도 갖춰지지 않은 곳도 있다. 하지만 대부분의 지역들은 이 모든 지리적 이점 중에 갖추고 있는 것도 있고, 없는 것도 있다. 이에 따라 경제적 번영에 큰 차이가 있을 뿐만 아니라 더 근본적으로는 사람들 자신, 즉 인적 자원의 기술과 경험에 차이가 생기게 되었다. 지리적 특징들의 다양한 결합을 감안할 때, 서로 다른 지역에서 온 사람들에게는 특정한 기술을 연마하고, 경제적 경험을 얻거나, 다른 사람들로부터 이것을 습득할 수 있는 기회에 큰 차이가 발생했다. 그런데 서로 다른 기술, 적성, 그리고 외모를 가진 사람들이 국제적인 이동을 통해 서로에게 가까워졌고, 다른 국가에 있더라도 서로 경쟁하게 되었다. 그 결과 매우 다른 경제적, 사회적 결과가 발생했다.

근대적 산업경제로의 발전에 필요한 천연자원을 보유했다는 점에서 뿐만 아니라, 이런 자원과 생산물을 실어 나르도록 항행 가능한 수로가 갖추어져 있었다는 점에서 서유럽과 북유럽은 지리적으로 매우 축복받은 곳이다. 중공업의 발달에 꼭 필요한 철강 생산의 핵심요소인 철광석과 석탄은 루르*Ruhr* 계곡, 웨일스, 스웨덴, 그리고 프랑스와 독일이 지독하게 싸웠던 알자스-로렌*Alsace-Lorraine*에 집중적으로 매장되어 있었다. 서유럽 사람들에게 최상급의 농경지와 항행 가능한 강들을 제공한 넓은 해안평야 이외에도 일반적으로 유럽에는 많은 반도와 섬이 있고, 항구가 많아 대륙에서 바다로 접근하기가 쉬웠다.

기후

좋은 기후조건 역시 중요하다. 서유럽은 육지를 흐르는 다른 조류들처럼 북대서양을 가르며 뱃길을 만들어 주는 걸프 조류의 영향을 받아 기후가 매우 좋다. 이 난류는 멕시코의 걸프 만에서부터 시작된 것인데, 이 난류 덕분에 서유럽은 비슷한 위도의 다른 서반구 국가들이나 아시아에 비해 겨울에 더 따뜻하다. 예를 들어 런던은 미국의 48개 주 어느 곳보다도 더 북쪽에 있지만, 겨울에 뉴욕 시보다 더 따뜻하고, 미네소타나 위스콘신보다 훨씬 따뜻하다.

하지만 동유럽과 중부, 지중해 연안의 유럽은 이런 이점들을 공유하고 있지 않다. 대서양 연안에 위치한 유럽 국가들의 기후에 미치는 걸프 조류의 영향은 대륙의 중앙이나 동부로 갈수록 급격히 줄어들어, 중앙이나 동부에서는 일 년에도 며칠씩 강물이 얼고, 겨울이 더 길고 몹시 춥다. 이 지역은 근대적인 산업에 필요한 천연자원도 덜 풍부하며, 중부 유럽이나 동유럽에는 아예 없는 곳도 많다. 발칸 반도는 바다 근처에 언덕과 산이 많아 서유럽의 넓은 해안평야 같은 것이 없다. 따라서 해안에 있는 항구와 내륙지방을 연결시키는 항행 가능한 강들이 없다. 스페인 역시 항행 가능한 강들이 적고, 시실리는 강도 적고 강우량도 적다.

이와 같은 지리적 이점 상의 확연한 차이 때문에 유럽에서는 지역별로 빈부차이가 크게 벌어졌을 뿐만 아니라, 지역 사람들 간에 기술이나 산업과 관련된 경험, 전체적인 생활방식에서도 크게 차이가 났다. 그렇기 때문에 미국이나 호주로 이주한 지중해 사람들의 경우, 독일인이나 영국 이주민들에게서 발견되는 산업적 기술이나 현대적인 생활방식을 찾을 수 없었다. 이들에게 있는 것은 지중해의 덜 생산적인 토지와 수자원을 가지고 몇 세기 동안 생존을 위해 투쟁하면서 몸에 밴 검소함과 인내심, 그리고 불굴의 정신이었다. 이탈리아에서 이민 온 사람들은 가난과 비좁은 주거환경을 잘 참고, 적은 임금을 받으면서도 저축할 수 있었는데, 이런 능력은 지리적, 역사적 배경에서 비롯된 것이었다. 그래서 다른 유럽 국가나 서반구, 또는 호주에서는 그들 주변에 있는 사람들로부터 이러쿵저러쿵 말이 많았다. 다른 지중해 국가 사람들에게도 비슷한 특성이 있긴 했지만, 이탈리아 사람들이 특히 눈에 띈 이유는 이들 가운데는 남부 지중해 사람들뿐만 아니라 지리적, 경제적, 문화적으로 북유럽 및 서유럽 사람들과 유사한 특성을 가진 북부의 포*Po* 강 유역의 산업지역에서 온 사람들도 있었기 때문이었다. 북부나 남부 출신의 이탈리아 사람들은 오랫동안 경제적으로나 사회적으로 달랐는데, 이것은 이탈리아에서뿐만 아니라 호주, 미국, 그리고 아르헨티나에서도 마찬가지였다.

유럽의 여러 다른 지역에서 온 사람들이 갖고 있는 기술이나 경험의 차이 때문에 20세기 초 남유럽과 동유럽에서 미국으로 이민 온 사람들의 평균 임금은 영국이나 스코틀랜드, 네덜란드, 노르웨이에서 이민 온 사람들 중 하위 15%가 받는 임금수준이었다. 남유럽과 동유럽 출신들은 문맹률도 더 높았다. 학교에서도 남유럽과 동유럽 이주민의 아이들은 미국 태생의 아이들이나 북유럽과 서유럽 이주민의 아이들보다 뒤쳐졌으며, 그들의 IQ 점수는 미국의 흑인들과 비슷하거나 더 낮았다.

이런 현상이 미국 사회에서만 발생한 것은 아니다. 제2차 세계대전 이전 호주에서도 남부 이탈리아나 달마티아, 마케도니아, 그리고 그리스 시골에서 온 이주민들은 일반적으로 글을 읽거나 쓸 줄 몰랐고, 출신 국가의 표준어보다는 지역 방언을 구사했다. 호주로 이민 온 남유럽 출신 사람들 중 3/4 이상이 도시나 평원이 아니라, 언덕이나 산자락, 가파른 해안선, 섬 등에서 살다가 온 사람들이었다. 발달한 지역에서 멀리 떨어진 이런 곳들도 결국에는 근대화되었지만, 이 지역에 살던 사람들의 능력은 산업이 더욱 발달한 다른 지역에 살던 유럽 사람들보다 뒤처졌고, 이런 능력의 차이 때문에 미국뿐만 아니라 호주에서도 그들이 받는 임금에 격차가 생겼다.

1970년대 그리스와 이탈리아, 유고슬라비아 등지에서 호주로 이민 온 사람들 가운데 중간에 해당하는 사람이 받는 임금은 서독이나 영어가 모국어인 나라에서 온 사람들이 받는 임금보다 더 적었다. 호주로 이민 간 남유럽 출신 사람들은 전문직이나 기술직에 종사하는 경우가 적었고, 이탈리아 출신 이주민들 중 절반가량과 그리스와 유고슬라비아 출신 이주민들의 절대다수는 비숙련 노동자들이었다. 이런 현상은 단순히 다른 사람들의 고정관념, 인식, 또는 인종차별주의와 같은 주관적 요인들로 인한 결과가 아니라, 역사적 현실을 반영한 결과였다. 물론 다른 모호한 편견이 그런 현실을 둘러싸고 더 강화되었을지도 모르며, 새로운 사람들과 동화되고 그들의 능력이 향상되면서 현실 자체가 변하기 시작한 후에도 변화를 거부한 채 존속했을지도 모른다.

러시아에서는 겨울 동안 강이 얼고, 열대 아프리카에서는 우기가 끝나면 강물이 마르는 것처럼, 기후는 물의 흐름에 영향을 미치는 것 이외에도 농사에 오랫동안 주요한 영향을 미쳐 왔다. 더욱이 대부분의 역사를 통틀어 보았을 때 농경지는 전 세계 절대다수의 사람들이 일을 하던 터전이었다. 오늘날 산업화와 상업화가 심화된 나라에서조차도 최근에 이르기 전까지는 농업이 대세였다. 예컨대 미국의 경우 1920년 이후에야 미국 인구의 절반 이상이 도시에서 살기 시작했다.

기온과 강우량에 따라 작물의 종류와 재배지역이 달라진다. 사막지대나 시베리아 일부 지역처럼 늘 눈으로 뒤덮여 있는 곳과 같이 극단적인 곳에서는 어떤 작물도 자라지 못한다. 그 이유는 수분을 내포한 공기가 산맥을 거쳐 갈 때 산을 넘기 전에 있는 지역에는 산 넘어서 있는 "비그늘"*rain shadow* 지역보다 몇 배가 넘는 많은 비가 내리는데, 비를 뿌리고 난 공기는 산을 넘는 동안 대부분의 수분을 잃어버리기 때문이다. 일례로 남부 이탈리아의 아페닌*Apennines* 산맥 서쪽은 일 년에 강우량이 2천 밀리미터나 되는 반면, 동쪽에는 300~500밀리미터 정도의 비가 내린다. 미국의 북서부 태평양지역도 이와 마찬가지로, 캐스케이드*Cascade* 산맥 서쪽의 강우량은 평균적으로 동쪽에 있는 컬럼비아*Columbia* 대평원의 강우량의 열 배가 넘는다. 그렇기 때문에 산맥의 어느 쪽에 사는가에 따라 농업이 가능한지 여부가 결정되는 것은 당연하다. 산맥의 다른 쪽에 사는 사람들은 다른 작물을 재배해야 하며, 농사짓는 데 필요한 기술과 경험 역시 달라야 한다.

또한 기후는 지식과 경험이 전파되는 데에도 영향을 미친다. 남북 간의 기후 차이보다 동서 간의 기후 차이가 더 적기 때문에 어떤 기후 조건에서 잘 자라는 특정 작물과 동물에 대한 지식은 남북으로 전해지는 것보다 동서로 전파되기 쉽다. 그렇기 때문에 벼농사는 중국에서부터 유라시아 대륙을 거쳐 유럽으로 전파될 수 있었지만, 더 가까운 거리였음에도 불구하고, 기후가 너무나도 달랐기 때문에 바나나 재배는 중앙아메리카에서 캐나다로 전파되지 못했다. 동물을 사육하는 방법도 기후에 따라 다르다. 특정한 기후에서만 생존하는 동물을 사냥하거나 사육하는 경우에도 마찬가지였다. 그런 지식 역시 남북으로 전달되는 것보다 동서로 더 쉽게 전달된다. 남아메리카의 온대지방에서 작물이나 식물, 동물을 기르는 방법은 북아메리카 온대지방으로 서서히 보급될 수 없었다. 왜냐하면 그런 기술과 실무지식은 두 온대지방 사이에 있는 넓은 열대지방을 거쳐 전파될 수 없었기 때문이다. 열대지방에는 매우 다른 식물과 동물이 살기 때문에 온대지방에서 사용되는 지식이나 기술의 대부분이 열대지방에서는 쓸모가 없게 된다. 이런 이유로 열대지방을 통과해 있는 다른 온대지방으로 기술이나 지식이 전해지기 힘든 것이다.

물론 기후에는 기온 외에도 여러 가지 측면이 있다. 강우량도 그중 하나이다. 습한 지역에서 적용되는 농업기술과 지식을 건조한 지역에서는 이용할 수 없다. 그렇기 때문에 강우량이 다른 지역 간에는 농업기술에 차이가 있는 것처럼 문화적 차이가 생기고, 이것은 일반적으로 산맥이나 사막이 자연적 장벽 역할을 해 문화적 고립을 야기하는 것과 마찬가지 현상이다. 기후적으로 고립된 지역들은, 그 사이에 매우 다른 기후 패턴들이 수천 km에 걸쳐 형성되어 있다면, 유사한 기후를 가진 다른 지역에 사는 사람들의 지식이나 경험을 활용할 수 없었다.

돛을 달아 바람의 힘으로 배가 항해하던 여러 세기 동안 특정한 바람의 방향과 특정한 바다의 조류에 대한 지식은 서로 다른 사회끼리 거래를 하기 위해서는 필수적으로 알아야 하는 것이었다. 식물이나 동물을 기르는 것과 관련된 지식이 지역마다 다른 것처럼, 바람의 방향이나 조류에 대한 지식 역시 지리적 배경에 따라 다르다. 예컨대, 아프리카 서해안을 항해할 때는 일반적인 항해기술만으로는 부족하다. 유럽 사람들은 바람과 조류를 이용해 그 근처로 배를 몰아 쉽게 접근할 수는 있었지만 빠져 나오기는 어려웠다. 반대로 아시아의 몬순 바람에 익숙한 항해사들은 바람이 서쪽으로 부는 기간 동안 서쪽으로 항해해 아프리카까지 닿을 수 있었고, 바람이 방향을 바꾸는 시점이 되어 바람이 동쪽으로 불기 시작하자 집으로 돌아올 수 있었다.

지역 조건에 대한 다른 특별한 지식처럼, 바람의 방향이나 조류에 대한 지식 및 이들의 지역별 패턴을 다루기 위해 개발된 기술은 그 지역에 사는 사람들에게만 국한되는 경향이 있다. 달리 말하면, 많은 지역이 각각 다른 지식과 기술들을 개발하는 경향이 있었다. 예를 들어 중세시대 동안 지중해에서 가장 항해를 많이 하고 강한 해군력을 갖고 있던 국가들은 나중에 무역과 전쟁이 일어나는 주 무대가 대서양으로 바뀌자 그 지위를 상실하게 되었다. 왜냐하면 대서양은 지중해보다 파도가 훨씬 거칠고, 바람과 날씨 조건이 더 나빴기 때문이었다. 유럽 사람들이 서반구의 대륙을 발견하고 나서 전쟁과 무역의 중심이 대서양으로 이동하게 되자, 한때 지중해에서 위력을 펼치던 국가들은 대서양에서 새롭게 등장한 해군력이 강한 국가들과 상대가 되지 않았다.

인구

오늘날 전 세계적으로 가장 빈곤한 지역 중 일부는 사하라 남쪽의 아프리카처럼 인구가 매우 희박한 곳에 있다. 반대로 일본과 같이 훨씬 더 잘 사는 지역은 그곳보다 인구가 몇 배나 더 밀집되어 있다. 물론 방글라데시처럼 인구가 밀집되어 있어도 여전히 빈곤한 국가도 있다. 하지만 스위스나 싱가포르는 인구가 훨씬 밀집된 지역임에도 생활수준이 훨씬 높다. 미국과 탄자니아의 인구밀도는 비슷하지만 경제적으로는 차이가 많이 난다. 확실히 인구보다도 국가의 번영에 더 많은 영향을 주는 다른 요인들이 있다. 실제로 전 세계의 많은 지역에서 인구밀도가 낮은 곳에 전기를 공급하거나 하수처리시설을 만들거나 의료 서비스를 제공하는 것은 비용이 너무 많이 들어 그런 곳에 사는 사람들은 이런 혜택을 받지 못하는 사례가 많다.

어쨌거나 지구가 수용할 수 있는 인구에는 한계가 있다. 하지만 모든 것에는 다 한계가 존재하기 마련이기 때문에, 이런 사실이 우리가 어느 정도 한계에 다다랐는지 혹은 한계에 다다랐을 때 다른 여러 대안들의 결과가 무엇일지에 대해서는 실질적인 어떤 답도 주지 못한다. 자동차가 빨라질 수 있는 속도에는 한계가 있지만, 우리는 수년 동안 운전하면서 자동차가 낼 수 있는 최대속도의 절반에도 미치지 못하는 속도로 운전할 것이다. 왜냐하면 도시의 도로나 고속도로에서 안전하게 운전하기 위해서는 속도 제한과 같이 더 세세한 한계들이 있기 때문이다. 존 스튜어트 밀John Stuart Mill은 어린 시절에 여덟 개의 음으로 이루어진 한 음계를 이용해 만들 수 있는 음악에 한계가 있을지에 대해 곰곰이 생각해 본 적이 있었다. 하지만 그 당시는 브람스나 차이콥스키는 태어나기도 전이었고, 재즈라는 장르는 아예 없었으며, 록 음악이 등장한 것은 그로부터 백 년도 더 지나서였다. 이처럼 최종적인 한계가 존재한다는 것 자체는, 그 한계가 실질적으로 문제가 되는지 아닌지 판단하는 데 별 도움이 되지 않는다.

만약 우리가 식량 공급이든, 천연자원이든, 아니면 다른 생활필수품들이든, 그 궁극적인 한계에 다다르고 있다면, 그 가격들이 상승함으로써 우리들에게 그런 사실을 알려줄 뿐만 아니라 대중적인 호소나 정치적으로 강제하는 제약 없이 방향을 바꾸도록 해준다. 실제로 많은 정치적 해결방법들은 비생산적일 뿐만 아니라 일관성도 없다. 예를 들어 일반 사람들의 물 사용을 제한하는 정부기관이 농부들에게는 싼 값에 물을 공급하기도 한다. 그러면 이 농부들은 비가 많이 와 공짜로 물을 풍부하게 공급할 수 있는 곳 대신 정부의 원조를 받아 값비싼 관개시설을 이용해 캘리포니아의 사막 같은 곳에서 농사를 짓는다. 정부(즉, 납세자)가 물을 제공하는 데에는 많은 돈이 들지만, 농부들은 싸게 공급받으므로 물을 펑펑 쓰게 된다.

식량 부족과 기근은 종종 인구 증가가 식량 공급을 넘어섰다는 증거로 활용된다. 하지만 현대사회에서의 굶주림은 대개 어떤 지역에서 작물을 재배하는 데 실패한 경우, 이에 덧붙여 영양실조나 이로 인해 야기된 질병으로 그 지역에서 사람들이 죽기 전에 신속하게 식량을 공급하지 못해 발생하는 지역적인 문제이다.

매우 가난한 몇몇 국가에서는 도로나 다른 사회간접자본이 충분히 발달되지 않아, 넓게 흩어져 있으면서 긴급한 도움을 필요로 하는 사람들에게 많은 양의 식량을 운반할 수 없다. 가난한 국가에서든 부유한 국가에서든 기근을 야기한 것은 일반적으로 사람들의 실수나 악의, 또는 식량배분체계를 교란시키는 군사활동 등이었다. 예컨대, 제1차 세계대전 중에 연합군의 해군이 해상 봉쇄를 하는 바람에 유럽의 중부에 있는 많은 국가들이 식량을 공급받을 수 없었다.

독일 사람들은 감자 껍질과 톱밥으로 만든 빵뿐만 아니라 그들의 강아지나 고양이도 먹어야만 했다(나중에 고양이는 "지붕 위의 토끼"로 알려졌다). 굶어 죽은 시민의 수는 일 년에 수십만 명에 이르렀다.

이런 예들은 인구 과잉과 전혀 관련이 없다. 1930년대 우크라이나에서는 수백만 명의 목숨을 앗아간 대기근이 있었는데, 스탈린이 자신의 저항세력을 억압하기 위해 사용한, 개인이 만들어낸 기근이었다.

"인구 과잉" 이론은 실증분석의 결과와 잘 맞지 않는다. 그리고 잘 맞을 수도 없다. 사실 인구 과잉 이론은 많은 허점이 있었는데도 2세기가 넘도록 지지를 받았다. 맬서스가 살던 시대에조차, 인구가 증가함에 따라 사람들의 생활수준이 낮아질 것이라는 그의 주장은 인구 증가와 함께 생활수준이 향상되었다는 실증자료에 의해 오류임이 드러났다. 그 이후로 인구 증가와 함께 생활수준이 향상된다는 것이 일반적인 패턴으로 인식되었다. 세계 인구가 지금의 일부에 불과했던 과거 몇 세기 전에 비해서는 덜 하지만, 여전히 전쟁, 자연재해, 그리고 다른 이유로 인한 식량 공급의 지역적 중단 등이 때때로 세계 곳곳에서 기근을 야기하고 있다. 실제로 오늘날 점점 더 많은 국가에서는 잉여농산물의 수출시장을 찾고, 비만을 해결하는 것이 더 큰 문제로 대두되고 있다.

인도와 같이 가난에 찌든 국가에서조차, 인구 수는 그 땅이 수용할 수 있는 수준을 훨씬 밑돌고 있다. 20세기에 있었던 한 연구는 다음과 같은 사실을 발견했다.

> 인도 인구의 절반은 이용 가능한 전체 국토의 1/4도 안 되는 곳에 살고 있으며, 인구의 1/6이 전체 국토의 6%에 밀집되어 있다. 하지만 다른 한편으로는, 거의 사람들이 살지 않는 방대한 지역이 계속 남아 있다.

제3세계 국가들의 도시가 사람들로 붐비는 사진을 보면, 이 국가들이 인구를 수용하기에는 부족한 영토를 갖고 있으며, 이것이 어느 정도 그들의 빈곤의 원인을 설명해 준다는 인상을 받게 된다. 하지만 가난한 국가나 부유한 국가를 막론하고 도시란 사람이 붐비는 곳이다. 뉴욕 시의 파크 에비뉴Park Avenue는 1평방km당 인구밀도가 제3세계의 마을이나 도시의 빈민가보다 훨씬 높다. 인구과밀지역에서는 전기를 공급하고, 하수처리 시설을 운영하고, 극장이나 긴급 의료 서비스를 제공하는 데 드는 1인당 비용이 더 낮다. 이런 이유 때문에 20세기의 인도나 19세기의 미국에서처럼 사람이 붐비지 않는 넓은 공간이 있는데도 불구하고 인구가 밀집된 도시가 존재하는 것이다.

시사점

경제발전의 배후에 있는, 상호 작용하는 다양한 요인들 때문에 어떤 시점에서도 서로 다른 지역들이 동일한 발전을 이루고 동일한 생활수준을 누리는 것은 사실상 불가능하다. 하지만 사회별로 경제적 격차가 심화됨에 따라 당황과 긴장 및 불만이 야기되었으며, 이런 현상에 대한 설명이 요구되었다. 하지만 이런 격차를 야기한 역사적, 지리적, 경제적 요인들에 대한 장기적인 연구를 요구하지는 않았다. 대신에 간결하고 정서적 만족을 주는 설명들이 요구되었으며, 특히 "착취이론"과 같이 이념적 색깔을 띤 감상적이고 과장된 설명들이 요구되었다. "인구 과잉" 역시 다른 사람의 삶을 통제하는 쪽으로, 편향된 사람들이 좋아하는 감상적인 해결책을 제시하는 단순한 설명에 불과하다.

착취이론은 국가들을 비교하든, 아니면 국내에서 계층들을 비교하든 일부가 가진 부를 다른 사람의 빈곤에 의해 설명한다. 하지만 안타깝게도 착취당했다고 일컬어지는 많은 사람들은 사실 착취할 만한 것이 거의 없었고, "재산을 박탈당했다" 고 묘사되는 사람들 역시 애초부터 그렇게 많이 소유하고 있던 것은 아니었다. 게다가 착취자들로 묘사되는 사람들의 실제 행동을 보면, 더 부유한 사람들과 거래함으로써 더 많은 돈을 벌어들일 수 있기 때문에, 종종 그들이 착취하는 것으로 간주되는 사람들을 피하려 한다. 따라서 미국의 국제무역과 해외투자의 대부분은 서유럽의 국가들처럼 소득이 높은 국가들이나, 아시아에서는 일본이나 싱가포르처럼 더 번성하는 지역과 이루어진다. 그리고 극히 일부분만이 아프리카나 아시아, 중동의 가난한 지역과 이루어진다. 반대로 미국은 외국인들의 투자를 가장 많이 유치한 국가이다. 이와 유사하게 미국 내에서도 자본가들은 삭막한 슬럼가나 가난한 인디언 보호구역에서보다는 중산층이나 상류층 사회에서 사업을 추진하고자 한다.

역사적으로 정복자들은 특정 시기와 장소에서 정복당한 사람들로부터 부를 빼앗았다. 하지만 중요한 질문은 다음과 같다 : 이런 사실이 오늘날의 국가별, 개인별 경제적 격차를 얼마나 설명해 주는가? 예를 들어 스페인은 서반구에서 그들이 정복한 땅과 사람들로부터 많은 양의 금과 은을 빼앗았으며, 이것은 침략당한 사람들에게는 매우 큰 경제적, 인간적 비용이었다. 하지만 이렇게 유입된 부의 대부분은 스페인을 발전시키기보다는 다른 국가로부터 수입을 하는 데 바로 사용되었다. 그 결과 스페인은 서유럽에서 가난한 국가로 남게 되었다. 반면 독일은 역사적으로 대부분의 기간 동안 독일 경제에 중요한 영향을 주었던 식민지들이 없었는데도 불구하고 유럽에서 가장 부유한 국가 중 하나가 되었다. 스위스와 스칸디나비아에 있는 국가들 역시 한 번도 식민지를 가졌던 적이 없었으나, 유럽뿐만 아니라 전 세계를 통틀어 부유한 국가에 속한다.

아시아에서 일본은 20세기에 식민지 정복의 야심찬 계획을 실행에 옮겼고, 일본이 다른 아시아 국가들을 식민지로 만들고 나서 했던 행동들은 서반구 식민지에서 스페인이 했던 행동만큼이나 잔인하고 야만스러웠다. 게다가 일본은 천연자원이 부족하다는 이유를 들어 자신들의 행동을 정당화했다. 하지만 일본은 제2차 세계대전에서 패한 후 식민지와 점령지를 모두 잃었다. 그러나 일본 경제는 전쟁의 폐해로부터 회복되었을 뿐만 아니라 새롭게 도약했다. 일본은 부족한 천연자원을 다른 나라를 정복하고 점령지를 지키기 위해 군대를 유지하는 비용보다 더 싼 값으로 국제시장에서 수입할 수 있었다.

착취이론에서는 가끔 제3세계 국가들의 사람들과 같이 일부 집단에 속한 사람들은 무지하며 순진하다고 가정할 뿐만 아니라, 외부인들은 토착민들이 만든 재화에 대해 세계시장에서 받을 수 있는 가격보다 싸게 지불함으로써 막대한 이윤을 얻고 있다고 가정한다. 사람들은 확실히 이전에 접해 보지 못한 것들에 대해서는 무지하며, 다른 지역으로부터 고립된 지역에 사는 사람들은 신기하고 색다른 물건을 보게 되면 그 물건에 매우 큰 가치를 부여한다. 그러나 질문은 다음과 같다 : 이런 현상이 얼마나 오래 지속될 수 있겠는가? 더 구체적으로 말하면, 이런 현상이 소득과 부의 국제적 격차를 설명할 수 있을 만큼 오랫동안 지속될 수 있을까? 20세기 초에 서아프리카에 대해 쓴 한 관찰자에 의하면, 외국 상인들이 염색된 옷이나 칼처럼 매우 값싼 물건들을 주고 이 지역에서 생산되는 금이나 상아와 바꿀 가능성은 경쟁이 심화됨에 따라 사라졌고, 그 결과 이윤율은 감소했다고 한다. 이것은 기본적인 경제학 원리만 알고 있으면 누구라도 예상했어야 하는 결과이다. 오래 전에 있었던 일화들은 그후로도 오랫동안 지속되었을지 모른다. 하지만 그런 일화들이 보여주는 현재의 유일한 착취는, 이것이 국가 간의 경제적 격차에 대한 진지한 설명을 대변한다고 쉽게 잘 속는 사람들을 이용하는 것이다.

어떤 일정한 요인이 전 세계 국가들 간에 경제발전의 큰 격차를 설명할 수는 없다. 또한 특정한 요인의 상대적 영향력이 시대를 거듭하면서 동일하게 유지되지도 않는다. 비록 다양한 지리적 요인들이 다양한 사람들에게 주어진 경제적 기회에 중대한 영향을 미쳤지만, 경제발전 또한 지리적 요인의 효과에 영향을 미쳤다. 철도와 트럭의 발명으로 대부분의 서아프리카처럼 항행 가능한 수로가 없고 짐수레를 끄는 동물도 없던 지역에서 최초로 저렴한 비용으로 운송을 할 수 있게 되었다. 철도가 운반할 수 있는 규모가 매우 제한적이면서도 비쌌던 사람을 이용한 운송을 대체한 후, 이 지역에서는 코코아나 면화, 그리고 주석의 생산과 판매가 대규모로 번성하기 시작했다. 비행기를 이용해 산맥을 넘나들 수 있게 되면서 거리의 중요성이 감소했으며, 터널을 뚫고 산을 발파하는 기술이 발달하고 나서부터는 산맥도 예전처럼 큰 장애가 되지 않았다. 라디오와 전화의 발명으로 가난하고 고립된 여러 지역에서도 최초로 장거리 의사소통이 가능하게 되었고, 인터넷은 전 세계 사람들이 서로 의사소통을 할 수 있게 만들었다. 요컨대, 경제발전으로 인해 예전에 경제발전에 큰 영향을 주었던 지리적 요인들의 역할이 줄어들었다.

미 주

Chapter 01 정치학 대 경제학

01. 여기서 정치적 의사결정이 "단정적" *categorical*이란 뜻은 이것과 저것 가운데 하나를 선택한다는 의미이고, 경제적 의사결정이 "추가적" *incremental*이란 뜻은 이것과 저것을 모두 구입하는데, 각각 얼마만큼씩 구입할 것인가가 중요하다는 의미이다. 예를 들어 사과와 배 중 무엇을 구입할 것인가는 단정적 결정이다. 반면 사과 열 개와 배 다섯 개를 구입할 것인지, 아니면 사과 아홉 개와 배 여섯 개를 구입할 것인지는 추가적 결정이다. 이런 의미에서 추가적이란 경제학의 핵심용어 가운데 하나인 "한계적" *marginal*과 같은 의미이다. **(역자 주)**

02. 경제학에서는 이러한 희생을 기회비용*opportunity costs*이라 부른다. **(역자 주)**

03. 이들은 허버트 스타인Herbert Stein과 조지프 스티글리츠Joseph Stiglitz를 말한다.

04. 반드시 여러 단계가 고려되어야 한다는 또 다른 견해가 있는데, 그 이유를 다음과 같은 비유를 통해 쉽게 설명할 수 있다. 어떤 댐의 수문을 열고 계곡으로 방류하는 경우를 상상해 보자. 산술적 계산에 의하면 이 댐이 6m 깊이로 계곡을 물로 채울 수 있다고 가정해 보자. 만약 여러분의 집이 계곡 바닥으로부터 9m 위의 고지에 위치하고 있다면, 물을 천천히 방류할 경우엔 안전할 수 있다. 그러나 수문을 활짝 열고 물을 방출한다면 수위는 파도처럼 높아져 12m 높이로 계곡을 휩쓸고 갈 것이다. 여러분의 집을 부수고 그 안에 살고 있는 모든 사람들을 익사시키면서. 물이 잔잔해지면 수위는 6m의 높이로 다시 내려갈 것이다. 그러나 사람이나 집 모두 물이 가라앉은 수위보다 3m나 위에 있다고 해도 그들에게 피해를 준 이상, 그 높이는 의미가 없게 된다. 노벨상을 수상한 한 경제학자는 국제통화기금*IMF*이 제3세계 국가에 다양성을 무시하고 갑작스레 부여한 경제정책들은 그 국가들 내부의 반응과정과 시간조절을 고려하지 않았다고 주장하고 있다. 그 정책들은 자칫 사회구

조에 치유할 수 없는 해를 끼칠 수 있다. 즉, 경제에 대한 절망으로 인해 폭동이 일어나고 정부의 존립을 흔들게 되면 투자자들은 불안정한 나라에 투자할 의향이 없어져 떠나버리는 상황이 발생하게 된다.

05. 이런 현상을 도덕적 해이*moral hagard*라 부른다. **(역자 주)**

06. 미국은 주에 따라 전기를 생산하는 주체와 전기를 판매하는 주체가 분리되어 있다. 캘리포니아 주는 이 경우에 해당한다. 우리나라에서는 한국전력이 전기의 생산과 판매를 모두 독점하고 있다. **(역자 주)**

07. 정치적인 용어로서 사회주의는 더 향상된 생활의 질, 계획경제, 직장안정, 그리고 인간적인 목표들을 지향하는 하나의 구조로 인식될 수 있다. 경제적 용어로 본 사회주의는 그것이 성취하려는 것의 관점보다는 실제로 성취하는 것의 관점에서 설명되곤 한다. 후자의 관점에서 보면, 사회주의는 산업, 상업, 농업에서의 재산권이 시장에 있는 개인과 조직들 사이의 사적 거래를 통해서가 아니라 오직 정치적 기관들에 의해 정의되고 지정될 수 있는 체제이다. 이러한 조정이 실제로 사회주의가 선포한 다양한 목표들을 이루어냈는가 혹은 실패했는가의 여부는 과거의 결론에 의해서가 아니라 경험적인 질문으로 남아 있다.

08. 사회주의의 형태는 여러 가지가 있다. 여기에는 이스라엘의 자발적 사회주의도 포함되는데, 이것은 소련이나 마오쩌둥의 중국처럼 국가가 강제하는 사회주의와는 다른 형태이다. 키부츠의 구성원들은 평등과 공유의 이상에 헌신적이었다. 그런데 한 여성이 키부츠의 외부에 사는 부모로부터 차 주전자를 선물로 받은 일이 있었다. 그녀가 "방에서 차를 끓이고 친구들을 초대해 함께 차를 마시는" 일이 발생하자 이에 대한 반발이 일어났다. 엄격한 사람들은 "차 주전자를 사적으로 소유하는 것이 평등을 침해했을 뿐만 아니라, 사적 소유를 선호한 것은 용납할 수 없는 공동체의 거부이며 공동 식사의 원칙을 크게 파기한 것"으로 간주했다. 이 일은 더 근본적인 인간의 욕망에 단계적으로 적응해 감으로써 공동체를 무너뜨리는 것으로 상징되었고, 이 일이 알려지게 되자 '차 주전자 사건'은 키부츠 운동 내내 총회에서 끊임없이 논란거리가 되었다."

09. 소련*Soviet Union*은 지금의 러시아가 과거 공산주의 체제를 유지했을 때의 국가 이름이다. 요즘 세대는 이 사실을 모를 수도 있다. **(역자 주)**

10. 1974년 하이에크*Friedrich von hayek*와 함께 공동으로 노벨 경제학상을 수상한 스웨덴의 경제학자. **(역자 주)**

11. 우리들이 모두 그렇다고는 할 수 없지만, 대부분은 우리 경제에서 생산되는 것들

가운데 90% 이상의 것들의 가격을 전혀 알지 못한다. 여러분은 할리 데이비슨Harley-Davidson 오토바이 혹은 린호프Linhof 카메라의 가격이나 지역 병원에서 맹장수술하는 데 비용이 얼마나 드는지 알고 있는가?

12. 상트 페테르부르크에서 러시아인들이 사는 아파트 건물을 처음 보았을 때 내가 처음 떠올린 것은 가난으로 고생하는 남부 브롱크스의 건물이 이 건물들보다는 더 낫다는 것이었다.

13. 이 점에 대해서는 나의 저서 『지식과 결정』*Knowledge and Decision*에 더 자세히 논의되어 있다.

Chapter 02 의료보장의 경제학

01. 제임스 서로위키James Surowiecki는 "목표로 한 세균을 발견해 약을 생산하는 단계로 가는 데 15년이 걸릴 수도 있고, 수억 달러의 자금이 사용될 수도 있다"고 말한다. 2001년 11월 11일자 『뉴요커』는 "수익이 없으면, 치료약도 없다"라는 기사를 실었다. 2002년 6월 22일자 『월스트리트저널』은 "추정된 범위는 약품당 250달러에서 8억 달러 이상", "약 가격 : 몹시 필요한 뇌관"이라는 기사를 실었다.

02. 매몰비용이란 생산을 중단하더라도 회수할 수 없는 비용을 말한다. **(역자 주)**

03. 구성의 오류란 어떤 원리가 부분적으로 성립하더라도 전체적으로는 성립하지 않을 수 있다는 것을 말한다. **(역자 주)**

04. 미국에서 실행 중인 65세 미만의 저소득자와 신체장애자들을 위한 의료보장제도를 말한다. **(역자 주)**

05. 미국과 캐나다에서 실행 중인 65세 이상의 노인들을 위한 의료보험제도를 말한다. **(역자 주)**

Chapter 03 위험한 사업

01. 본질적으로 오래된 채무를 새로운 대출을 통해 갚는 것을 말한다.

02. 그리스 신화에 등장하는 여자 마술사로, 아르고*Argo* 호의 선장인 제이슨Jason이 황금 양털을 얻는 것을 도와주었다. **(역자 주)**

03. 예를 들어 2002년 3월 4일자 『비즈니스 위크』는 "막대한 이윤으로 인해 많은 경쟁자들을 끌어들인 결과, 시장점유율을 유지하기 위해 가격을 대폭 인하하게 되어 산업 전반적으로 재보험료는 이미 하강 국면에 접어들었다"고 적고 있다.

04. 자동차로 인한 사망률은 16~19세 사이의 운전자들에게서 가장 높다. 50세에 이

르면 나이와 관련된 사망률의 감소는 끝이 나고, 자동차 사망률에 있어 십대들만큼 높은 비율을 갖는 80~84세에 이르면 다시 그 비율이 증가한다.

05. 도덕적 해이는 일반인들이 잘못 이해하고 있는 경제학 용어 가운데 하나이다. 이것은 사람들이 도덕적으로 타락했다는 것을 의미하지 않는다. 도덕적 해이는 기본적으로 권한을 위임한 사람(보통 주인이라 불린다)과 권한을 위임받은 사람(보통 대리인이라 불린다) 간에 발생하는 현상이다. 주인은 대리인이 자신을 위해 최선을 다해줄 것을 믿는 가운데 일정한 보수를 제공하고 권한의 일부를 위임하는 것이 대부분의 계약의 본질이다. 그런데 권한을 위임받은 대리인이 원래의 약속과는 달리 자신에게 위임된 권한을 주인보다 대리인 자신을 위해 행사하는 경향이 있다. 이것이 바로 도덕적 해이이다. 이것은 대리인이 최선을 다하도록 하는 인센티브 제도가 결여되었기 때문이지, 대리인이 도덕적으로 타락해서가 아니다. 아무리 도덕군자라 해도 자신이 처해 있는 상황에 따라 도덕적 해이를 저지를 수 있다. **(역자 주)**

06. 역선택이란, 시장에서 자신이 원하는 상대와 거래할 수 있는 기회는 점점 감소하고, 자신이 원하지 않는 상대와 거래할 기회는 점점 증가하는 현상을 가리킨다. 예를 들어 중고차시장에서 좋은 품질의 중고차는 거의 없고, 나쁜 품질의 중고차들만 남아 있는 현상이 바로 역선택이다. 보험으로 말하자면, 건강한 사람은 보험에 가입하려 하지 않고, 몸이 약하거나 병이 많은 사람들만이 보험에 가입하려는 것이 바로 역선택이다. **(역자 주)**

07. 일본 조종사들은 주로 적의 영토에서 항공전을 치렀다. 따라서 낙하산으로 탈출하는 것은 적에게 생포됨을 의미했다. 이것은 일본 조종사들로서는 상상도 할 수 없는 일로, 그들이 낙하산을 사용하지 않는 또 다른 이유였다.

Chapter 04 주택의 경제학

01. 우리나라와 달리 미국에서는 아파트가 소유 목적보다는 대체로 임대를 목적으로 건설된다. **(역자 주)**

02. 그런데 이것은 샌프란시스코에서 실시된 임대료 통제에 대한 최초의 실증연구였다. 임대료 통제는 1979년부터 시작되었으므로, 20년 넘게 이 법이 강요되고 확대 실시되었지만, 정작 이 법의 경제적, 사회적 결과를 평가하려는 진지한 시도는 전혀 없었다.

03. 백인 우월주의, 반유대주의, 인종차별 등을 표방하는 미국의 비밀결사단체. **(역자 주)**

Chapter 05 자유노동과 부자유노동

01. 고용주가 그 일자리에 경험이 많은 유망한 지원자들을 놓고 고민하고 있을 때, 울워스의 대안은 아버지의 농장에 남아 있는 것이었다. 그의 형제가 묘사한 바에 의하면, 그들의 일상생활은 아침 5시 30분에 추운 아침이라도 맨발로 우유를 짜러 가는 것으로부터 시작됐다. 그는 "우리들은 소들이 누워 있던 바닥에 서 있었는데, 그 이유는 거의 얼어붙은 발에 온기를 주기 위해서였다. 우리들이 이런 끝없이 지겨운 일로부터 탈출하고 싶어했던 것은 결코 이상한 일이 아니니다"라고 말했다.

02. 뉴욕 시에 있는 울워스 빌딩은 한때 세계에서 가장 높은 빌딩이었다. 아마 아직도 건축비를 한 사람이 현금으로 모두 지불한 유일한 빌딩일 것이다. 그 사람은 물론 울워스이다.

03. 미국에서 격주로 발생되는 시사경제지로, 부자들에 관한 기사로 유명하다. (역자 주)

Chapter 06 차별의 경제학

01. 소수민족 차별 철폐, 여성고용 등을 추진하는 프로그램을 말한다. (역자 주)

02. 신할리족*Sinhalese*은 스리랑카의 주요 민족 가운데 하나이다. (역자 주)

03. 미국 워싱턴에 근거지를 둔 프로 미식축구팀의 이름이다. (역자 주)

04. 미식축구에서 쿼터백*quarter back*이 던진 공을 잡고 적진을 돌파해 터치다운을 시도하는 경기자를 말한다. (역자 주)

05. 우리나라 투수 박찬호가 한때 몸담았던 LA 다저스의 전신이 브루클린 다저스이다. (역자 주)

06. 여기서 문제를 복잡하게 만드는 요인은 지능에 있어서 타고난 인종적 차이가 있는지 여부에 대한 일련의 논쟁의 역사이다. 그러나 그와 같이 정서적으로 엄청나게 예민한 쟁점은 차별에 관한 질문들과 거의 아무런 관련이 없거나 아예 아무 관련도 없다. 타고난 잠재능력은 임신의 순간에 결정되지만, 어느 누구도 그 순간에 구직신청을 하거나 대학에 응시하지 않는다. 어떤 종류라도 그런 응시를 하는 시점에서는 여러 가지 개인적, 사회적 요인들이 오랫동안 영향을 미쳐 왔다. 그리고 이런 요인들이 모든 개인들이나 집단에서 동일한 경우가 거의 없다. 더욱이 고용주들은 누군가 생을 시작할 때 보유했던 타고난 잠재능력보다는 계발된 능력에 더 많은 관심을 가질 것이다.

01. 2002년 8월 17~18일자 The Washington Post National Weekly Edition, 16쪽에 실린 앤서니 파이올라Anthony Faiola의 글 "In Argentina, Dignity turns to Despair"에서 인용함.

02. 맥도널드는 사업 초기 고전하던 시절에 프랜차이즈되어 있던 식당이 위치한 토지를 거래함으로써 재정적 파탄을 면할 수 있었다. 그러나 만약 토지에 대한 재산권이 형성되지 않았다면, 맥도널드는 국제적인 거대기업이 되기 전에 일찍 파산했을 것이다. 존 러브John F. Love가 쓴 "McDonald's : Behind the Arches," 개정판 152~155쪽을 참조하라.

03. 뉴욕 주 중부에 살았던 아메리카 인디언의 한 부족으로, 16세기 이후 다섯 개의 지부족支部族으로 이루어진 이로쿼이 연맹을 결성했다. **(역자 주)**

04. 여기서 서반구는 서양 전체가 아니라, 남·북아메리카를 지칭하는 것으로 이해해야 한다. **(역자 주)**

05. 영어로는 코카서스라 한다. 러시아 남부 카스피 해와 흑해 사이에 있는 산계·지역의 총칭이다. 카프카스 산계는 카스피 해 남서해안의 아프셰론 반도에서 북해의 북동해안인 쿠반 강 어귀까지 약 1,200km정도 뻗어 있다. **(역자 주)**

06. 그루지아의 수도로, 지금은 트빌리시라 불린다. **(역자 주)**

07. 아제르바이잔의 수도로서 석유 생산지로 유명하다. **(역자 주)**

08. 우크라이나 남부 흑해에 접한 항만도시로 오데사 주의 주도이다. **(역자 주)**

09. 우크라이나의 크림 반도에 있는 도시이다. **(역자 주)**

10. 해발 725m의 고원과 사막 위에 자리 잡은 푸른 도시이다. 일찍이 유라시아 문화의 집결지였던 곳으로, 한때 중앙아시아의 심장이라 칭송되기도 했다. 조그만 오아시스에 불과했던 사마르칸트는 14세기 티무르 왕조의 수도가 되면서 중앙아시아에서 손꼽히는 대도시로 발전했으며, 지금은 우즈베키스탄의 제2의 도시로 성장했다. **(역자 주)**

11. 오래된 남부의 표현 가운데는 "당신이 천국에 가든 지옥에 가든, 애틀랜타에서 갈아타야 한다"는 말이 있다.

12. 체체파리는 아프리카에 서식하는 척추동물의 피를 빨아먹고 사는 파리의 일종이다. 이 파리는 사람에게 치명적인 아프리카 수면병을 옮긴다. "체체"라는 이름은 파리라는 뜻의 츠와나어에서 유래했다. **(역자 주)**

13. 예를 들어 아마존은 세계에서 가장 큰 강이지만, 그 지역의 토양은 "놀라울 정도로

척박한" 것으로 규정되었다. 그런 이유로 아마존 강둑을 따라 어떤 거대한 도시들도 세워지지 않았다. 이에 대해서는 마가렛 시든Margaret Sedeen이 편집한 "Great Rivers of the World"(1984)에 수록된 조나단 투루텔로Jonathan Tourtellot의 "The Amazon : Sailing a Jungle See"를 참조하라.

14. 아드리아 해에 면한 크로아티아의 한 지역으로 과거 로마의 속주였다. **(역자 주)**

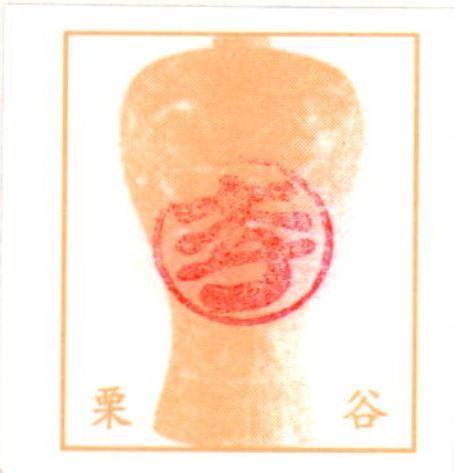

테이크아웃 경제학

초판 1쇄 인쇄 | 2006년 11월 25일

초판 1쇄 발행 | 2006년 11월 30일

지은이 | 토머스 소웰

옮긴이 | 이영환

펴낸이 | 박기남

펴낸곳 | 율곡프레스

주소 | 121-872 서울시 마포구 염리동 36-249

전화 | 02-718-9872~3

팩스 | 02-718-9874

등록 | 제313-2003-00271호

홈페이지 | www.yulgokbooks.co.kr

이메일 | yulgok@nownuri.co.kr

ISBN 89-955837-3-8 03320

정가 12,000원